OLIVER USCHMANN

Fehlermeldung

GOLDMANN
Lesen erleben

Buch

Die fünf Freunde Bernd, Manuel, Thomas, Christoph und Ole sind moderne Männer. Liebenswert, aber auch etwas sonderbar: Sie wollen ewig Kind bleiben, überschätzen sich gerne mal selbst und haben Angst vor Ärzten, Beziehungen und Verantwortung. Kurz: Sie haben es nicht einfach. Oliver Uschmann kennt die Nöte der männlichen Seele wie kein Zweiter und leistet mit Vergnügen erste Hilfe. Im Anschluss an seine unterhaltsamen, teilweise skurrilen Anekdoten voll präziser Alltagsbeobachtungen liefert er kluge Fehleranalysen und gibt hilfreiche Ratschläge für ein glückliches und befreites Leben als moderner Mann. Pragmatisch, präzise und saukomisch.

Autor

Oliver Uschmann, geb. 1977, lebt mit Frau, Katzen und Fischen freiwillig auf dem Land. Gemeinsam entwerfen sie dort die Romane der »Hartmut und ich«-Reihe, deren tiefe Kenntnis des männlichen Wesens nun auch in »Fehlermeldung« ihren Ausdruck finden. Seine Kindheit verbrachte Oliver Uschmann größtenteils in der Badewanne, seine Adoleszenz als Packer, Aktivist, Veranstalter, Rockjournalist und Punkrocksänger. Er studierte Literaturwissenschaft, Linguistik und Anglistik in Bochum, wallraffte in Berlin als Werbetexter und ist »Theorieadministrator« in der Online-Galerie »Haus der Künste1, die er zusammen mit seiner Frau betreibt. Ferner gibt er als Wortguru« Schreibseminare und fördert Nachwuchsautoren.

Oliver Uschmann

Fehlermeldung

Fünf Männer, 11 Krisen
und viele Lösungen

GOLDMANN

Verlagsgruppe Random House FSC-DEU-0100
Das FSC‑-zertifizierte Papier *Holmen Book Cream* für dieses Buch
liefert Holmen Paper, Hallstavik, Schweden.

1. Auflage
Taschenbuchausgabe Juni 2011
Wilhelm Goldmann Verlag, München,
in der Verlagsgruppe Random House GmbH
Copyright © 2009 by Oliver Uschmann
Copyright © der Originalausgabe 2009
by Gütersloher Verlagshaus, Gütersloh,
in der Verlagsgruppe Random House GmbH
Dieses Werk wurde vermittelt
durch die Michael Meller Literary Agency, München.
Umschlaggestaltung: UNO Werbeagentur, München
Umschlagabbildung: © FinePic
JS · Herstellung: Str.
Druck und Bindung: GGP Media GmbH, Pößneck
Printed in Germany
ISBN: 978-3-442-15684-9

www.goldmann-verlag.de

Inhalt

Prolog

An die Herren:

Ich weiß, wovon ich schreibe. Ich habe jahrelang mit einem Mann zusammengelebt. Nein, nicht wie Sie jetzt denken. Mein Mitbewohner und ich hatten lediglich ein inniges, freundschaftliches Verhältnis. Wir ergänzten uns gut. Eines Abends hockten wir auf dem Sofa, schoben »Assassins« – das stilvolle Duell zwischen Sylvester Stallone und Antonio Banderas – in den Videorekorder und störten uns nach 15 Minuten Film über das noch eingeschaltete Licht an der Zimmerdecke. Drei Glühlampen enthielt der dortige Strahler. Zwei davon waren seit Wochen ausgefallen. »Wir sollten das Licht ausmachen«, sagte mein Mitbewohner. Ich seufzte, holte einen Hocker, stellte ihn unter den Leuchter und begann unter Flüchen und Schmerzenszuckungen die letzte heiße Glühlampe bei eingeschaltetem Licht herauszudrehen. Mein Mitbewohner sah sich das Schauspiel fassungslos, aber gelassen an und wartete, bis ich wieder neben ihm auf der Couch saß. Erst nach zehn weiteren Minuten des Films verriet er mir, warum sein Blick statt auf die beiden echten Kerle im Fernseher weiter auf mich gerichtet blieb, nur unterbrochen von langsamem Kopfschütteln. »Du hättest auch einfach den Schalter betätigen können«, sagte er mir, während meine Fingerkuppen noch qualmten und ich schwöre – diese einfache Tatsache wurde mir erst in diesem Moment bewusst.

Überhaupt entzogen sich große Teile meines Handelns dem Verständnis meines Mitbewohners. Meine Zielstrebigkeit in beruflichen Dingen etwa, oder mein Anspruch, im Alleingang die komplette Gesellschaft zu verändern. Für beide Zwecke konnte ich wochenlang so sehr in theoretischen Schriften und detailrei-

chen Recherchen versinken, dass sich meine aktuelle Lieblings-
welterklärung wie das zweite Augenlid eines Krokodils über
meine Wahrnehmung legte und alles andere ausfilterte. Ein Ende
fand so ein Rausch meist erst, wenn ich als Fahrer nach einer
nüchtern durchlebten Festlichkeit weiter in Gedanken versunken
frohen Mutes und ohne zu gucken bei Rot in einen einspurigen
Tunnel einfuhr, der nur dem Gegenverkehr Raum gelassen hätte,
hätte es in dem Moment welchen gegeben.

Glauben Sie mir, ich kenne die Männer.
Seit der Zeit in der Wohngemeinschaft habe ich in vielen Städten
gelebt, viele Berufe ausgeübt und viele Milieus von innen gesehen. Ich kenne das Leben in Krankenhäusern, Getränkelagern
und Fließbandhallen. In Universitäten, Redaktionen, Radiosta-
tionen und Werbeagenturen. In Großstädten, Megastädten und
Provinzdörfern. Und wo ich auch gehe und stehe, stelle ich eines
fest: Männer sabotieren sich selbst. Das ist ab und an lustig, hier
und da auch liebenswert, aber alles in allem meistens erbärmlich.
Daher sollten sie sich befreien. Von Gewohnheiten, Denkweisen
und Mechanismen, die sie gefangen halten in einem Käfig, der
nicht guttut, auch wenn er manchmal saubequem sein mag.

Was ich hier vorschlage ist manchmal nicht leicht, aber es funktioniert und macht Spaß. Neben zahlreichem Gedankengut aus
der Philosophie, der Psychoanalyse, der Systemtheorie, dem An-
archismus oder dem Liberalismus treiben meine Analysen sowie
meine Lösungsvorschläge vor allem die psychologische Theorie
und Methode der Transaktionsanalyse an. Diese habe ich mir
sowohl aus akademischen wie auch aus persönlichen Gründen
mehrere Jahre lang intensiv angeeignet, möchte und kann hier
allerdings nur die allergröbsten Grundzüge einbauen. Dennoch
empfehle ich allen, die nach dem Lesen meiner satirischen Erkenntnisse weiter forschen und ihre eigenen Selbstsabotagen
endlich beheben wollen, sich näher damit auseinanderzusetzen.
Eine Leseliste mit den wichtigsten Werken dazu sowie zu allen

anderen angerissenen Theorien finden Sie am Ende des Buches.

An die Damen:

Ein sehr kluger Mann hat einmal zu mir gesagt: »Je weniger wir etwas verstehen, desto magischer kommt es uns vor.« Der Mann heißt David Braben, ist Programmierer und Designer von Videospielen und beschäftigt sich daher sehr viel mit künstlicher Intelligenz. »Diese«, so erklärte er mir, »erscheint von außen betrachtet absolut unerklärlich, solange man ihren inneren Aufbau nicht begriffen hat. Hat man das, geht man mit ihr viel gelassener um.« Ich denke, dass für Männer etwas Ähnliches gilt. Sicher stehen Sie oft vor Ihrem Gatten, Verlobten, Freund oder Teilzeitgefährten und fragen sich, was sich Tausende von Menschen jeden Tag anlässlich der Fehlermeldungen ihres Computers fragen: »Was macht er denn jetzt wieder?« Meist folgt auf diese Frage keine Antwort, sondern nur Systemabsturz, Frust und die Bestätigung der Überzeugung, »dass man den Dingern einfach nicht trauen kann«. Kennt man sich allerdings mit dem Inneren der launigen Maschinen aus, lässt sich auf eine Fehlermeldung mit ruhiger und gelassener Kenntnis der Gründe reagieren. Genau dazu soll Sie dieses Buch befähigen, das zutiefst ehrlich die Algorithmen und laufenden Prozesse in Männern offenlegt und somit dazu beiträgt, dass Sie als Anwenderin nicht so schnell aufgeben und zu einem neuen Betriebssystem wechseln.

Dank:

Ich danke meiner Frau Sylvia Witt, ein Leben führen zu können, das mich gegenüber den tragikkomischen Figuren in diesem Buch eher ein mitfühlender Freund denn immer noch ein Leidensgenosse sein lässt. Dem war nicht immer so. Ferner danke ich Renate Hofmann, dass sie es mir anvertraut hat, zum Thema Männer diesen humoristischen Hochsitz zu bauen, von dem das Dilemma hoffentlich besser zu überschauen ist. Allen realen Personen, die sich in den Charakteren wiedererkennen, möchte ich sagen: Ich schätze euch und nein, ihr seid nicht so schlimm wie hier gezeichnet. Nicht immer …

Die Männer in diesem Buch

Es gibt zwei Regeln, die jeder Schriftsteller beherzigen sollte, gerade dann, wenn er Lehrreiches zu verkünden hat.

Erstens: Schreibe niemals über Dinge, die du nicht selber kennst.

Zweitens: Gib konkrete Beispiele.

Diesen Regeln möchte ich folgen und illustriere somit die mir bekannten Probleme des modernen Mannes auf den kommenden Seiten anhand der Lebensgeschichten von fünf Männern, die das Buch einige Jahre begleitet.

Hier sind sie:

BERND (34–38 Jahre)
Philosoph und Germanist. Machte einen exzellenten Magisterabschluss, erstickte aber die akademische Karriere zugunsten einer Tätigkeit als freiberuflicher EDV-Dozent im Keim. Unterer Mittelstand. Wurde von der Mutter zu stark betüttelt und hat vom Vater eine neurotische Haltung zum Geld übernommen. Plant Finanzen und Privatleben mittels Exceldateien bis zu fünf Jahre im Voraus, ist vertrauensselig sowie bedeutend zu freundlich und lagert sämtliche Tätigkeiten abseits seines Berufes an (unfähige) Dritte aus. Passt sich den Frauen, mit denen er zusammenlebt, aus Angst vor Liebesentzug maximal an, sogar wenn sie Scientologinnen sind. Hält sich selber klein, weil er gelernt hat, dass der »kleine Mann« moralisch im Recht ist. Ist Meister der Selbstsabotage.

MANUEL (29–33 Jahre)
Medizinstudent und Tauchlehrer, studiert nur pro forma auf Wunsch des Vaters, ist von Beruf »Sohn« und kennt trotz seiner Unzuverlässigkeit nichts anderes als einen steten, sicheren Zu-

fluss von Geld. Gutaussehend und sportlich ist er ein Frauenheld, dem es nur um Sex geht und der für gar nichts Verantwortung übernimmt, weil er sie nie übernehmen musste. Er leidet darunter, sich nichts ernsthaft »verdienen« zu müssen und überspielt ein geringes Selbstwertgefühl durch eine große Klappe. Er lebt im »Hier und Jetzt« und ist ein großes Kind.

THOMAS (42–52 Jahre)

Abteilungsleiter in einem erfolgreichen, grundsoliden Unternehmen für Rollos, Markisen und andere Verdunkelungssysteme. Verheiratet, Kind, Hund, Katze, Eigenheim. Er ist arriviert, hat einen klaren Tagesablauf, keine finanziellen Sorgen, einen großen Garten und eine Familie, die er liebt. In seiner knappen Freizeit spielt er in einer Band, die sowohl auf Betriebsfesten wie unter Revoluzzern auftritt. Er hat häufig das Gefühl, bei Weitem nicht 42 und auf klarer Spur, sondern immer noch 24 und im falschen Leben gelandet zu sein. Er ist zerrissen, quält sich mit dem Gefühl, etwas verpasst zu haben und lässt sich mit seiner Frau auf streitlustige Spiele ein. Er kämpft gegen Versuchungen. Er beobachtet sich oft selbst und fragt sich, was bloß mit ihm los ist.

CHRISTOPH (36–40 Jahre)

Musikjournalist bei einem Fachblatt, unstudierter Quereinsteiger, doch nach 20 Jahren in der Szene absoluter Experte für das, was er tut. Lebt nur für die Musik und das Leben um sie herum und setzt alles daran, die Leser und den Rest der Menschheit zum »richtigen« Geschmack zu erziehen. Setzt vollkommen schiefe Prioritäten im Leben, ist beziehungsunfähig und lässt alles schleifen außer seiner Mission. Ist leidenschaftslos, wenn es um das »wirkliche« Leben geht, kann aber aggressiv bis fanatisch werden, wenn jemand in seiner Gegenwart unverblümt Bon Jovi gut findet. Lehnt sich an seine ältere Freundin an und sehnt sich klammheimlich nach Ehe und Familie, die ihn aus seiner Parallelwelt herausholen könnten. Würde er aber nie offen zugeben.

OLE (45–49 Jahre)

Politaktivist und auf dem Papier immer noch Student der Theaterwissenschaften und Soziologie. Lebt im Biotop der Universität und der staatlich subventionierten Kulturlandschaft. Trifft sich mit Politnetzwerken zu Arbeitsgruppen, erklärt in einem fürchterlichen Video-Blog die Welt und sieht überall nur zu ändernde Zustände. Bezieht sein Geld aus Stipendien, Nebenjobs und dubiosen, von niemandem nachzuvollziehenden Quellen. Arbeitet 16 Stunden am Tag fruchtlos an einer anderen Welt. Ist ein 68er-Fossil, ein Protagonist der Antiglobalisierungsbewegung und der neuen, weltweit beliebten Kämpfe gegen Bush, den Klimawandel und die Konzerne. Sein Weltbild ist in sich stringent, wenn auch von außen irritierend. Auf Frauen glaubt er eine unwiderstehliche Ausstrahlung zu haben, ist im direkten Umgang mit ihnen allerdings so unsicher wie ein darbender Teenager. Seine eigenen blinden Flecken kann und will er nicht sehen. Umgekehrt zu Thomas bereut er im Stillen, die Abfahrt in ein »normales« Leben verpasst zu haben, was er sich aber nicht zugesteht.

Der Mann und das Geld

 Fehlerbeschreibung

Der moderne Mann hat ein verkorkstes Verhältnis zum Geld. Er klammert sich daran oder wirft es zum Fenster heraus. Er hat kein Gespür mehr für seinen Wert. Er hat den Unternehmergeist verloren. Er benimmt sich immer noch wie ein Kind, das sein Taschengeld nicht verdient hat oder aber um jeden Cent froh ist, den es bekommen kann. Er sieht sich nicht als ernst zu nehmenden Akteur auf dem Markt.

Bernd

Bernd zählt sein Geld.

Mit den Fingerspitzen schiebt er auf der marmorierten Theke des ICE-Bordbistros Centstücke hin und her. Bernd zählt genau. Bernd schindet Zeit. Bernd ist nervös. Vor einer halben Minute hat der Bahnbarkeeper den Preis der kleinen aufgewärmten Pizza genannt. 5,90 Euro. Da war es schon zu spät. Pizza im Herd, Kaufvertrag abgeschlossen. Kein Zurück mehr.

Oder doch?

Bernd denkt nach, wie er aus der Sache rauskommen könnte.

Eine plötzliche Allergie gegen Weizen?

Eine schnelle Flucht aus dem Zug während des nächsten Halts?

Er könnte einen Schlaganfall inszenieren.

Bernd überlegt, wie das aussehen müsste. Er müsste eine Lähmung der linken Gesichtshälfte simulieren. Er stellt sich vor, welche Muskeln dafür zu bewegen wären. Den einen Mundwinkel wie eine Bulldogge nach unten fallen lassen. Das Auge verdrehen. Sabbern. Zucken.

Der Bahnbarkeeper sieht ihn besorgt an. Sehr besorgt. Bernd bemerkt, dass er sich die Simulation so intensiv vorgestellt hat, dass er sie tatsächlich gerade ausführt. Im ganzen Leib zuckend, den Mundwinkel am Kragen und sabbernd wie ein Köter steht Bernd am Freitag Nachmittag im Bordbistro eines ICE, die spitzen Finger immer noch in seinem kleinen Häufchen 10-Cent-Stücke, mit dem er die überteuerte Pizza bezahlt.

»Geht es Ihnen gut?«

Bernd lässt die Chance verstreichen, den Mann nun einen Notarzt rufen zu lassen und so die Bezahlung der Pizza doch noch zu umgehen, hört schlagartig mit dem Theater auf, räuspert sich, nimmt Pizza und Quittung entgegen und setzt sich an einen Tisch. Er wählt die kleinste Nische, eine Zweiersitzgruppe an der linken Fensterseite. Ihm gegenüber sind zwei Vierertische frei. Sie böten mehr Platz für ihn, seine Pizza und seine Papiere, aber er möchte nicht unverschämt sein und einer Reisegruppe von vier Personen ihren Tisch wegnehmen. Zwar ist weit und breit keine Reisegruppe zu sehen, aber was nicht ist, kann ja noch werden.

Bernd zieht seinen Kalender, einen Notizblock und einen Kuli aus der Tasche, drapiert sie neben den Teller, so dass der winzige Tisch vollkommen belegt ist, beißt von der Pizza ab und sieht seine schlimmsten Befürchtungen bestätigt. Das hier ist die »Salami« von Aldi. Die »Salami« von Aldi! Für 5,90 Euro. Im Supermarkt kosten drei Stück davon 2,19 Euro. Bernd rechnet. Eine Pizza käme ihn im Normalfall somit 73 Cent. Er zieht den Betrag von dem ab, den er soeben unter Schmerzen bezahlen musste. Es bleiben 5,17 Euro. 5,17 Euro, die er heute verschwendet hat. Er klappt seinen Kalender auf, in dem er auch seine anstehenden Aufgaben notiert. Die meisten Einträge sind per Bleistift gestaltet, da Bernd sehr häufig korrigieren und das Radiergummi zücken muss. Termine werden abgesagt, Aufgaben fallen weg, neue kommen hinzu. Für morgen steht dort:

9:00–16:00 Uhr
Seminar »Excel. Tabellenkalkulation für Anfänger.«
VHS Bietigheim-Bissingen
9 Teilnehmer

16:00–16:30 Uhr
Packen und Weg zum Hotel

16:30–19:00
Seminar »EDV für Senioren« für Ende Oktober vorbereiten

19:00–20:00
Abendessen. (Nicht im Hotel, Dönerbude suchen)

20:00–23:00
Treffen mit Svenja

Er lächelt ob des letzten Tagesordnungspunktes und trägt in die
Spalte von 16:30 bis 19:00 Uhr einen weiteren Punkt ein: »Überlegen, wo am Wochenende 5,17 Euro eingespart werden können.« Er überlegt kurz, ob heute Kinotag sein und die zwei Ti-
ckets für ihn und Svenja somit 2,50 Euro weniger kosten könnten.
Dann erinnert er sich daran, was sein Freund Manuel ihm neulich wieder gesagt hat: »Hör auf, über Geld nachzudenken. Wenigstens bei den Frauen. Bitte, wenigstens bei den Frauen!«

Der hat gut reden.
    Manuel hat noch nie Geldsorgen gehabt.
    Manuel studiert Medizin im 14. Semester, arbeitet als Tauch-
lehrer am Baldeneysee und kauft alle drei Monate einen neuen
Bezug für die Sitze seines Audi TT. Sein Vater hat in seinem Leben so viele Menschen operiert, dass der Ertrag für drei weitere
Generationen reicht, selbst wenn diese niemals ein Skalpell zücken werden.

So etwas kann Bernd von seinem Vater nicht sagen. Der arbeitet seit 30 Jahren für die Regionalzeitung und das nicht als Redakteur. In drei Dekaden hat er es vom einfachen Austräger zum Zentralkoordinator des Kreises gebracht und sich und seiner Familie so ein kleines 95qm-Haus auf dem Dorf erarbeitet. Bernds Vater steht seit 30 Jahren um 6 Uhr auf, trinkt gerne Kaffee »gegen den Durst« und hat noch nie große Sprünge gemacht. »Lieber auf festem Boden spazieren als irgendwann aus allen Wolken fallen«, pflegt er zu sagen und außerdem: »Den Boden hat man immer dabei!«

Bernds Vater hat auch immer viel gerechnet. Seine Lieblingsantwort auf Fragen, die ihn überfordern, lautet: »Ich hab' nicht studiert!«

Diesen Satz äußert er nicht defensiv, sondern wie ein Bauarbeiter, der sich darüber lustig macht, wie die Fürstin, deren Treppe er repariert, die Teetasse am Nachmittag mit abgespreiztem Finger hält. »Ich hab' nicht studiert« heißt bei Bernds Vater in Klardeutsch: »Ich respektiere zwar die intellektuelle Leistung meines Sohnes, aber dafür tue ich wenigstens etwas, das auch Geld einbringt.«

Einen Teil dieser Haltung hat Bernd von seinem Vater übernommen, auch wenn er ihm geistig mittlerweile weit überlegen ist. Bernd hat seinen Magisterabschluss in Germanistik und Philosophie mit summa cum laude gemacht. Er ist ausgemachter Experte für die »Negative Dialektik« nach Adorno. In intellektuellen Diskursen bewegt er sich wie ein Fisch im Wasser. Soll er dieses Können jedoch fürs praktische Leben an Land nutzbar machen, zuckt er nur noch und erstickt. Einmal gelang es ihm, über die Vermittlung seines Professors einen Artikel in einer namhaften Fachzeitschrift unterzubringen. Ein kleiner Schritt, welcher der Anfang einer akademischen Karriere hätte sein können. Eine Publikation, deren »Honorar« kein Geld, sondern das erste seriöse Ansehen in der Fachgemeinde war. So sah Bernd das aber nicht. Vielmehr saß Bernd vor dem Karton mit den zehn Belegexemplaren, von denen er als Autor neun bezahlen musste, zog die

Summe vom nicht vorhandenen Honorar ab und fragte sich, wo sich kommenden Monat 99 Euro einsparen ließen. Dann begann er – parallel zu seiner Magisterarbeit – an Volkshochschulen und staatlich geförderten Lernzentren Laien in Excel, Access und Windows einzuführen. Das Geld, das dabei herumkam, reichte gerade so, um sich ein eigene Existenz aufzubauen und eines Tages vielleicht sein BAföG abzuzahlen. Diese Aussicht erschien ihm reizvoller als ein Doktortitel. Bernd rechnet gerne.

*

Eines Abends ist Manuel bei Bernd zu Gast und hockt an dessen Computer. Bernd holt Bier aus dem Kühlschrank, Manuel traut seinen Augen nicht, als er auf dem Desktop eine Datei mit dem Titel »Planungen 2014« öffnet und eine Exceltabelle vor sich sieht, die Bernds finanzielles Leben bis ins Jahr 2014 vorzuplanen versucht.

»Was ist das denn, Alter?«, sagt Manuel.

»Du sollst Musik aussuchen, nicht meine Dateien aufmachen«, sagt Bernd.

Manuel ignoriert es und blättert die Kalkulation durch.

In schwarzer Schrift die Lehraufträge und Einnahmen, die jetzt schon feststehen. Laufende Anfragen in grün. In rot all jene Engagements, die er noch akquirieren müsste, um pro Monat auf die von ihm geplanten Mindesteinnahmen zu kommen. Es gibt viel rot in diesem Plan, denn Bernd kann keine Schwankungen ertragen. Er ist Freiberufler und weiß, dass es in dieser Existenz Höhen und Tiefen gibt. Die Tiefen hält er allerdings nicht aus. Deswegen plant er.

»Hier stehen ja schon Seminare für die Sommersemester 2012–2014 drin«, sagt Manuel und nimmt von Bernd ein Bier entgegen. »Planen die wirklich so lange vor?«

»Sie geben mir zumindest eine generelle Zusage. Ob die VHS dann noch steht, ist eine andere Frage. Und ob immer genug Teilnehmer kommen, sowieso.«

Manuel guckt schweigend auf den Bildschirm, auf die vielen Spalten mit Kategorien, die Bernd erfunden hat, damit er jeden Monat auf gleiche Einnahmen kommt. Es gibt sogar eine Spalte für Leergut. In ihr sind monatliche Einnahmen von 8,50 Euro eingeplant.

Bernd zeigt auf den Bildschirm und sagt: »Die Teilnehmer lassen Flaschen stehen. Stilles Wasser, eineinhalb Liter Einweg: 25 Cent. Sprudelwasser, Dreiviertelliter Mehrweg: 15 Cent.«

Manuel ist fassungslos.

Er schweigt.

Bernd tippt auf den Bildschirm: »Der Juni 2013 macht mir jetzt schon Sorgen. Da klafft ein Riesenloch. Ich krieg momentan keine ruhige Nacht deswegen.«

Manuel steht auf, läuft bis zu Bernds Sofasitzgruppe, die er aus der »Helfen & Schenken«-Rubrik der Lokalzeitung bekommen hat, bleibt davor stehen und sagt: »Bernd, wenn du die zwei Stunden, die du jeden Tag damit verbringst, deine virtuellen Kalkulationen zu pflegen, in dein Produkt stecken würdest, könntest du deinen Leib hier schon auf echtes Rauleder werfen.«

Bernd wehrt sich: »Ein Mann, der plant, ist besser, als ein Mann, der nicht plant.«

»Aber du planst nicht, du bist verplant!«

Bernd schaut auf seine papierne Schreibtischablage. Es sind Kugelschreiberkringel darauf. Telefonnummern und kleine, verstreute Berechnungen.

»Gib dem Kind einen Namen. Mach ein lukratives Geschäft daraus. ›Nie mehr system error! Bernd macht Sie zum Boss über Ihren Computer!‹« Manuel zeichnet das Logo mit den Händen in der Luft nach. Bernd sagt: »Ja, aber das machen andere doch auch.«

»Na, und? Es gibt auch schon Erdbeermarmelade. Stellt Schwartau deswegen seine Werbung ein und sagt: ›Entschuldigung, wir wollten Sie nicht belästigen, wir wissen, dass hier schon besetzt ist?‹« Manuel regt sich auf.

»Werbung kostet Geld. Das kann ich erst machen, wenn ich

die meiste Zeit deutlich im Plus bin. Womit soll ich denn den Juni 2013 bezahlen?«

»Als Bill Gates noch in seiner Garage hockte und Windows erst zu einem Drittel fertig war, hat er bereits 70% seines Budgets in die Werbung gesteckt. 70 Prozent! Deine Flugblätter sind einfarbig auf einfachem Papier und es gibt davon vielleicht 500 Stück pro Jahr. Dein eigener Nachbar hat sich zwei Mal den Computernotdienst kommen lassen, weil nicht mal er wusste, welchen Beruf du eigentlich ausübst. Wenn ich dir 100 Euro gebe, ist das für dich nicht viel. Wenn du 100 Euro ausgeben sollst, bekommst du einen Herzklabaster!«

»Du hast gut reden! Du hast doch immer Kohle!«

Manuel wird wütender. Er kann Bernd nicht sagen, dass er manchmal gerne mit ihm tauschen würde. Dass er gerne gezwungen wäre, ohne einen Vater klarzukommen, der ohne Gegenleistung Geld überweist, jede Kontobewegung ein Schlag ins Gesicht, der sagt: ›Ich traue dir ohnehin nicht zu, alleine zu überleben.‹ Er kann Bernd, der sich so arm und gehetzt fühlt, nicht sagen, dass *er* durchaus gerne um ein eigenes Geschäft kämpfen würde, das aufgebaut und gepflegt werden muss, in dem aber jeder Cent am Ende selbst verdient wurde. Er kann es nicht sagen. Also nimmt er einen Stoffhasen von der Lehne der Sofalandschaft und würgt ihn beim Sprechen.

»Verdammt, wer Geld einnehmen will, muss auch Geld investieren, Bernd! Ein Mann braucht einen hohen finanziellen Stoffwechsel. Du aber atmest immer nur ein und wunderst dich, dass du Atemnot bekommst!«

Manuel klammert sich mit einer Hand in die geschenkte Sofalandschaft und gestikuliert mit der anderen heftig herum, den armen Hasen an der Kehle: »Du bist doch gut. Alle deine Teilnehmer mögen dich und gehen schlauer nach Hause. Am Ende stehen sie um dich herum und loben dich. Und du, was machst du? Du verteilst nicht etwa Visitenkarten, damit sie es weitererzählen und dir helfen, ein Netzwerk aufzubauen. Neeeeein, du scannst bereits mit den Augen den Raum nach Flaschen ab, die sie stehen gelassen haben. »Zwei große stille Wasser, eine Cola, eine Bionade: 80 Cent. Ja, herzlichen Glückwunsch!!!«

*

»Kann ich Ihnen noch was bringen?«

Bernd zuckt zusammen, als der Kellner im Bordbistro neben ihm auftaucht. Er will ihm den Teller mit der fast aufgegessenen Pizza wegnehmen. Ein Eckchen liegt noch darauf. Bernd hält den Teller fest. Dann sagt er »Ja!«, weil er sich nicht traut, »Nein« zu sagen, bereut es direkt, bestellt ein einfaches Wasser, hört, dass er dafür 2,60 Euro berappen muss und notiert sich in sein Buch: »Überlegen, wo am Wochenende 7,77 Euro einzusparen sind.«

*

Am frühen Abend erreicht Bernd seine Pension. Bernd bucht grundsätzlich nie Hotels. Zwingt ihn ein Seminar, in einer weit entfernten Stadt zu übernachten, klopft er diese zunächst auf Bekannte und potenzielle Bettsofas ab. Sind keine vorhanden, recherchiert er so lange, bis er ein Bed & Breakfast-Angebot bekommt, das deutlich unter 50 Euro bleibt. Diese Methode hilft ihm nicht, als Dozent ein größeres Selbstwertgefühl zu entwickeln, aber sie spart Geld.

Die Pension in Bietigheim-Bissingen heißt Talstube und wird von einer alten Dame betrieben, die im Haus nebenan wohnt. Eine brüchige Treppe führt ins Gästehaus hinauf zu einer alten Tür unter einem Vordach, das mit Kiesgestein bedeckt ist. Neben der Treppe steht eine Regentonne. Dahinter versteckt sich eine struppige Katze und würgt einen Haarballen aus.

»Des isch d Daisy, do müsset Se nix druff gäbe«, sagt Frau Klein, als sie Bernd die Tür aufschließt. »Do rechds isch ihr Zimmer. Bad un Klo senn hinde links, Frühschdügg gibd's morga oba ab Seggse. S. Telefon goht grad ned, do muss mei Schwiegersohn mol drnoch gugga.« Bernd nickt, bedankt sich, betritt sein

Zimmer und legt seinen Koffer aufs Bett. Der Koffer versinkt fast vollständig in der Matratze. Neben dem Bett gibt es einen Kleiderschrank und ein winziges Waschbecken unter einem viel zu großen, darüber montierten Plastikschrank. Kein Tisch. Kein Stuhl. Nur noch ein briefmarkengroßer, runder Sessel mit brusthoher, die ganze Sitzfläche umschließender Lehne. Bernd geht zum Waschbecken und versucht, sich Wasser ins Gesicht zu schaufeln. Da der Plastikschrank darüber weit tiefer in den Raum hineinragt als das Becken selbst, dabei aber viel zu niedrig hängt, kann Bernd das Gesicht nicht über das Becken halten, ohne in vollkommen entwürdigender Haltung seinen Schädel direkt zwischen Schrank und Becken zu schieben. Entweder das oder er füllt Wasser in seine zur Schale geformten Hände, zieht sie über den Beckenrand hervor, befeuchtet sich das Gesicht und lässt den Rest komplett auf den Teppich platschen.

Er holt seinen Computer und ein paar Unterlagen heraus. Heute Abend muss er noch arbeiten. Letzte Vorbereitungen für morgen machen. Eine Lösung für den verflixten Juni 2013 finden. Rechnen. Er hockt sich mit dem Laptop auf die Matratze, doch die gibt so stark nach, dass Beine und Arme nach oben schnellen, während sein Becken fast im freien Fall in die Tiefe rutscht. Panisch jongliert er seinen Laptop in dieser Klappmesserposition, legt ihn ab, wuchtet sich aus der Matratze hervor und setzt sich in den briefmarkengroßen Sessel. Er passt gerade so herein. Da seine Lehnen geschlossen und viel zu hoch sind, kann er beim Arbeiten die Arme nicht verwenden. In den Sessel passen sie nicht hinein und legte er sie auf den Lehnen ab, benötigte er sieben Kissen auf seinem Schoß, um den Laptop auf Armhöhe hinauf zu stemmen. Selbst, wenn das ginge, könnte er so vielleicht fünf Minuten schreiben, ohne Krämpfe in Oberarmen, Schultern und Rücken zu bekommen. Die Frage stellt sich jedoch ohnehin nicht, da es keine sieben Kissen gibt. Nur eines, dünn wie ein Lappen, und einen Kunstdruck von Dali, oben, über dem Kopfende. »Daddy Longleg«, sein Bild mit dem Weberknecht. Der hätte vielleicht in den Sessel gepasst. Bernd nimmt das lappendünne Kissen, legt es auf den Boden, kniet sich darauf und stellt den Laptop auf den Nachttisch. Der Nachttisch ist alt, hat einen schwarz-goldenen Beschlag am Schubladengriff, riecht nach Trödelhalle und steht auf vier hohen, dünnen Beinchen. Bernd startet den PC, öffnet seine Tabellenkalkulation für die Buchhaltung und trägt die heutigen Ausgaben ein. Als er fertig ist, hebt er den rechten Daumen, um mit Schwung und Karacho auf die Entertaste zu drücken. Bernd liebt das, für ihn ist es wie der abschließende Tusch einer Kapelle.

Tipp, tipp, tipp, tipp, tipp, KLACK!

Tipp, tipp, tipp, tipp, tipp, KLACK!

Der rechte Daumen saust hernieder, die Zeile ist zu Ende, der Nachttisch bricht zusammen. Ohne Vorwarnung knickt dem Möbelstück ein Bein weg, Bernds kostbares Gerät rutscht nach links unten Richtung Boden, er wirft sich hinterher, fängt es auf und knallt mit dem Kopf vor den Heizkörper. Er flucht. Daddy Longleg schaut sich das Spektakel von seinem Kunstdruck hinab an. Bernd beschließt, ins Bett zu gehen. Vorm Einschlafen denkt er daran, dass er für dieses Zimmer bloß 28 Euro bezahlt. Das beruhigt ihn ein wenig.

Gegen vier Uhr nachts wird Bernd von einem Geräusch geweckt, das er nicht einordnen kann. Als putze jemand die Fenster mit einem Gummituch. Er reibt sich die Augen und schreckt zurück, als er am Fenster eine Bewegung sieht. Er stellt sich auf Einbrecher ein und fragt sich, ob er das abgebrochene Nachttischbeinchen als Waffe benutzen sollte. Dann erkennt er, wer da putzt. Es ist die Katze von der Regentonne. Daisy. Aufrecht steht sie auf den Hinterläufen und kratzt mit den Vorderpfoten stoisch an der Scheibe, als könne sie sich durch das Glas hindurchscharren. Sie will rein. Bernd kennt Katzen. Katzen geben nicht auf. Katzen scharren auch bis 6 Uhr, wenn es sein muss. Er öffnet das Fenster und lässt das fremde Tier in sein Zimmer. Wie selbstverständlich springt es ins Waschbecken und legt sich dort schlafen. Da es wohlgenährt und der Abstand zwischen Becken und Hängeschrank ohnehin klein ist, füllt es den Zwischenraum vollkommen aus. Optisch gibt es nun gar kein Becken mehr, sondern nur noch einen Hängeschrank mit Fellballen darunter.

Bernd beschließt, die Toilette am Ende des Flurs aufzusuchen. Es gibt drei Türen. Zwei links, eine rechts. Da das Licht nicht funktioniert, öffnet er auf gut Glück die erste Tür. Er steht vor einem Bett, in dem ein Mann schnarcht. Dieser Raum ist noch kleiner als seiner, von der Tür bis zum Bett sind es gerade mal zwei Schritte. Vorsichtig schließt er die Tür wieder. Der Mann dreht sich um und schnarcht weiter. Er ist ein Berg. Die nächste Tür ist wirklich die Toilette. Hier gibt es keinen Hängeschrank über dem Becken. Dafür läuft das Wasser aber auch nicht richtig. Das bemerkt Bernd erst nach seinem großen Geschäft. »28 Euro«, spricht er sich im Geiste vor, als er seine Hände 10 Minuten lang unter ein glasnudeldünnes Rinnsaal hält.

Das Gegenmodell zu Bernds verkorkstem Verhältnis zum Geld bildet Manuel. Manuel, der sich an Bernds Rechner über dessen Planungen bis 2014 kaputtlacht. Manuel, der entweder in 4-Sterne-Hotels oder am Strand übernachtet, dann aber mit einer 25-Dollar-Flasche Single Malt und einem Schlafsack von Jack Wolfskin. Auch Manuel hat ein verkorkstes Verhältnis zum Geld, denn er hat den Schlafsack nicht bezahlt. Jedenfalls nicht direkt. Da Manuel auf dem Papier studiert, im realen Leben aber jungen Männern und Frauen (vor allem Frauen) das Schnorcheln am Badesee beibringt und im Hauptberuf unterm Strich »Sohn« ist, pflegt er neben dem 24-Stunden-EC-Automaten bei Nacht zu sagen: »Geld? Das kommt da aus der Wand!«

Da Manuel gut aussieht, spendabel ist und jede Form von Schüchternheit schon bei Erlangen des Sprachvermögens abgelegt hat, fliegen ihm die Frauen zudem ebenso leicht zu wie die Scheine. Alle gemeinsam ergeben sie für ihn einen großen Spaß. Jede Einzelne für sich hat ebensowenig Bedeutung wie die letzte Rechnung von einer Party, an die er sich trotz der detailliert aufgeführten Posten nur noch nebulös erinnern kann. Wo Bernd bis 2014 nahezu jeden Tag plant, lebt Manuel nur im Hier und Jetzt und wird äußerst reizbar in Gegenwart von Menschen, die sich strukturiert und ernsthaft um Erfolg bemühen. Bernd stellt für ihn keine echte Gefahr dar, da er sich in seinen Bemühungen stetig selbst ausbremst. Tauchen allerdings bei einem Klassentreffen ehemalige Schulkameraden auf, die weit weniger Strandpartys gefeiert, dafür aber einen Posten als Kardiologe oder Anwaltspartner ergattert haben, wird er nervös. Stellt er dann noch fest, dass sie zu ihrer Karriere Kinder samt Gattin vorzuweisen und dieses anständige Gesamtpaket nicht einmal mit Burnout und Herzkranzverfettung bezahlt haben, tritt Manuel gegen 2 Uhr nachts betrunken Klappsitzbänke durch die Gegend und schimpft auf die Spießer. Er weiß selbst, dass die meisten Klappsitzbänke draufgehen, weil seine Männlichkeit durch das Wissen verletzt wurde, dass *er* fast keinen seiner vielen Cents selbst verdient hat.

*

Die zweite Datei, die Manuel an diesem Abend auf Bernds Rechner findet, trägt den Titel »Privatplanung 2014«. Er schaut um die Ecke, um sicherzugehen, dass Bernd gerade auf der Toilette ist und öffnet sie. Auch diese Datei ist eine Exceltabelle. Auch diese strukturiert Bernds Leben bis ins Jahr 2014. Nur, dass hier keine beruflichen Aufträge, Einnahmen und Ausgaben stehen, sondern Frauen. Besser gesagt: Eine Frau.

Svenja.

Laut der linken Spalte, in welcher die Tage, Wochen, Monate und Jahre verzeichnet sind, trifft er sie in zwei Wochen das erste Mal. Dieser Termin ist in schwarz eingetragen. Es folgen Dutzende weitere in grüner Schrift. Rendezvouz II, Rendezvouz III, Rendezvouz IV, spezifiziert in der Spalte danebn. Bernd plant erste Annäherung, ersten Kuss, erste weitergehende Zärtlichkeiten, ersten Sex. Der erste Sex ist noch in Grün geschrieben, die weiteren Planungen bis zur Hochzeit folgen dann in Rot. In seiner beruflichen Tabelle steht Grün für »angefragt und noch zu bestätigen«, also: »wahrscheinlich«. Rot steht für »völlig offen, aber angestrebt«. Manuel verschluckt sich an seinem Bier. Bernd kommt aus dem Bad.

»Juli 2013 Verlobung, März 2014 Hochzeit?«

Bernd schnellt auf den Schreibtisch zu: »Schließ die Datei!«

Manuel hebt die Tastatur auf und hält sie von Bernd weg: »Nö!«

Bernd seufzt und setzt sich auf sein Bett.

Manuel sagt: »Du weißt, dass das ein bisschen krank ist?«

»Du weißt nicht, mit wem du vorgestern geschlafen hast. Das ist krank.«

»Das ist gesund. Hält jung. Ich wundere mich jedenfalls nicht, warum du immer nur Problemfrauen anziehst, wenn es denn mal klappt.«

»Ich ziehe keine Problemfrauen an!«

»Nein? Wie war das noch bei den letzten? ›Bernd, ich bin bindungsunfähig, ich kann genau gesagt für niemanden irgendwelche Emotionen empfinden. Ich empfinde im Grunde gar keine Emotionen. Ich bin zurzeit auch in Therapie.‹ Oder die eine, die beim Gehen grundsätzlich nicht in Ritzen treten will und nur Obst gegessen hat. Oder die von der neuapostolischen Kirche. Das war ohnehin die Beste. ›Tritt unserer Gemeinde bei, Bernd. Das ist das mindeste, was ich von dir erwarten kann.‹«

»Ach, hör doch auf.«

»Hast du diese neue gut abgeprüft? Gegoogelt? Informationen eingeholt? Wie heißt sie noch? Svenja? Schon geguckt, ob sie bei den Zeugen Jehovas ist? Oder eine Wicca?«

»Sie ist ein sehr reizendes Mädchen, und ich treffe sie in zwei Wochen nach meinem Kurs in Bietigheim-Bissingen.«

»Na dann mal viel Erfolg!«

Und da ist er nun, der Bernd.

Seinen Kurs hat er wie immer zur größten Zufriedenheit seiner Teilnehmer hinter sich gebracht und am Ende ihr Leergut eingesammelt. Am Morgen hat er der Vermieterin der Pension den Zusammenbruch des Nachttischs gebeichtet und sich von ihr erzählen lassen, dass der schlafende Mann in dem 5 Quadratmeter kleinen Zimmer ein Koch sei, der jedes Jahr auf der großen Waffenmesse in Karlsruhe koche. Das Wasser in der Toilette müsse sie richten, das wüsste sie, da müsse ihr Schwiegersohn »alldiweil ma gugge«.

Nach dem Seminar hat Bernd seinen Tagesordnungspunkt »Abendessen (nicht im Hotel, Dönerbude suchen)« noch einmal vereinfacht und lediglich eine Banane gegessen. Die Banane hat 23 Cent gekostet. Während er sie auf einer Parkbank vor dem Edeka zu sich nahm, rechnete er. In der Theorie, überlegte er, hätte er in der Dönerbude mindestens einen Döner und eine große Pommes samt Getränk bestellt. Im Bündel schon für 4,90 Euro zu haben. Minus 23 Cent hätte er von den wegen des Bordbistros einzusparenden 7,77 Euro somit schon 4,67 Euro gespart. Blieben noch 3,10 Euro. Bernd wurde verwegen. Er stellte sich einfach vor, er hätte im Dönerladen nach diesem anstrengenden Tag noch einen großen Becher Kaffe für 1,50 Euro sowie eine Süßigkeit für 1,60 Euro erworben. Da er das nicht hat, kann er die kompletten 7,77 Euro nun als gespart betrachten. Er weiß, dass das am Rande der Legalität entlangschrabbt. Dass es an Buchfälschung grenzt. Er kann sich so einen Übermut nicht jede Woche leisten. Aber heute tut er gut. Heute hat er Mut. Heute trifft er Svenja.

Er sieht sie schon aus der Ferne vor dem Kinocenter neben dem Plakat eines neuen Pixarfilmes. Er bekommt Herzklopfen. Er denkt an seine Exceltabelle. Die grünen Einträge. Die roten Einträge. Verlobung 2013, Hochzeit 2014. Dort könnte seine Zukünftige stehen. Er setzt sein schönstes Lächeln auf, nimmt die Schultern zurück, beschleunigt seinen Gang und geht auf sie zu. Dabei denkt er an Trauzeugen, Kinder, die mit Reiskörnern werfen und an die Frage, ob heute eintrittspreisvermindernder Kinotag ist.

? Warum ist das so?

Weder Bernd noch Manuel haben ein gesundes Verhältnis zum Geld. Der eine klammert sich wie ein Verrückter an jeden Cent, der andere wirft es in Bündeln zum Fenster hinaus. Beide haben kein Gespür für seinen Wert. Damit sind sie nicht allein. Tausende von Männern leben auf Pump, während andere Millionen da mitmachen, nicht eigentlich etwas zu produzieren oder eine praktische Dienstleistung anzubieten, sondern als Unternehmensberater oder Finanzinvestor in einer Parallelgesellschaft Gewinne abschöpfen, deren Essenz sie im Grunde selbst nicht verstehen. Sehr junge Männer glauben, sich nur noch zwischen Hartz IV, Kriminalität oder dem sofortigen Sprung zum »Superstar« entscheiden zu können. Die meisten Männer ab 25 sind 80 Stunden in der Woche damit beschäftigt, sich aus Nebenjobs, Gebrauchtwarenhandel auf eBay und schlecht bezahlten Aufträgen einen mageren Gesamtverdienst zusammenzustückeln und zeitgleich immer ein großes »Projekt« vor Augen zu haben, das sie aber nicht angehen können, weil sie ja 80 Stunden in der Woche ihren Shop auf eBay pflegen müssen. Ein paar wenige gründen alle paar Monate eine neue Firma, die sofort wieder scheitert, weil sie sich nicht mit dem Produkt beschäftigt haben, sondern ausschließlich mit dem Geld, das sich damit verdienen lässt.

Verloren gegangen ist bei ihnen allen der Mut, die Zuversicht und die Geduld, sich auf Basis dessen, was man wirklich kann, in organischem Tempo eine Existenz aufzubauen. Verloren gegangen ist die Balance zwischen den Extremen »Geiz ist geil« und »Easy Credit«. Verloren gegangen ist der Glaube daran, mit der richtigen Idee und Entschlossenheit auf dem freien Markt alles erreichen zu können. Verloren gegangen ist der gute, alte Unternehmergeist.

In Zeiten der Finanzkrise wundert das wenig, es war aber auch schon zu beobachten, bevor Zentralbanken, Privatbanken, Autokartelle und Regierungen anlässlich der Krise einen Mummenschanz aufzuführen begannen, der dem einzelnen, real existierenden Wirtschafts-teilnehmer unterm Strich lediglich vermittelte, dass dort, wo viel Geld ist, im Grunde nicht gescheitert werden kann. Oder, wie der Kabarettist Dieter Nuhr es in einer Moderation zum deutschen Comedypreis 2008 sehr trefflich formulierte: »Wenn Sie mit 4900 Euro in den Miesen sind, bekommen Sie einen Schufa-Eintrag. Bei 490.000 Euro gibt es wenigstens schon mal einen Kaffee bei der Bank. Bei 490 Milliarden kommt die Kanzlerin persönlich und nimmt sich der Sache an.« Es ist also in der Tat verständlich, wenn gegen-über dem Prinzip »too big to fail« und somit gegenüber Großkon-zernen, Hedge-Fonds-Managern, aber auch gegenüber der sich auf ewig verschuldenden Politik und der Geld ohne Deckung drucken-den Zentralbanken Misstrauen und Feindseligkeit aufbrandet. Dieses Misstrauen aber herrscht unter vielen bereits seit langem ganz ge-nerell gegenüber dem Prinzip des Marktes und dem naturgemäß »amerikanischen« Traum des Strebens nach Glück durch materiellen Wohlstand und finanzielle Freiheit. Die Heldenfiguren nahezu jedes deutschen Krimis, jeder Komödie und jedes Fernsehspiels sind tap-fere Underdogs aus dem Altbau. Die Bösewichte sind Unternehmer, die schwarze Großlimousinen fahren. Der materielle Erfolg des Mit-menschen führt meist dazu, ihm »krumme Geschäfte« zu unterstel-len oder zu betonen, dass zu hohe Gagen, Honorare und Gehälter für Schauspieler, Künstler, Sportler oder Manager nicht »verdient« seien. Geschichten vom sozialen Aufstieg werden selten als positives Vorbild angeführt. Vielmehr wirft man ihnen vor, ein Opium zu sein, welches das Volk von der allgemeinen »sozialen Ungerechtigkeit« und »falschen Verteilung des Reichtums« ablenken soll. Der Weg nach oben ist mit Schuldvorwürfen der moralisch Gerechten ge-pflastert, die ihrer eigenen Gesellschaft mit einem Vorschuss an ge-nerellem Misstrauen begegnen und trotz der historisch fatalen Aus-wirkungen jeder Form kollektiver Zwangsbeglückung immer noch davon ausgehen, dass der Kapitalismus das grausamere System ist. Dabei ist es er – und *nur er* –, der auch alternativen Geschäftsmodel-len und Lebensentwürfen Möglichkeiten eröffnet und anders als im Labor erdachte »perfekte Systeme« einer ständigen Evolution unterliegt. »Wir sind keine Freunde des Konsumverzichts«, schreiben die Berliner Autoren Holm Friebe und Thomas Ramge in ihrem Buch »Marke Eigenbau« dazu ganz treffend, »wir glauben an die Kräfte der Marktwirtschaft, nicht zu verwechseln mit dem real existierenden Konzernkapitalismus.« Dann beschreiben sie auf knapp 300 Seiten, wie sich die globale Ökonomie immer stärker in eine Kultur des Selbermachens, der Nischenmärkte und der kooperativen Zusammenarbeit verwandelt, die jedem Menschen in jedem Land eine reelle Chance auf Wohlstand ermöglicht. Dieser Optimismus rief schnell Widerstand hervor. Die ersten Rezensionen des Buches folgten dem Motto »Ja, aber …« und suchten zügig nach Gründen, warum die Marktwirtschaft im Prinzip doch das Wurzel allen Übels sei. *Sie* kann in ihrer langen Geschichte Erfolge nachweisen, so viel sie will: Gegen die salbungsvolle Utopie einer Welt der Gleichen, die immer Gültigkeit hat, kann sie nicht bestehen. Das ist kein Grund, die Augen vor der Wirklichkeit zu verschließen. Friebe und Ramge sagen es ganz richtig: Marktwirtschaft und real existierender Konzernkapitalismus sind zwei Paar Schuhe. Letzterer hat es allen Menschen in den letzten 30 Jahren schwer gemacht, ein positives Verhältnis zur Geldwirtschaft zu bewahren. Börsenspekulationen, die niemand versteht, führen zu Finanzkrisen, die alle betreffen. Konzernführungen streichen und verlagern Arbeitsplätze, um aus Rekordgewinnen noch höhere Rekordgewinne zu machen. In Branchen wie Energie, Pharmazie oder Nahrungsmittelindustrie bilden sich Monopole heraus, die das »frei« in Marktwirtschaft wie Hohn erscheinen lassen. Die wenigen »Global Player« greifen mit gigantischen Krakenarmen in unser Leben ein, arbeiten am gläsernen Konsumenten, patentieren Gene und komplette Spezies und lassen es so erscheinen, als wären wir bald nur noch Marionetten der »eigentlichen« Weltregierung, die aus Kartellen gebildet wird.

Die Politik nutzt diese Chance, um sich gegen die »Gierschlunde« der Privatwirtschaft als regulierende Rettungsinstanz aufzuspielen. Dabei gelingt es ihr wie dem Kaiser auf meisterhafte Art zu verbergen, dass sie nackt ist. Sie selbst kann für ihre Leistungen keinen einzigen Cent aus eigener Kraft berappen. Die riesigen Ströme ungedeckten Geldes, die auf den Finanzmärkten um den Globus fließen, sind zum großen Teil das Ergebnis der Finanz- und Währungspolitik von Notenbanken, Internationalen Währungsfonds und Regierungen, die bei Ihren eigenen Bürgern Milliarden leihen müssen, um die Folgen von Krisen »auszugleichen«, die sie selbst mit erschaffen haben. Da Geld an keinen festen Gold- oder Währungswechselstandard mehr gebunden ist und souveräne Staaten ihre Stabilitätskriterien missachten und mit Schulden in Billionenhöhe durch die Weltgeschichte taumeln, spürt der moderne Mann auch ohne Wirtschaftsstudium jeden Tag, dass nicht er es ist, der es in der Hand hat, ob sein Vermögen im Rentenalter oder selbst nächstes Jahr noch etwas wert ist. Wieso dann erst eines anzuhäufen versuchen?

Ein letzter Grund dafür, dass viele Männer heute äußerst hilflose Wirtschaftsteilnehmer sind, ist der Umgang mit der Ökonomie an den konventionellen Schulen. Während diese faktisch dafür sorgen müssen, ihre Schüler auf Grundlage allgemeiner Vorgaben und ohne Rücksicht auf individuelle Talente darwinistisch zu selektieren, simulierten sie in den Lehrinhalten immer noch einen wohligen Humanismus. Ökonomische Realitäten bleiben außen vor, wenn im Deutschunterricht Schillers Idealismus ertönt, man mit Brecht den Kapitalismus geißelt oder in Physik, Chemie und Biologie die reine Forschung lebt, während in den wirklichen Labors immer nach dem praktischen Nutzen der Erkenntnisse gefragt wird. Männer können sogar das komplette Studentenleben überstehen, ohne ernsthaft zu wissen, wie sie zukünftig mit dem Fiskus, eigenen Versicherungen und Vermögensverwaltung umgehen sollen. Das Materielle und Finanzielle gilt als profan, der würdeloseste, aber oft bis ins Alter von 25 Jahren hinein häufig geäußerte Satz moderner Männer lautet: »Das weiß ich nicht, das läuft alles über meine Mutter.« Wer Kafka liest, die Ausweglosigkeit des modernen Menschen betont und sich mit dem Geld der Eltern und einem Nebenjob in einer Musikbar irgendwie durchschlägt, gilt als sympathisch. Wer den großen Konz liest, Eigenheim und Aufstieg anstrebt und zielgerichtet daran arbeitet, eine eigene Existenz durchzusetzen, gilt als geistloser Spießer. Wer beides zu verbinden imstande ist, wird von niemandem mehr verstanden und implodiert.

In den meisten Familien des Landes – also denen, die nicht zu den oberen 50.000 gehören – pflegt man dazu passend Werte wie Bescheidenheit und Demut. Das größte Kompliment, das einem erfolgreichen Mann gemacht werden kann, lautet: »Der ist total auf dem Boden geblieben.« Zweifelsohne gibt es eine Parallelgesellschaft aus über mehrere Generationen weitervererbten »Elite«-Dynastien, in der die Söhne auf teure Privatschulen geschickt werden und nahezu realsatirische Netzwerke wie »Schwarze Karte« oder »aSmallWorld« aufbauen, die dazu dienen, sich von der Bevölkerung abzuspalten und maximale Dekadenz zu pflegen. Der Großteil der Wohlhabenden lebt jedoch ganz selbstverständlich in einem Klima, in dem es gilt, sich für das Erreichte reflexartig zu entschuldigen oder es mindestens mit ehrenamtlichen Engagements und hohem Spendenaufkommen ethisch abzufedern. Als trüge jeder, dessen Jahresgehalt die Grenze von 60.000 Euro überschreitet, automatisch eine Schuld am Weltelend mit sich, die der eines Waffenhändlers oder Ölmonopolisten gleichkommt. Im Umkehrschluss bedeutet das, dass der »kleine Mann« sich jederzeit mit moralischer Überlegenheit brüsten kann. Dabei gibt es ihn in verschiedenen Ausführungen. Es gibt ihn in Form von Bernds Vater, der immer »auf dem Teppich blieb« und seit 30 Jahren um 6:00 Uhr aufsteht. Es gibt ihn in Form des handfesten Malochers, der am Wochenende ins Stadion pilgert. Es gibt ihn aber auch in Form des solide versorgten Studenten mit 7-Tage-Bart und Che-Guevara-Shirt, für den das Fahren eines 17 Jahre alten Ford Fiestas mit Kassetten- statt CD-Laufwerk ein ähnliches Statussymbol darstellt wie der BMW für den Yuppie. Ein umgekehrtes eben. Sehr gut lässt sich das an Julia Friedrichs' Buch »Gestatten: Elite« zeigen. Die Autorin begab sich für Monate in die besagte Parallelgesellschaft der Eliteakadamien und abgehobenen zukünftigen Unternehmensberater, schälte dort sorgfältig den Irrsinn heraus und verfasste ein gutes Stück deutschen Entlarvungs-journalismus. Dem Verdacht, eine verkappte Salonsozialistin zu sein, entgeht sie allein durch die Tatsache, dass sie mit dem Axel-Springer- sowie dem Ludwig-Erhard-Preis ausgezeichnet wurde. Trotzdem aber stellt sie der skurrilen Parallelwelt der Elite in der Komposition ihres Buches ganz bewusst ihre eigene ehemalige WG als »menschliches« Gegenbild entgegen. Die besteht aus dem Tierrechtler und Aktivisten Jan, der sein Alter nicht verrät und keinen Geburtstag feiert, weil »die Erde auch ohne ihn schon zu voll« sei, der Juristin Hanna, die als Delegierte des Roten Kreuzes in den Kongo will, und Friedrichs' Ex-Freund Tom, der durch ihren Kontakt zur »Elite« sehr schnell »besorgniserregende Charaktereigenschaften« bei seiner Freundin festgestellt haben will. Sie sei »betont cool« geworden und würde sich »sogar bemühen, tiefer zu sprechen«. Um Gottes Willen, möchte man Tom zurufen, deine Freundin verlässt durch Kontakt mit erfolgreichen Menschen das piepsige Kindchenschema, du bist wahrhaft zu bedauern!

Friedrichs führt diese Kontrastfolie im ganzen Buch fort. Entweder man ist Elite und somit durch und durch arrogant und dekadent oder man hockt am Küchentisch einer verdreckten WG und rettet symbolisch die Welt. Der Mittelweg scheint nicht mehr zu existieren, obwohl Friedrichs ihn als etablierte politische Journalistin selber geht. »Mit dem Kapitalismus ist es ein merkwüdig Ding«, schrieb Ralf Darendorf einmal, »von seinen Wohltaten möchte jeder profitieren, für ihn Partei zu ergreifen überlässt man lieber anderen.«

 Fehlerbehebung

1. Bejahen Sie den »pursuit of happiness«.

Der Weg vom Tellerwäscher zum Millionär ist prinzipiell begehbar. Immer noch. Sie wissen das. Es kann nur zwei Gründe geben, wa-

rum Sie vor ihm zurückschrecken. Erstens: Sie haben Angst. Angst davor, dass dieser Weg Sie 5–20 Jahre lang in 16-Stunden-Tage führen und zu einem Workaholic machen wird. Angst davor, dass Sie scheitern und geschäftlich auf die Nase fallen könnten. Angst davor, dass Sie nicht scheitern und in Sphären aufsteigen könnten, die Sie von sich selbst, Ihrer Familie und anderen, »einfachen« Leuten entfremden. Zweitens: Sie haben Skrupel. Skrupel davor, dass der Erfolg vielleicht gelingen wird, dafür aber zwangsläufig viele andere auf der Strecke bleiben. Skrupel davor, den Kapitalismus überhaupt aktiv und bewusst mitzuspielen, anstatt irgendwie von seinen Überschüssen zu leben, dabei aber so zu tun, als stünde man außerhalb seiner und hätte nichts mit ihm zu tun.

Besiegen Sie diese Ängste, indem Sie der Stimme in sich folgen, die Lust hat auf Erfolg und die Erfüllung all der Wünsche, die Sie sich als kleiner Junge noch zu haben erlaubten. Entdecken Sie den Unternehmer in sich, der Visionen in die Tat umzusetzen und mitmischen will. Er ist da. Sie müssen ja keine »Heuschrecke« werden. Genauso gut können Sie ein Feinschmeckerrestaurant auf Biobasis aufbauen oder sich als Produzent von talentierten Nachwuchsbands betätigen, denen Sie damit ganz nebenher auch eine Existenz abseits der Lohnsklaverei ermöglichen. Sollten Sie immer noch Skrupel haben, sich am bösen, bösen Wettbewerb zu beteiligen, lesen Sie so viel wie möglich darüber, wo rein antikapitalistische Modelle des »neuen Menschen« und der »gerechten Welt« endeten und wie die geistigen Väter dieser Ideen als Männer tatsächlich gelebt und gehandelt haben. Recherchieren Sie nicht nur die Misserfolge des verfluchten kapitalistischen Systems, sondern auch, was es der Menschheit bislang gebracht hat. Fragen Sie sich: Als was kann ich der Welt ganz handfest und praktisch in jeder Hinsicht wirksamer dienen? Als passiver armer Schlucker mit Betroffenheitsrhetorik oder als aktiver einflussreicher Mann, der Mittel zur Gestaltung hat?

2. Verwechseln Sie Übersicht nicht mit Panik.

Erlangen Sie so früh wie möglich die Kontrolle über Ihre Finanzen. Kappen Sie Abhängigkeiten und Verbindungen zu »Wohltätern« jeder Art so gut es eben geht. Investieren Sie Ihr Geld in Ihr Geschäft, um es zu erweitern. Sind Sie lohnabhängig, entziehen Sie so viel wie möglich davon den Zugriffsmöglichkeiten unkontrollierbarer Instanzen und legen Sie es in realen Werten wie Gold, eigenem Haus und Grund oder wenigen, rentablen Aktien von Firmen an, die Sie schätzen und deren Produkt Sie verstehen. Führen Sie regelmäßig Buch und planen Sie ruhig auf Jahre im Voraus, aber verwechseln Sie Übersicht nicht mit Panik. Halten Sie es bei der Buchführung wie ein Buddhist, der sagt: Beobachte Deine Gedanken, aber lass Dich nicht von ihnen bestimmen. Beobachten Sie Ihr Vermögen. Allein das Bewahren der Kontrolle ist der erste Schritt zur Unabhängigkeit.

3. Verdienen Sie es sich.

Stärken Sie Ihr Selbstwertgefühl, indem Sie Ihr Geld so früh wie möglich selber verdienen. Jeder faire Job ist besser als Almosen. Falls Sie für das, was Sie tun, eine gezielte Förderung bekommen, sorgen Sie auch dafür, dass die Förderer hinterher ein Ergebnis sehen, auf das sie stolz sein können. Sind Sie bereits etabliert, lassen Sie sich kein schlechtes Gewissen einreden, dass es Ihnen gut geht. Konzentrieren Sie sich auf Ihre Berufung und machen Sie einen exzellenten Job. Schnelles Geld lässt sich auch durch krumme Geschäfte machen. Langfristiger Wohlstand allerdings muss erarbeitet werden. Sollten Sie jemals so weit kommen, selber Arbeitsplätze zu vergeben, behandeln Sie Ihre Leute so, wie Sie selbst behandelt werden wollen.

Der Mann und die Eigenverantwortung

 Fehlerbeschreibung

Der moderne Mann lagert fast alle Aufgaben an Experten, Fachleute und Berater aus. Ihnen vertraut er blind, seinem eigenen Verstand vertraut er gar nicht mehr. Er macht sich abhängig, gibt Verantwortung ab und geht aus Bequemlichkeit davon aus, dass alles schon seine Richtigkeit haben wird.

Bernd

»Wir müssen jetzt wirklich anfangen, gleich kommt schon der Manni Müller.« Bernds Mutter betritt ungefragt das Badezimmer und zieht die Trennwand zur Badewanne zurück, hinter welcher der 13-jährige Bernd im warmen Wasser liegt. Sie spricht weiter, während sie einen Schwamm und eine Flasche Shampoo aus dem Korb auf der Ablage nimmt, mit dem Duschkopf die Haare ihre Sohnes einnässt und das Shampoo einzumassieren beginnt. Damals ließ sich Bernd die Haare noch länger wachsen, da er Andre Agassi mag. Aus demselben Grund sind sie heute kurz.

»Der Manni muss dem Papa doch erklären, was er mit dem Geld und bei der Steuererklärung noch alles so deichseln kann. Da sitzt du doch auch gerne dabei.« Das stimmt. Wenn Manni Müller kommt, sitzt Bernd gerne dabei, denn dieser Mann hat eine Stimme wie ein Bär und redet beruhigend unverständliches Zeug. Er vermittelt eine Souveränität, die Bernd gerade nicht hat, da ihm von seiner Mutter noch mit 13 der Kopf gewaschen wird. Er weiß nicht, ob das normal ist, denn seine Schulkameraden traut er sich nicht danach zu fragen. Sie hat schlicht nie aufgehört, es zu tun, und er weiß, dass es sie schwer verletzen würde, würde er es ablehnen und sagen: »Mutter, von heute an wasche ich mein Haar selbst.« Bernd weiß von vielem in dieser Familie nicht, ob es normal ist und ob auch andere das kennen. Zum Beispiel, dass Vater wie Mutter jederzeit das Bad betreten, wenn er gerade badet. Gut, die Wanne hat eine dichte Trennwand aus mattem Kunststoff mit Blasenmuster. In der Wohnung gibt's kein Gästeklo und wer muss, der muss eben. Aber trotzdem …

»Wann darf ich mein erstes Konto eröffnen, Mama?«, fragt Bernd und die Mama winkt ab, während sie seinen Kopf mit der rechten Hand nach unten drückt und ihn mit der Dusche in der linken abbraust. »Oh Gott, mein Junge, das hat wirklich noch Zeit. Genieß erst mal deine Kindheit, solange du kannst.«

Das tut Bernd.
Ausgiebig.
Er steigt aus der Wanne, bindet sich seinen wachsenden Schopf mit einem Haarband nach hinten, geht im Bademantel in sein Zimmer und wirft noch schnell den Computer an, bevor der Finanzberater der Familie kommt. Es ist ein brandneuer 386er, aufgerüstet bis in die letzte Lötstelle. Computer bringt sich Bernd gerade bei. Alles andere liegt nicht in seinen Händen. Der Rechner surrt bereits, als Bernds Zimmertür sich schließt, was lange dauert, denn die Tür ist aus schwerem Glas wie in den Wartezimmern von Ärzten. Die obere Hälfte ist grau, durch die untere kann man hindurchsehen. Sie steht immer offen. Ob das normal ist, weiß Bernd auch nicht, aber er möchte seine Tür nicht verschmähen. Vater hat lange geschuftet für dieses Haus, jeden Morgen ab 6 Uhr, er betont es häufig genug. Es klingelt. Die Mutter geht an die Tür und begrüßt Manni Müller, der Vater öffnet ohne zu klopfen Bernds Tür und sagt: »Der Manni ist da. Wenn du kommen willst …«

Immer noch im Bademantel sitzt Bernd neben dem Steuerberater am Küchentisch und hört ihm zu. Auf der Ablage über der

Sitzecke hockt ein Buddha aus Holz. Neben den Ordnern und Blättern liegt ein Flaschenöffner. Manni trinkt Tonic Water, wenn er seine Kunden berät. Immer ein Fläschchen pro Sitzung. Bernd folgt seinen Fingern, die Papiere durchwühlen, blitzschnell mit dem Kuli auf etwas zeigen und bewirken, dass Bernds Eltern die ganze Zeit andächtig nicken. Die Hinweise ihres Finanzberaters nehmen sie entgegen wie früher die Kirchengemeinde die Sonntagspredigt. Sein Wort ist Offenbarung, seine Stimme ein wohliger Schauer, irgendwo zwischen Barry White, Chris Rea und Robert de Niro. Bernd versteht kein Wort von dem, was der Mann sagt, doch gerade das macht die Andacht so schön. Was Manni *eigentlich* sagt, während er von Paragrafen, Anleihen, Mischfonds und Ansparabschreibungen spricht, ist: »Überlasst alles mir, ich werde es richten.«

Als er geht und Bernds Mutter die Tür hinter ihm schließt, sieht sie ihren Ehemann an, lehnt sich ein wenig gegen das Holz und sagt: »Hast du jetzt genau verstanden, wie sich die 5.000 Euro Investitionen aufgeteilt haben?« Bernds Vater schüttelt bedächtig den Kopf und sagt: »Es wird schon seine Richtigkeit haben.«

Der nächste Besucher des Tages ist Herr Pinselbeck. Herr Pinselbeck muss den Computer von Bernds Vater richten, der seit Tagen keinen Piep mehr von sich gibt. Bernd ist stolz darauf, dass sein Vater überhaupt einen Computer zu Hause hat. Das ist noch nicht bei allen selbstverständlich. Bernds Vater sieht viele Vorteile in einem privaten Rechner, denn schließlich rechnet er gerne. Bernd hat eine Idee, worin der Fehler liegen könnte, aber seine Eltern wollen sie nicht hören. »Lass das mal den Herrn Pinselbeck machen«, sagen sie, »der kennt sich damit aus.« Dass ihr eigener Sohn an seiner Maschine nicht bloß spielt, begreifen sie nicht. In ihrer Welt kann ein 13-Jähriger kein EDV-Problem lösen, sondern nur ein gedrungener Endvierziger mit knittrigem Hemd, zwei Ex-Frauen und vom Rauchen gelben Fingern. Schwer atmend, einen Aschenbecher und eine angezündete Ernte 23 neben sich, justiert er die Höhe des Stuhls, schraubt die Seitenklappe ab, schaut ins Innere und sagt: »Wer hat Ihnen den denn zusammengebaut?«

»Das war der Herr Mulan, aus Schwelm.« Bernds Mutter klingt misstrauisch, als sie das sagt. So, als sei soeben entlarvt worden, was für ein Tunichtgut der Mulan eigentlich ist. Herr Pinselbeck rüttelt an Motherboard, Diskettenlaufwerk und Festplatte, zieht an seiner Zigarette und schüttelt den Kopf. »Ist es schlimm?«, fragt Bernds Vater. »Nein«, denkt sich Bernd im Stillen, »es ist lediglich die Verbindung zur Festplatte lose.«

Herr Pinselbeck sagt, Rauch auspustend: »Nein. Es ist lediglich die Verbindung zur Festplatte lose.« Er steckt sie wieder richtig ein. »Aaaaaaber«, setzt er an, als er das Gehäuse wieder zusammenschraubt, »das würde ich alles ganz anders bauen. Das ist nicht auf dem neuesten Stand.« Bernds Eltern sehen den Mann an, als habe er einen Geheimgang in ihrem Haus entdeckt. Seit Monaten sagt Bernd seinem Vater, dass dessen Computer leider schon wieder veraltet ist. Sagt es Herr Pinselbeck, nehmen sie es ernst. »Dann schrauben Sie uns was zusammen«, sagt Bernds Vater. »Was würde das denn kosten?« Herr Pinselbeck nennt einen Preis. Er ist doppelt so hoch, als wenn Bernd mit seinem Papa ins Geschäft gehen, die Komponenten sammeln und das Ding selbst zusammenschrauben würde.

»Hmmm …«, brummt Bernds Vater, »das muss dann wohl mal sein.«

»Nein!«, ruft Bernd und ist selbst überrascht. Seine Eltern und Herr Pinselbeck drehen sich zu ihm um wie zu einem Überraschungszeugen vor Gericht.

»Das ist, das kann …« Bernd traut sich nicht, zu sagen, dass er es selbst für den halben Preis machen könnte. Er ist 13, er hat Befehl, seine Kindheit zu genießen.

»Was denn, Junge?«, sagt sein Vater.

»Ach, nichts …«

»Gut, dann sei so gut und schließ schon mal die Garage auf, um vier kommt noch der Dietmar vorbei.« Dietmar ist der Halbbruder seines Vaters und verantwortlich für das Auto …

Manuel

13 Uhr. Manuel muss sich beeilen. Anja ist erst vor einer Stunde gegangen, sie war unerträglich anhänglich nach der spontanen gemeinsamen Nacht. Lag bis 10 Uhr noch mit ihm in den Federn und entpuppte sich als der Typus »Tee trinken am offenen Fenster, den Vögeln zuhören und Brunch machen«. Brunch … wie Manuel das hasste. Er muss einfach besser einschätzen lernen, welche Frau das Konzept »One-Night-stand« versteht und welche nicht. Der Zettel mit ihrer Nummer liegt noch neben den Tellern mit Brötchenkrümeln, ein Festnetzanschluss, notiert mit Tinte und in eklig großer Schönschrift. Um 14 Uhr hat Manuel den Termin in einer der Wohnungen, die sein Vater vermietet. Herr Drexel hat die Dielen geschliffen. Manuel soll das Ergebnis prüfen und die Arbeit abnehmen, damit Freitag die ersten Interessenten zur Besichtigung kommen können. Manuels Vater vermietet nebenher viele Wohnungen und normalerweise macht er solche Abnahmen persönlich, weil sein Leitspruch lautet, dass es niemals richtig läuft, wenn man es nicht selber macht. Als Chirurg hatte er jahrzehntelang im Operationssaal ja auch alle Fäden selbst in der Hand. Er kaufte niemals ein Finanzprodukt, das er nicht kannte, ließ sich bei der Anschaffung eines Autos oder Computers von mehreren unabhängigen Stellen beraten und von niemandem ein X für ein U vormachen. Manuel hielt er dazu an, ebenfalls ein Studium der Medizin zu absolvieren, aber die Strenge, die er bei allen anderen Menschen anwendet – den Geldhahn abzudrehen, wenn keine Leistung kommt –, hatte er bei seinem eigenen Sohn nicht. So verbummelt Manuel sein Studium bis heute und bekommt trotzdem weiter Geld. Was sollten auch die Leute denken, wenn eine der reichsten Familien der Stadt dem eigenen Sohn den Geldhahn abdreht? Wie sähe das denn aus? Manuel hat bis heute außer Tauchen und Surfen gar nichts selber gemacht. Er hat kein einziges echtes Gericht gekocht, keine eigene finanzielle Entscheidung getroffen, und wenn sein Auto kaputt ist, bringt

er es in eine Filiale der örtlichen Reparaturkette, sagt »tun Sie, was nötig ist« und schaut hinterher nicht mal auf die Rechnungsposten.

Er macht sich einen weiteren Kaffee und dreht schon Mal das Duschwasser auf, als sein Telefon klingelt.

»Hallo?«

»Ja, Drexel hier.«

Die Stimme des Mannes ist laut und kehlig. Er bellt jedes Wort, als wäre es von ultimativer, unverrückbarer Bedeutung.

»Ich bin hier etwas in Verzug geraten. Sagen wir, wir machen die Abnahme um halb sechs?«

Halb sechs. Für einen kleinen Moment denkt Manuel daran, dass es im Winter um diese Zeit schon dunkel wird, doch er sagt schnell zu. Es kommt ihm sehr gelegen. So kann er noch eine Runde ins Bett gehen, alleine, ohne zudringliche Anja. Etwas Richtiges essen. Pizza bestellen. »Halb sechs ist prima.«

»Gut, bis nachher!«

Um viertel vor sechs stapft Manuel die Treppen des alten Mietshauses hoch und grüßt Herrn Drexel, der in der Tür steht. Sein Werkzeug lagert bereits auf dem Absatz. Er klatscht in die Hände.

»Geschafft!« Er grinst. Sein Kiefer ist ausladend, er ähnelt dem Crazy Frog. Manuel nickt. Die Wohnung ist stockdunkel. Von außen schimmert nur noch Laternenlicht hinein. Herr Drexel deutet mit dem Daumen über die Schulter hinter sich. »Der Strom ist bereits abgeschaltet«, sagt er. »Das hätten Sie mir auch ruhig sagen können. Die ganzen Tage konnte ich abends immer nur bis fünf arbeiten, bis es dunkel wird. Da hat Ihr Vater wohl schon die Versorgung abgemeldet.« Davon wusste Manuel nichts. Er schielt über Drexels Schulter in die Wohnung. Sie riecht nach Parkettlack. Die Dielen im Flur wirken im Laternenlicht wie eine Wasseroberfläche mit Strudeln und kleinen Wellen.

»Wollen Sie schauen?«, sagt Herr Drexel und gibt den Blick frei. Manuel kann von hier aus nur den Korridor sehen. Als er die Schwelle übertreten will, schnellt Drexels Arm vor. »Nein, junger Mann, das ist doch alles noch feucht. Der Fugenkitt muss erst mal trocknen, der Lack. Wenn Sie jetzt darüber laufen, hat Ihr Vater Fußspuren in der Deckschicht.« Manuel tritt zurück. Er will schnell nach Hause. Heute ist ein Spiel im Fernsehen. Es wird schon seine Richtigkeit haben.

»Heute auch Bayern gegen Chelsea?«, fragt Herr Drexel.

Manuel lächelt: »Ja!«

»Eine Traumbesetzung«, sagt Herr Drexel. »Van Bronckhorst gegen Makaay, allein das ist ein geniales Duell.«

Manuel stimmt ihm zu. Er überlegt, wie viel kaltes Bier er noch daheim hat.

»Bezahlung in bar?«, fragt Herr Drexel.

Manuel nickt und zieht eine große Geldbörse aus der Tasche.

Herr Drexel legt ein Clipboard mit einem Formular auf den Treppenabsatz und sagt: »Dann bräuchte ich nur noch schnell Ihre Unterschrift, dass alle Arbeiten korrekt ausgeführt wurden, und schon können wir zum Fußball.«

Manuel unterzeichnet. Bevor er geht, bleibt sein Blick noch einmal kurz im Flur der Wohnung hängen. Dieses Meereskräuseln in der Deckschicht sieht wirklich merkwürdig aus. Interessant, was Laternenlicht alles so bewirken kann. Er verdrängt den Gedanken und denkt an Roy Makaay.

Den Freitag darauf steht sein Vater mit ihm im Flur der Wohnung und zeigt mit hochrotem Kopf, beide Arme gen Boden gestreckt, auf die Dielen. In zehn Minuten sollen die potenziellen neuen Mieter kommen. Vor fünf Minuten rief sein Vater ihn an und schrie, er solle sofort in die Wohnung kommen und sehen, was er angerichtet habe. Das Meereskräuseln auf dem Holz war keine optische Täuschung des Laternenlichts. Das Holz hat Kringel. Kringel, Wirbel und Flecken. Es sieht aus, als hätte man ein Zebra gehäutet und quer durch alle Räume verteilt. Das ist kein Feinschliff, das ist ein Werk der Zerstörung.

»Wie kannst du so etwas abnehmen?«, schreit der Vater. »Bist du mit Blindheit geschlagen?«

»Es war dunkel, Papa.«

»Es war dunkel??? Wieso nimmst du eine Wohnung im Dunkeln ab? Warum zur Hölle machst du nicht das Licht an?«

»Weil du den Strom bereits abgemeldet hattest! Herr Drexel konnte immer nur bis nachmittags arbeiten.«

Sein Vater sieht ihn an wie ein kleinwüchsiger römischer Feldherr bei Asterix, dem die Rauchwolken aus den Ohren steigen. Er geht zum Sicherungskasten, öffnet ihn, senkt den Kopf, als würde er den Schalter mit dem Schädel hochdrücken wollen, und drückt ihn dann mit dem Finger nach oben, den ganzen kleinen Körper dabei aufrichtend. Das Licht geht an. Manuel schluckt.

»Manchmal frage ich mich wirklich, ob deine Mutter damals im Urlaub doch heimlich diesen debilen Marokkaner gevögelt hat!« Sein Vater kann sehr direkt werden, wenn er wütend ist. Sonst ist er ein höflicher Mann. Ein Mann für Empfänge. Heute nicht. Heute steht er auf den zerstörten Dielen und fuchtelt mit den Armen wie Willi Thomczyk in »Bang Boom Bang«, als seine Bekannten ihm den Tresor der örtlichen Speditionsfirma vor die Zapfsäulen schleppen. »Ganz zufällig wird der Mann am letzten Tag erst abends fertig, wenn es schon dunkel ist, und ganz zufällig kann man nicht mehr das Licht anmachen. Was denkst du dir eigentlich in solchen Augenblicken? Wo bist du da?«

Bei Roy Makaay, denkt Manuel im Stillen, sagt es aber nicht. Sein Vater schimpft weiter: »Angenommen, der Mann sagt ganz ruhig und entschlossen: ›So, Herr Schäfer, dann setzen Sie sich bitte mal auf den Treppenabsatz und machen Sie Ihr Knie frei, damit ich Ihnen einen Leistennagel in die Kniescheibe einschlagen kann, es ist unter Dielenschleifern nämlich Jahrhunderte alte Tradition, dem Kunden zur Vollendung der Arbeit einen Leistennagel ins Knie zu rammen.‹ Würdest du dich dann auf die Treppen setzen und die Zähne zusammenbeißen???« Manuels Vater sinkt ein wenig zusammen und winkt ab: »Ja, du würdest wahrscheinlich. Herr Drexel würde dir noch ein kleines Holzstück zum Draufbeißen geben, gegen die Schmerzen. ›Da haben schon 499 Kunden reingebissen‹, würde er sagen, ›Sie sind der 500ste. Glückwunsch.‹ Du würdest danke sagen und es dir zwischen die Zähne klemmen.«

Er hat ja Recht mit dem, was er sagt. Das macht Manuel aber nur noch wütender. Eine Wut auf sich selbst, die er nicht gegen den Vater richten kann, denn der wird auch hieraus keine Konsequenzen ziehen. Gerade das macht es noch schlimmer.

»Komm, geh heim«, sagt der Vater. »Ich regele das hier. Das wird ein Gerichtsverfahren. Geh einfach heim.«

Manuel geht heim, nimmt Anjas Zettel mit der Schönschrift in die Hand, ruft sie an und trinkt mit ihr ein Glas Wein. Der Sex danach hat mit Schönschrift rein gar nichts mehr zu tun, aber er hat einen Vorteil. Sie ruft ihn danach nicht mehr an.

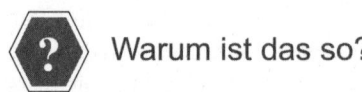 ## Warum ist das so?

Bernds und Manuels Eltern leben als solide Kleinbürger und wohlsituierte Mediziner sozial in zwei vollkommen verschiedenen Welten. Dennoch haben sie beide denselben Fehler gemacht. Sie haben ihren Söhnen viel zu lange viel zu viel abgenommen. Bernds Eltern glauben als »kleine Leute« an die Allmacht der Experten und gliedern selbst alle Aufgaben aus. Sie vererben kein Geld, sondern eine Haltung lebensscheuer Vorsicht, die jede neue oder fachfremde Tätigkeit so ängstlich beäugt, als handele es sich dabei um den eigenhändigen Anschluss eines unisolierten Starkstromkabels. Menschen wie Bernd lernen somit, von nahezu allem »die Finger zu lassen«, sich nicht »zu übernehmen« und immer des alten Spruches gewahr zu sein: »Wer hoch hinaus will, kann auch tief fallen.« Wer so aufwächst, erklimmt niemals eine Leiter. Weder, um die Dachrinne zu reparieren, noch um die Stufen des sozialen Aufstiegs zu nehmen.

Manuels Eltern haben diese Stufen genommen. Sie scheuen vor nichts zurück und haben als erfolgreiche Chirurgen weder Angst vor komplexen Tätigkeiten noch vor fürstlichen Entlohnungen oder riskanten Investitionen. Sie hindern allerdings ihren Sohn daran, sich diesen Grad an Kompetenz und Selbstgewissheit eigenständig zu erarbeiten, weil sie Angst haben, sonst als Rabeneltern dazustehen. Sie wollen, dass es ihre Kinder »besser haben« und verwechseln »besser« mit einem eingeschalteten Autopiloten, der verhindert, dass man jemals fahren lernt.

Diese Scheu davor, irgendwelche Aufgaben abseits seines gelernten Berufes selber anzugehen, rührt allerdings auch daher, dass wir die Welt mehr und mehr als zutiefst überkomplex wahrnehmen. Das ist sie schließlich auch. Die Zeit der Universalgelehrten, in der ein Goethe zugleich Dichter, Theologe, Physiker, Farbforscher, Biologe und Politiker sein konnte, sind vorbei. Es reicht schon, einen Zeitschriftenhandel zu betreten, um zu sehen, dass es für jede Nische eine ganze Welt an Fachwissen gibt. An der Universität wird klar, dass man nicht mal mehr in *einem* Gebiet alles wissen kann, sondern sich ganz eng spezialisieren muss. Computer verändern sich im Monatsrhythmus, Finanzmärkte täglich, Medizin und Forschung kann niemand mehr nachvollziehen. Sogar ein schlichter Baumarkt erschlägt mit seiner Auswahl an Spezialwerkzeugen. Das verleitet Männer dazu, einen Einblick in die Dinge nicht mal mehr zu versuchen.

 Fehlerbehebung

1. Bedienen Sie sich Ihres Verstandes.

Man muss kein Fachmann sein, um misstrauisch zu werden, wenn Dienstleister einen im Dunkeln stehen lassen. Fragen Sie nach, sobald Sie etwas nicht verstehen. Bestehen Sie darauf, dass Ihr Arzt,

Ihr Anwalt, Ihr Finanzberater oder Ihr Parkettschleifer Ihnen das, was er tut, so erklärt, dass Sie es begreifen. Kann er das nicht, ist das sein Versagen. Nicht Ihres! Lassen Sie sich nicht einschüchtern. Sie mögen kein Fachmann sein, aber Sie sind ein intelligenter Mensch.

2. Recherchieren Sie.

Bevor Sie relevante Entscheidungen treffen, bei denen Ihnen »Fachleute« zur Seite stehen, recherchieren Sie selber. Wir haben das Internet. Wir haben übervolle Bibliotheken. Ob nun ein Rechtsstreit, eine teure ärztliche Behandlung, ein Hausbau oder eine Reparatur am Auto anstehen: Nehmen Sie sich einen halben Tag Zeit, um sich in das Thema so weit einzuarbeiten, dass Sie darüber ein Referat halten könnten. Das genügt meist, um im Gespräch mit dem Fachmann nicht bloß zuhören, sondern mitreden zu können. Ausreichend genug, dass der Fachmann den Eindruck bekommt, einen denkenden, emanzipierten Menschen vor sich zu haben. Bei fairen Fachleuten erzeugt das Respekt und ein euphorisches Leuchten in ihren Augen. Ein Kunde interessiert sich für das, was und wie sie es tun. Das zeigt ihnen Wertschätzung. Das Geschäftsverhältnis wird sich bessern, die Achtung auf beiden Seiten steigt. Bei unfairen Fachleuten erzeugt es Vorsicht. Ein Kunde kennt sich aus und ist kein Opfertyp. Was mag er noch alles wissen? Ist er vielleicht selber Fachmann und will mich testen? Wer sein Gegenüber so weit kriegt, wird nicht mehr übers Ohr gehauen werden.

3. Probieren Sie sich aus.

Gehen Sie Beschäftigungen nach, denen Sie noch nie oder nur selten nachgegangen sind, ohne den Drang, daraus ein regelmäßiges Hobby machen zu müssen. Spielen Sie üblicherweise Tennis, versuchen Sie es mal mit Golf. Oder Curling. Fahren Sie Rad, wenn

Sie sonst nur laufen. Reparieren Sie das Rad selber. Pflanzen Sie Bäume. Schlagen Sie nach, was sich genau hinter den laufenden Prozessen rundll32.exe oder SVCHOST.exe in Ihrem Computer verbirgt, und erhaschen Sie beim Verfolgen der Hinweise eine erste Ahnung darauf, wie so ein Betriebssystem funktioniert. Bauen Sie einen Schrank.

Machen Sie Erfahrungen, die neu sind. Das erzeugt Selbstbewusstsein und etabliert in Ihnen ein Gefühl der Ermächtigung über sich selbst und die Welt.

Der Mann als ewiger Junge

 Fehlerbeschreibung

Der moderne Mann bleibt extrem lange ein Junge. Er nabelt sich nicht richtig ab und klebt an den Verhaltensweisen und Geborgenheiten der Kindheit und Jugend. Er vermeidet es aktiv oder passiv, erwachsen und wirklich selbstständig zu werden, selbst, wenn er darunter leidet. Er sucht sich Ersatzeltern. Er gründet keine eigene Familie, sondern sucht sich Ersatzfamilien, in denen er als ewiges Kind aufgehen kann.

Manuel

Es ist keine Hilti, die Manuel an diesem Vormittag zur Kasse trägt, aber immerhin das Beste, was man in einem regulären Baumarkt erwerben kann. Wäre er Bernd, hätte er bestimmt sofort eine intellektuelle Deutung dafür parat, warum er seinem Vater eine teure Bohrmaschine und seiner Mutter ein riesiges Gartenbuch als Geschenke mitbringt. Die Mutter ist die, die Leben schafft und der Vater ist der, der ihn bei jedem Besuch mit bohrenden Fragen löchert. Manuel lacht bitter, überfliegt die Schlangen an den verschiedenen Kassen und stellt sich absichtlich an eine längere, da er eine Frau erspäht hat. Eine Frau, deren Hintern ihre straffen Jeans so knackig und rund ausfüllt wie zwei perfekt geformte Äpfel. Ihr langes, blondes Haar reicht ihr bis tief auf den Rücken und zeigt dabei mit den Spitzen genau in die Mitte zwischen den Äpfeln. Manuel stellt sich vor, er und sie würden sich mit einem einzigen Blick verständigen und er würde sich nähern, ihr kräftig in die Pobacken greifen und von ihr einen ebenso offensiven Griff in den Schritt als Revanche erhalten. Sie verlassen die Schlange, lassen den anderen Kunden den Vortritt und gehen durch die Eisenwarenabteilung in Richtung der Badezimmer- und Saunaausstellung. Noch bevor sie durch den Gang mit den Schrauben durch sind, lassen sie ihre Waren fallen, rammen sie sich gegenseitig vor die scheppernden kleinen Plastikpackungen und schlingen in nicht zu stoppender Gier ihre Zungen umeinander, so dass Spreizdübel, Hohlraumdübel und Spezialdübel wie ein Schauer aus Plastik von ihren Aufhängungen fallen. Nur für einen kurzen Moment lassen sie voneinander ab, japsend und voller Adrenalin ob der Vorfreude auf das, was gleich kommen wird, schließen sich in eine große, zu Vorführzwecken aufgestellte Sauna ein, reißen sich die Kleider vom Leib, küssen und berühren sich so lange, bis ihre Körper auch ohne eingeschaltetes Dampfbad bereits feucht und verschwitzt sind und verschmelzen dann miteinander, während die Kundschaft an der kleinen Holzbox vorbeiläuft, bis sie vor Lust schreien und von innen die Scheibe beschlägt, gegen welche die Frau ihre flache Hand presst und langsam nach unten abrutscht. Die Fantasie ist so lebendig, dass sie Manuel in der Schlange an der Kasse fast von selbst einen Vorfreudetropfen in der Hose beschert, als ein Mann ihm von hinten mit einer Palette langer Holzpaneele zur Deckenverkleidung genau in die Hacken fährt.

»Entschuldigung«, sagt der Paneelenmann und Manuel sieht noch, wie die Frau mit dem herrlichen Hintern bezahlt. Sie hat tiefblaue Augen wie Bergseen und Lippen wie ein Leben voller Abenteuer. Manuel wünscht sich, das Geldstück zu sein, das sie gerade als Wechsel in Empfang nimmt, um es ganz ohne Portmonee tief in ihrer Hosentasche zu verstauen.

*

Wie jeden Monat fährt Manuel mit seinem ansehnlichen schwarzen Audi TT in dem gepflegten Besserverdienerviertel der Eltern vor und sieht im Augenwinkel bereits seine Mutter im Küchenfenster, während er den Kofferraum aufmacht. Sie versucht, sich und ihre Vorfreude noch zu verbergen, und Manuel tut so, als bemerke er sie nicht. Der Kofferraum ist randvoll mit den Utensilien, die seit Jahren zum Elternbesuch dazugehören. Ein kleiner Koffer mit Lehrbüchern der Anatomie, die er »zum Lernen« mitbringt, um zu demonstrieren, dass er sein Medizinstudium durchaus ernst nimmt. Eine riesige Sporttasche mit dreckiger Wäsche, die seine Mutter »durch die Maschine jagen« und ihm zweieinhalb Tage später wieder gebügelt aushändigen wird, was er ihr bis heute nicht abgewöhnen konnte und worauf sie weiterhin besteht. Ein großer Karton mit zwölf verschiedenen Tupperdosen in vier verschiedenen Größen, auf die seine Mutter Hauptgerichte, Vorspeisen, Nachspeisen und Kuchen verteilen wird. Und, zu guter Letzt, die Kiste mit Geschenken, die Manuel mitbringt, um nicht ausschließlich in der Rolle des Empfängers zu bleiben. Die Geschenkekiste packt er zuerst aus und versucht dabei angestrengt, nicht daran zu denken, dass 80% seiner Einnahmen aus der elterlichen Unterstützung bestehen und diese sich somit im Grunde selbst beschenken. Es gelingt auch dieses Mal nicht. Er stellt den Karton auf den Bürgersteig vor die kniehohe Gartenhecke, dann wuchtet er die Sporttasche sowie die Tupperdosensammlung daneben. Eine Dose fällt heraus und bumpert über den Asphalt. Seine Mutter öffnet die Tür, kommt mit weltfriedensartigem Strahlen den Weg hinab und breitet die Arme aus. »Manu«, sagt sie, und auch das kann er ihr nicht abgewöhnen. Besteht er darauf, Manuel zu heißen, verwandelt sich ihr Strahlen zügig in einen schwer getroffenen Blick, mit dem sie dann beginnt, Besteck zu sortieren und zu schweigen. Er ist nun mal ihr Manu; sie ist schließlich seine Mutter und keine Beamtin, der ihn mit vollem Namen anzusprechen hat. Er umarmt sie und lässt sich von ihr küssen. Derweil steht sein Vater in der Tür, wuchtig und ruhig, ein mildes Lächeln auf den Lippen, wie es Äbte für Klosterneulinge übrig haben, die seit drei Jahren nicht die Askeseprüfung bestehen. Der Vater wartet noch einen Augenblick, dann geht er gemessenen Schrittes den Weg hinab, umarmt seinen Sohn und nimmt die schwere Wäschetasche, als müsse man dem Sohn abnehmen, was er sich von der Mutter abnehmen lässt.

»Ist das schön, dass wir dich mal wieder zu Gesicht bekommen«, sagt seine Mutter und es klingt, als habe es Seltenheitswert, obwohl Manuel jeden Monat vorbeikommt, immer am letzten Wochenende, wenn alles getan und das Geld ausgegeben ist.

»Wir haben jetzt endlich ein Mittel gegen die Schnecken gefunden«, erzählt sie weiter, während alle ins Haus gehen und Manuel muss sich erstmal daran erinnern, was das bedeutet. Richtig, es gab Schneckenprobleme im Garten, seine Eltern bauen an, ferner war noch die Frage ungelöst, ob sich hinter der Sauna im Keller nun Schimmel in der Wand gebildet hat oder nicht. Das Leben seiner Eltern reiht sich an solchen Problemen auf, jedenfalls das Leben, das sie ihm erzählen und über das seine Mutter spricht. Gibt es etwas wirklich Wichtiges, Tragisches oder Weitreichendes zu berichten, tut sie das weder per Mail noch am Telefon noch »zwischen Tür und Angel«, wie sie selbst sagt, sondern immer in gleicher Weise. Sie wartet, bis ihr Sohn an einem der beiden Besuchsmorgen ausgeschlafen hat, holt ihm zum Spätfrühstück (sein Vater isst auch am Wochenende um spätestens 9 Uhr und ist nicht bereit, bis 11 Uhr auf seinen Sohn zu warten), plaudert zwischen Brötchen, Rührei und O-Saft weiter leichtgängiges Zeug, räumt dann ab und sagt, wenn er schon wieder aufstehen und sich pro forma ein, zwei Stunden mit dem Anatomiebuch auf die Terrasse setzen will: »Warte mal, Manu. Ich muss da noch was mit dir besprechen.« Ihr Tonfall ändert sich in diesem Moment und ihr Blick wird staatstragend und nachrichtendienstlich. Sie führt ihn in den Gemüsegarten hinter das Gewächshaus und eröffnet ihm dann, was er nicht hören will. Dass wieder ein Onkel Krebs hat. Dass sie ihr im Frühjahr das Knie operieren müssen. Oder dass sein Vater sich ernsthaft Sorgen um ihn und seine Laufbahn macht, auch wenn er sich das nicht anmerken lasse. Das sagt sie bei jedem Besuch und immer folgt darauf am nächsten Tag das ernste Gespräch mit Vater in dessen Büro.

»So«, sagt seine Mutter, während in der großen, hellen Küche der Kaffee gluckernd durch die Maschine läuft, »dann schauen wir doch mal, was wir da haben.« Sie öffnet die Reisetasche und wühlt in seiner Wäsche. Sie nickt, »aha, aha, so so«, wie ein Automechaniker, der sich einen ersten Überblick verschafft. Dann rafft sie die Tasche wieder zusammen und geht damit in den Keller zur Maschine. Manuel folgt ihr. In der Waschküche stehen alte Bobbycars aus seinen Kindertagen in der Ecke. An der Wand kleben Poster, die er als Zwölfjähriger aus der Bravo ausgeschnitten hat. Seine Mutter beginnt, die Wäsche nach Farben und Temperaturen zu sortieren, und erzählt dabei Neuigkeiten der Nachbarn. Es bilden sich schnell hohe Textilberge. Manuel steht nur dabei und kann nichts tun. Er hasst es jedes Mal und doch denkt er daran, wieviel es für sich hat, übermorgen Abend mit duftender und gebügelter Wäsche wieder nach Hause zu fahren. Er sammelt seine Wäsche bis auf die Sportkleidung tatsächlich einen ganzen Monat lang. Zum einen, damit sich die würdelose Aktion wenigstens lohnt, und zum anderen, weil seine Mutter ihn einmal gefragt hat, ob er pro Monat tatsächlich nur neun Unterhosen trage. Das war kurz nachdem er versucht hatte, ihr diesen ganzen Wäscheservice komplett auszureden. Drei, vier Mal war er schlichtweg ohne jede Wäsche angereist und drei, vier Mal hatte sie den Wink nicht begriffen und fragte immer wieder nach, als sei es ganz erstaunlich und sicher nur ein Versehen, dass es diesmal nichts für sie zu tun gäbe. Als die Wäscheberge gebildet sind und der erste von ihnen in die Maschine gewandert ist, gehen Manuel und seine Mutter wieder die Treppe hinauf, finden den Vater, der gerade drei Tassen, Milch und Zucker in der Küche bereitstellt, gießen sich Kaffee ein und wissen nun alle drei, was kommt. Manuel tut dennoch so, als fiele ihm gerade erst ein, dass er noch Geschenke dabei hat und holt den neuen, teuren Superbohrer für seinen Vater sowie das große

Gartenbuch für seine Mutter hervor. Zusammen über 250 Euro, aber eben – Manuel versucht, nicht daran zu denken – im Grunde ihr eigenes Geld. Sie bedanken sich und sie freuen sich auch, nur Mutter sieht er an, dass ihr obligatorischer Kommentar »und so schön verpackt!« bedeutet: »Na ja, mein Manu hat es mit aller Liebe versucht.« Es ist das Gefühl, das man hat, wenn man als kleiner Junge merkt, dass die Eltern die selbst gebastelten Geschenke langsam auch nach dem Grad des Gelingens beurteilen, aber weiterhin Nachsicht walten lassen, weil sie so »lieb gemeint« sind. Das würden Eltern immer tun, selbst, wenn man bereits 62 und sie 91 wären. Daher hören die meisten mit 18 auf, selbst zu basteln, um einen gesunden Übergang ins erwachsene Schenken zu finden, lernen aber ebenso schnell, wenigstens gut zu verpacken oder verpacken zu lassen. Manuel lässt nicht verpacken, weil die Buchhandelsaufkleber verraten, dass man es nicht selbst gemacht hat. Manuel verpackt schließlich schlecht. Manuel steckt immer noch im Status »lieb gemeint«.

Am nächsten Morgen findet das obligatorische »ernste Gespräch« neben dem Gewächshaus statt. Mutter guckt staatstragend, doch diesen Monat ist gottlob niemand gestorben oder schwer erkrankt. Es kommt nur die übliche Warnung wegen Vater, er »sorge sich sehr« und er wisse ja, »dass er das nie zeige«, aber es wäre gut, würde er mal mit ihm …

»Ja, Mutter, ich rede mit ihm«, unterbricht er sie diesen Monat einen Hauch schneller als sonst und fügt dann wie allmonatlich üblich hinzu: »Morgen!« Wie allmonatlich nickt seine Mutter, schluckt einmal schwer, berührt ihn pathetisch am Arm und verlässt dann die Gartenecke. Und wie allmonatlich nimmt Manuel sich vor, diesen Abend später noch wegzugehen, die alten Schulfreunde zu treffen und zu verdrängen, wie anstrengend diese Besuche eigentlich für ihn sind. Er folgt seiner Mutter aus dem Garten. Hinter einem Salatkopf taucht eine Schnecke auf, zwinkert frech und kaut, als wolle sie sagen, dass für ihre Vertreibung schon mehr aufgefahren werden müsste als die angeblich so sensationelle neue Schneckenlösung.

Das Treffen mit den Schulfreunden findet in der Schützenhalle eines äußeren Stadtteils statt. Das örtliche Gymnasium hat das Gebäude für eine Abifete gemietet, eine jener lautstarken Feiern, die während der Oberstufenzeit stattfinden und so heißen, obwohl das Abitur noch aussteht. Die Party ist offen für alle, denn als Attraktion spielt eine erfolgreiche lokale Band auf, die den Sprung zu bundesweitem Ansehen bereits geschafft hat. Sie haben zwei Singles auf dem Markt, ein Album bei der EMI ist geplant, Skateboardvideos werden mit ihrer Musik unterlegt. Ruft die Heimat, stöpseln sie ihre Verstärker jedoch immer noch für niedrige Gage an und so toben gegen 23 Uhr neben dem jungen Gymnasiumsgemüse rund 270 weitere Menschen zur Livemusik herum, sehr viele davon weiblich und fast alle unter 32, Manuels Alter, das für ihn irrealer ist als die Vorstellung, barfuß auf dem Mars zu spazieren.

Seine zwei Schulfreunde Frank und Hannes haben mit ihm heute Abend kaum ein Wort gewechselt, doch das ist ihm gerade recht so. Deshalb gehen alte Schulfreunde untereinander und ohne Freundinnen weg, weil Verbundenheit nicht durch Reden entsteht, sondern durch Handeln. Die Band ansehen, im Vorraum Kicker spielen, im Nebenraum Billard spielen, draußen auf dem Parkplatz endlich mal wieder Bierdosen schießen, also anstechen, das Loch zuhalten, die Dose an den Mund pressen und dann den Überdruck das ganze Bier in drei Sekunden in den Schädel pressen lassen. Mehr brauchen die drei nicht, um mit dem guten Gefühl nach Hause zu gehen, sich endlich mal wieder gesehen zu haben. Heute Abend jedoch braucht Manuel noch mehr. Er braucht ein Abenteuer, ein wenig Spaß und Kitzel und Bestätigung, und so sagt er zu dem Mädchen, das er schon den ganzen Abend beobachtet, als der offizielle Teil des Bandprogramms beendet ist und der letzte Gitarrenton quietschend verklingt: »Wahnsinn, was für gute Songs die schreiben, oder?«

Das Mädchen stimmt zu, lächelt, fühlt sich verstanden und versucht zwecklos, sich eine verschwitzte Strähne von der Stirn zu wischen. Ihr Haar klebt, ihr Shirt auch, es ist eine Sauna wie bei jedem Konzert, und nach nur wenigen Sätzen tobt Manuel mit ihr gemeinsam zu drei Zugaben und hält bei der vierten bereits ihre Hand. Er weiß, dass er gut ankommt, er ist Sohn eines Arztes und bestens gebauter Taucher, wahrscheinlich sieben oder acht Jahre älter als sie und gekleidet mit Sachen, die zwar sportlich, aber sauber und frisch gebügelt sind. Er weiß, dass Hormone und Herz bei ihr gerade genauso verrücktspielen wie bei ihm und dass er das Heft in der Hand hat, wenn er so tut, als wäre das für ihn schon fast Routine und als liege es durchaus an ihr, ob sie heute Abend etwas verpassen möchte oder nicht. Als könne er damit leben, käme es nicht dazu, wenn er es auch schade fände. Er kann all das mit Blicken vermitteln und dabei zugleich charmant und zuvorkommend sein, er hat es raus wie sein Vater die Schnitte am Operationstisch und ebenso sicher, wie der zu späterer Stunde endlich Mundschutz und Kittel ablegt, legen Manuel und Jana nach dem Konzert ihre Kleidung ab, berühren mit jedem Schritt in Richtung ihres WG-Zimmers bereits mehr Körperteile des anderen, beschleunigen ihren Atem dank des Kitzels zu wissen, worin das auf jeden Fall enden wird, und gelangen nach einer halben Stunde das erste von insgesamt drei Malen in dieser Nacht gemeinsam ans Ziel ihres Traumes. Gegen 4:23 Uhr schläft sie dann ein, den Kopf auf seiner Schulter und sehr zufrieden, wie eine Frau, die sich durch den spontanen gemeinsamen Spaß bereits als seine Freundin wähnt. Als hätte er einen Haken bei AGBs gemacht, die er nie gelesen hat und die er auch nicht akzeptiert. Er wartet noch hellwach ab, bis die Uhr neben dem Bett 5:32 Uhr zeigt und sie garantiert mitten in einer REM-Phase steckt, nestelt sich unter ihr hervor, legt ihren Kopf behutsam auf das Kissen und schleicht sich aus der fremden Wohngemeinschaft wie ein Einbrecher, der nicht erwischt werden will. Er fühlt sich schäbig dabei. Er weiß, dass er nicht so ein Leben führen will. Er ist stolz, dass er wenigstens das kann, immer wieder, und er freut sich sogar auf die Mails seiner Schulfreunde, die ihn fragen werden: »Du warst auf einmal weg. Ist der Adler gestern Nacht wieder irgendwo gelandet?« Zugleich aber weiß er, dass es für ihn keine passendere Körperhaltung gibt als die, die er einnehmen muss, wenn er sich aus fremden Wohnungen schleicht. Gekrümmt, verschämt, lautlos und mit dem Kopf ganz tief zwischen den Schultern.

Als am nächsten Tag um 16 Uhr das ernste Gespräch mit Vater ansteht, ist Manuel gerade erst wach geworden. Vater weiß das und Manuel weiß, dass Vater weiß, dass er das weiß. Keine gute Ausgangsposition. Vater deutet auf den Stuhl vor seinem Schreibtisch, wie er es auch bei einem Bewerber um eine Praktikantenstelle tun würde. Manuel setzt sich. Beide Männer schweigen ein paar Sekunden. An der Wand neben dem Regal hängen Vaters Urkunden und Preise. Vater deutet auf das Fenster. Unter dem Fenster befindet sich die Terrasse. »Die Anatomiebücher liegen da noch. Vergiss sie nicht, wenn du packst.«

Der Mann ist so clever, denkt sich Manuel. Clever und effizient. Er kann mehrere Sätze in einen packen. In diesem zum Beispiel steckten die Folgenden:

»Die Bücher liegen da noch *genauso wie du sie hingelegt hast*, folglich hast du in keinem davon am Wochenende gelesen.«

»Es ist durchaus *wahrscheinlich*, dass du vergisst, sie mitzunehmen, denn sehr ernst nimmst du dein Studium ja nicht.«

Vater weiß, dass Manuel klug genug ist, um solche Subtexte zu verstehen, daher verteidigt er sich direkt, ohne große Umschweife: »Papa, ich mache das schon. Ich benötige nur noch zwei Hauptseminare, das Praktikum, den einen nachzuholenden Schein in …« Sein Vater unterbricht ihn. Er sagt: »Manuel …« Er nennt ihn nie Manu, wobei sein »Manuel« freilich auch etwas Vorwurfsvolles hat, weil darin mitschwingt, dass er ein »Manuel«

sein müsste, aber ein »Manu« ist. »Manuel ... es ist *dein* Leben. Du machst das nicht für mich. Du machst das, weil du es kannst, weil du es willst und weil du weißt, dass es richtig ist. Du hast lediglich Angst vor deiner eigenen Courage.«

Wie Manuel das hasst. Das ist schlimmer als jede echte Schelte. Zwei Etagen unter ihnen brummt die letzte Ladung seiner Wäsche. Das dunkle Rummsen der Maschine schleicht durchs ganze Haus wie ein Geist. Der Geist des Wochenendes. Sein Vater lehnt sich in seinem Stuhl zurück, was er immer tut, wenn er signalisieren will, dass es dringlich ist. Er beugt sich dann nicht nach vorne, wie es naheliegend wäre, sondern nach hinten. Er, der Pate, ehemals Herr über die örtliche Chirurgie, heute über einen Teakholzschreibtisch und ein Haus mit Gemüsegarten. »Du darfst nur nicht erwarten, dass ich das noch ewig unterstütze.«

Manuel atmet schwer. Er sagt: »Das tue ich nicht, Vater.«

Das ist meistens alles.

Jetzt folgt Vaters letztes Schweigen und nur das verändert sich und wird mit jedem Besuch länger und quälender. Heute zählt Manuel 80 Sekunden und wird fast verrückt dabei. Placido Domingo hat ein Mal 80 Minuten Applaus bekommen, ohne dabei etwas tun oder groß sagen zu dürfen. Gut, denkt Manuel, so was kann mir wenigstens nie passieren.

Nach Ablauf der 80 Sekunden sagt sein Vater: »Sieh zu, Manuel. Sieh zu ...«

Und das ist es dann.

Er entlässt ihn.

Die Maschine beendet ihr Brummen, Mutter hängt ab und faltet, Manuel verschwindet auf die Terrasse, um noch zwei Stunden demonstrativ in der Anatomie zu lesen. Dann packt er, antwortet kurz und unverbindlich auf die SMS dieser Jana, die nicht versteht, was ein One-Night-stand ist, und geht in die Küche, weil seine Mutter ihn ruft, um ihm »zu erklären«, welches der 12 Gerichte sie in welche Tupperdose tun wird und wie damit kulinarisch zu verfahren ist. Manuel ist 32 Jahre alt.

Sein Vater hat ihn wieder ermahnt, doch er weiß: Er wird weiterzahlen. Das ist die schlimmste Strafe, die er ihm antut.

Er wird weiterzahlen.

Er hatte guten Sex an diesem Wochenende, mit einer Jüngeren.

Er fährt mit frischer Kleidung, einer Menge Essen und dem Gefühl, dass – mag sie auch gestern jünger gewesen sein – an diesem Wochenende mal wieder *er* der Minderjährige war.

Christoph

»Es ist wirklich unglaublich, was für gute Songs die schreiben«, sagt Christoph und wenn er es sagt, ist es kein Anmachspruch. Das Konzert, auf dem er spricht, ist kein Poprock-Ereignis der Abifeier, sondern ein kleiner, lauter, experimenteller Geheimtipp in einem Club, der heute 80 Leute fasst. Die Frau, welcher er seine Begeisterung für die Band ins Ohr brüllt, ist nicht acht Jahre jünger und ihm fremd, sondern acht Jahre älter und seine Freundin Hannah. Seit fünf Jahren. Damals war sie 41 und er 33, heute »geht er«, wie man so unschön sagt, »mit strammen Schritten auf die 40 zu« und sie ist in den »besten Jahren«. Beide fühlen sich nicht so. Beide sehen nicht so aus. Hannah hat bunte Tattoos am Oberarm, zahlreiche Ohrringe und zwei Piercings über der Augenbraue. Christoph hat monochrome Tattos an Unterarm und Unterschenkel, keine Piercings, aber dafür eine echte Narbe über der linken Braue von jenem denkwürdigen Konzert, als ihm der Bassist der extremistisch wilden Band The Dillinger Escpape Plan in seiner Extase den Lauf seines Basses genau vor den Kopf schlug, als Christoph gerade direkt vor der Monitorbox tobte und in dem unfassbar komplexen Lärm aufging. Der Bassist merkte erst, was er angerichtet hatte, als Christoph blutend zu Boden stürzte und sich um ihn herum eine Traube bildete. Viele Hände streckten sich zur Hilfe aus, die Band beendete das Stück vorzeitig und fragte nach dem Befinden, Christoph rappelte sich auf, winkte ab und bat wie ein tapferer Soldat darum, sie mögen doch weiterspielen. Es war denkwürdig, es war einmalig, es war eine Feier der Gemeinschaft von Insidern, die eine Art von Musik zelebrieren, die andere für einen Motorschaden halten und die weitermachen, selbst, wenn sie fast ihr halbes Auge verloren haben. Er trägt diese Narbe mit Stolz.

»Das Stück ist auf keinem regulären Album«, antwortet Hannah, »ich glaube, das ist von der Split-EP mit Motorpsycho, diesem Import aus Kanada.«

Christoph liebt Hannah dafür, dass sie solche Sätze sagt. Er bedauert alle Männer, deren Frauen von Musik keine Ahnung haben und nur Mainstream hören, aber er beneidet sie auch manchmal. Um ihre Kinder. Um ihren Wohlstand. Um die Tatsache, dass sie verheiratet sind. Derlei Dinge sind für Hannah und ihn kein Thema; nicht einmal in drei Jahren sprachen sie darüber, und so ging er einfach davon aus, dass dieses Thema tabu zu bleiben hat. Es ist ihm recht, irgendwo. Es sind nur einzelne Momente, in denen er sich fragt, ob das wirklich so ist. Er ist jetzt 36, sie ist 44. Dächte man doch noch über ein bürgerliches Leben nach, würde es jetzt Zeit. Dächte, würde … viele Konjunktive.

»Rotes Vinyl«, sagt er, während die Band erneut aufheult und zur nächsten zwölfminütigen Session ansetzt. Hannah nickt zufrieden, notiert im Kopf, sich diese Importplatte demnächst zu bestellen, und nippt an ihrem Bier. Sie trinkt kontrolliert, denn von montags bis freitags ist sie Erzieherin in einer Kindertagesstätte. »Den ganzen Tag bin ich Mama«, sagt sie manchmal, »da bin ich froh, wenn ich abends mit meinem Freund auf ein lautes Konzert gehen kann.«

Das ist das Einzige, was sie zu dem Thema sagt, und deshalb lässt Christoph es gut sein. Er könne von Glück reden, sagt sein verheirateter und überanstrengter Chefredakteur immer, denn ihren Job – Rockjournalismus – könne man im Grunde nicht mit Familie machen. Christoph ist auch deshalb sein bester Mitarbeiter, weil er zwar eine feste Freundin hat, aber nicht *so eine*. Christoph hat es gut getroffen.

? Warum ist das so?

Wenn Manuel seinem Vater gegenübersitzt oder Mutters betroffenen Anmerkungen im Garten zuhört und dabei ein schlechtes Gewissen bekommt, ist er wieder ein Kind. Das ist wörtlich zu verstehen. Es handelt sich dabei um ein Phänomen, das uns überall begegnet: »Ich« ist immer ein Anderer. Im Angesicht eines Polizisten oder Richters werden wir für die Dauer der Verkehrskontrolle oder der Gerichtsverhandlung zum Kind. Müssen wir als Chef eines kleinen Betriebes ein ernstes Wort mit einem Angestellten reden, nehmen wir die Elternrolle ein. Wie wir uns verhalten und fühlen, ändert sich von Kontext zu Kontext. Im einen Moment können wir als Verführer, Chef oder Sicherheitsbeamter das Heft in der Hand haben. Im nächsten sind wir ein kleiner Junge, weil die Mutter anruft. Auch völlig symmetrische Konstellationen sind möglich, etwa wenn zwei Fachleute in einem Beruf auf gleicher Hierarchieebene professionell ihre Meinung austauschen oder wenn Eltern gegenüber ihren Kindern eben keine Elternrolle mehr einnehmen, sondern sie wie vollständig ausgewachsene Individuen behandeln. Das soll es geben.

Kurz: Der Mensch befindet sich in der Begegnung mit anderen je nach »Transaktion« in einem anderen Zustand. Systematisch beschäftigt sich mit diesem Phänomen seit den 60er-Jahren die sogenannte »Transaktionsanalyse«, die der amerikanische Psychologe Eric Berne ins Leben gerufen hat. Sie unterteilt die menschliche Psyche in drei so genannte »Ich-Zustände«. Das »Eltern-Ich« (EL), das »Erwachsenen-Ich« (ER) und das »Kindheits-Ich« (K). Diese sind wie bereits angedeutet nicht statisch, sondern schalten sich je nach Situation ein. Blafft uns ein übereifriger Verkehrspolizist an (und spricht somit aus dem EL), werden wir mit großer Wahrscheinlichkeit entweder zum verschreckten, sich verteidigenden Kind oder aber zum aggressiv zurückbölkenden Gegen-EL, das den Polizisten fragt, was er sich eigentlich herausnehme. Die Transaktion K-EL soll auf den Kopf gestellt und in EL-K umgewandelt werden. Dazu Eric Berne:

> »Wird im Beobachter eine Mutter- oder Vaterreaktion hervorgerufen, so kann dies ein Hinweis darauf sein, dass sich die beobachtete Person in einem Zustand des Kindheits-Ich befindet; umgekehrt können Gefühle der Unterlegenheit oder des Aufbegehrens beim Beobachter auf einen Eltern-Ich-Zustand des Gegenübers deuten.«

Ferner unterscheidet die Transaktionsanalyse auf Seiten des Eltern-Ichs das »kritische EL«, das schimpft, bedroht und unverrückbare Normen und Gebote aufstellt, sowie das »fürsorgliche EL«, das sich kümmert und beschützt, im Einzelfall sogar bis zum Wäschewaschen für den längst der Kindheit entwachsenen Sohn hinaus. Der kann angesichts asymmetrischer Transaktionen von K auf EL entweder in einen Zustand des »angepassten« Kindes schlüpfen, das gehorcht oder sich einfach nur in die Geborgenheit fallen lässt, oder als »rebellisches K« in einem Trotz kleben bleiben, der die Abhängigkeit vom EL nicht aufhebt, sondern nur negativ anspricht. Das Erwachsenen-Ich hält sich aus Transaktionen wie Wäschewaschen für den Sohn oder Meckerei bei der Verkehrskontrolle völlig raus und ist immer dort aktiv, wo zwei Menschen auf Augenhöhe miteinander reden und Beziehungen nicht in fatale »Spiele« abdriften, wie Eric Berne sie in seinem Bestseller »Spiele der Erwachsenen« so unterhaltsam wie plausibel beschreibt.

Ich wage die These, dass sich zahllose Männer viel zu häufig in ihrem angepassten oder rebellischen Kindheits-Ich aufhalten, das auf fürsorgliche oder kritische Eltern-Ichs reagiert. Dass ich damit nicht ganz falschliege, belegt die Flut unterhaltsamer, polemischer und geistreicher Bücher wie »Wenn ich mal groß bin« von Martin Reichert, »iCool« von Ric Graf, »Generation Doof« von Stefan Bonner und Anne Weiss, »Uncool« von Dan Zevon oder »Global Players – Warum wir nicht mehr erwachsen werden« von Sascha Lehnartz. All diese Bücher ziehen das Phänomen der dauerjugendlichen Umhängetaschenträger durch den Kakao, die sich noch mit 42 so kleiden wie mit 17, völlig obskure Prioritäten setzen und die »Heimfahrkarte der Deutschen Bahn« (Reichert) immer in der Tasche mit sich tragen. All diese Bücher geben Ratschläge dazu, wie man diesen Zustand der Daueradoleszenz überwinden kann, die in die Sprache der Transaktionsanalyse mit der Aufforderung übersetzt werden können: »Raus aus dem angepassten oder rebellischen Kindheits-Ich und rein in ein eigenes Leben!« Dies ist leichter gesagt als getan, denn sehr häufig liegen die Gründe dafür, dass einer den Schritt zur echten Abnabelung nicht gehen kann, tief in so genannten »Skripts«, also unbewussten Lebensplänen verborgen, die im schlimmsten Falle therapeutisch aufgedeckt werden müssten. Dazu später mehr. Häufig reicht es meist schon, den umgekehrten Weg zu gehen, also nicht *erst* das Innenleben zu klären, damit sich *dann* das Verhalten ändert, sondern sich einfach mal anders als sonst zu verhalten, damit diese Veränderung der Transaktion nach und nach aufs Innere zurückwirkt. Eine sehr gute Methode, das zu tun, besteht darin, freiwillig den Geldhahn durch andere zu kappen und frühzeitig als ernst zu nehmender Teilnehmer in den Wirtschaftskreislauf einzutreten.

»Ihr werdet den Armen nicht helfen,
indem Ihr die Reichen bekämpft.

Ihr werdet kein Interesse an den öffentlichen
Angelegenheiten und keine Begeisterung wecken,
wenn Ihr dem Einzelnen seine Initiative
und seine Freiheit nehmt.

Ihr könnt den Menschen nicht dauerhaft helfen,
wenn Ihr das für sie erledigt, was sie selber
für sich tun sollten und könnten.«

So sprach Abraham Lincoln zu Amtszeiten, und er sprach gut.

Falls Sie jetzt den gewerkschaftlichen Reflex in sich spüren, diese Aussagen als »neoliberal« zu beschimpfen und auf die »soziale Ungerechtigkeit« hinzuweisen, die notwendig daraus folgen müsste, wenn jeder sich erst mal nur um sich selbst kümmert und nicht der Staat als größtes aller »Eltern-Ichs« um alle, ist das nur ein Beleg dafür, wie sehr bereits das Denken in uns eingedrungen ist, wir seien nicht *primär* unser eigener Herr. Ich habe ebenfalls immer noch den gleichen Reflex, wenn ich Lincolns Sätze lese, und denke mir: In der Theorie vollkommen korrekt, in der Praxis nicht machbar, wenn Konzerne selbst dann Stellen abbauen, wenn sie Gewinne machen und mit 700 Milliarden Bürgschaften gerettet werden, sollten die Verluste zu groß sein. Aber da haben wir es ja auch wieder: Spätestens in der Finanzkrise haben wir gelernt, dass das Scheitern, das in einem gesunden Wettbewerb genauso möglich sein sollte wie das Gewinnen, bei großen Firmen mittlerweile künstlich verhindert wird. Das mag kurzfristig eine beruhigende Nachricht für alle Angestellten und eine Abfederung der Krise sein, ist aber bei klarem, unschuldigen Nachdenken eigentlich ein fatales Signal. Genauso wie das unablässige Vermehren der verfügbaren Geldmenge durch die Zentralbanken, das zentralistische Drehen an Zinsschrauben, das ewige Sich-Verschulden von Staaten sowie die Tatsache, dass der Finanzmarkt auf ungedeckten Geldblasen basiert, die mit realem Handel nichts zu tun haben. Diese ökonomischen Mechanismen kommen zusammen mit einer kafkaesken, aufgeblähten staatlichen Bürokratie in nahezu allen zivilisierten Ländern, die vorgibt, dem Menschen zu dienen, aber längst ein Leviathan geworden ist, dem der Mensch zu dienen hat. In dieser Mühle sind wir immer im »K« und der Staat, die Banken oder auch die Kartellkonzerne (die anders als der Mittelstand und die Kleinunternehmer personell wie ideell den politischen Monolithen ähneln) sind immer im »EL«. Jeder, der schon mal ernsthaft versucht hat, in diesem Klima und bei diesen Konditionen eine selbstständige oder freiberufliche Existenz aufzubauen, die sich per definitionem nicht so gut in das vorgegebene Räderwerk einfügt wie ein klassischer Beruf in Festanstellung oder eine Existenz am

Tropf der staatlichen Nährschläuche (sei diese nun freiwillig oder erzwungen), wird wissen, wie sehr einen bürokratische Hürden und das nie radikal hinterfragte Prinzip »Steuern und Abgaben« hier demotivieren und zermürben kann. Unablässig greifen selbst ernannte Autoritäten ungefragt in unser Leben ein, so dass wir selbst dann, wenn wir mehr Motivation haben als Manuel, oft kurz davor sind, die Bemühungen aufzugeben und einfach wieder im »Schutz« der Familie aufzugehen, egal wie unterdrückerisch oder unfair sie eigentlich ist.

Diese Strukturen der Bevormundung sind freilich auch im alltäglichen Raunen des »Diskurses« zu spüren. In den Moden, Trends und Gruppenzwängen, denen wir spätestens ab der Grundschule ausgesetzt sind und die einen irrsinnigen Anpassungsdruck erzeugen. In der Diktatur der Wohlmeinenden aus Presse, Medien, Fitnessindustrie und Gesundheitsministerium, die uns tagtäglich dazu ermahnen, »richtig« zu leben, damit wir schlussendlich nicht zu einem Schädling der gesamten Volksgesundheit werden. Im Regelwerk der »political correctness«, das sehr diffizil festlegt, was gesagt werden darf und was nicht. In brandneuen »Glaubenssystemen« wie dem Ökologismus rund um die »Klimakatastrophe«, der fast gar nichts mit echtem Umweltschutz, dafür aber sehr viel mit einem Kontrollsystem der Angst sowie einer Sehnsucht nach der Apokalypse zu tun hat.

> »Immer neue Vorschriften gegen immer neue Ängste verknoten sich zu einem unentwirrbaren Knäuel und führen nicht zu mehr Sicherheit für die Bürger, sondern zur Produktion von immer mehr Unsinn. Die daraus resultierende Selbstblockade wird allmählich zum Prinzip und schafft genau jene Verhältnisse, die man eigentlich verhindern wollte.«

So die heute liberalen und ehemals selbst öko-apokalyptischen Autoren Dirk Maxeiner und Manuel Miersch in »Frohe Botschaften«. Matthias Horx dekliniert in seinem Buch »Anleitung zum Zukunfts-

Optimismus« anhand von Themenbereichen wie Globalisierung, Medien, Demografie, Arbeitsmarkt, Klima oder dem angeblichen »Krieg der Kulturen« sowie dem ebenfalls angeblichen »Werteverfall« sehr genau und pointiert durch, warum die Welt alles in allem nicht schlechter wird und wird dafür häufig bekämpft oder als Spinner hingestellt, weil er ähnlich wie andere liberale Stimmen im Lande noch zu sagen wagt: Ja, ihr *könnt* als euer eigener Herr durchs Leben gehen und euch etwas aufbauen und zwar ohne, dass Mutter euch noch die Wäsche macht oder Vater euch sagt, wie ihr denken sollt. Wer ein politisch korrektes Beispiel für die Richtigkeit dieser Behauptung benötigt, der sei auf Friedensnobelpreisträger Mohammad Yunus verwiesen, dem es mit seiner Grameen Bank für Kleinkredite gelungen ist, die Armut in Bangladesh stärker zu senken als alle Almosen es jemals vermochten, indem er den Unternehmergeist der Menschen weckte und ihnen die Mittel gab, ihre Geschicke selbst in die Hand zu nehmen. Wobei Yunus bei Konferenzen gerne dazusagt, dass dies am besten klappt, wenn man den Frauen der jeweiligen Familien die Verantwortung überträgt. Die Männer haben die Kohle sehr häufig versoffen …

 Fehlerbehebung

1. Klären Sie sich.

Machen Sie sich ernsthafte Gedanken darüber, wann Sie sich und warum wie ein kleiner Junge fühlen und verhalten. Lesen Sie dazu die Bücher »Was sagen Sie, nachdem Sie ›Guten Tag gesagt‹ haben?« sowie »Spiele der Erwachsenen« von Eric Berne. Finden Sie heraus, welche Mechanismen in Ihnen wirken und Sie bis heute bremsen und in die Rolle des Jungen treiben.

2. Ändern Sie das eingeübte Verhalten.

Ändern Sie das Verhalten in den entsprechenden Situationen, egal, wie schwierig das erscheint. Sagen Sie sich, es ist ein Spiel. Üben Sie es, indem Sie sich in ungefährlichen Situationen als jemand anderer ausgeben und dort andere Transaktionen durchführen. Hieven Sie sich aus dem tranigen Verhalten heraus, indem sich alles immer noch auf die »Eltern« bezieht.

3. Unternehmen Sie was, werden Sie Unternehmer.

Oder selbstständig. Machen Sie, was Sie machen wollen und zwar mit dem eigenen Geld. Kappen Sie Abhängigkeiten, so gut es geht. Lassen Sie sich weder einreden, dass das alles keinen Zweck habe noch dass irgendwas daran unmoralisch sei.

4. Stöpseln Sie sich ab.

Schauen Sie im Fernsehen nur noch Fiktionen, Dokumentationen und Fußball, aber keine Nachrichten mehr. Trennen Sie sich ab von dem »Diskurs«, der uns hypnotisieren und der eigenen Denkfähigkeit berauben soll. In dem Tempo und der Oberflächlichkeit, mit der die schnellen Medien Fernsehen und Radio das Weltgeschehen präsentieren, sieht der Medientheoretiker Neil Postman zu Recht ein »Eingeständnis, dass die von den blitzschnellen elektronischen Medien entworfene Welt keine Ordnung und keine Bedeutung hat und nicht ernst genommen zu werden braucht.« Lassen Sie sich nicht darauf ein.

5. Haben Sie selber Kinder.

Dann werden Sie ganz von selbst erwachsen.

Der Mann und die Selbstverleugnung

 Fehlerbeschreibung

Der moderne Mann steht nicht zu dem, was er ist. Nicht anderen gegenüber. Nicht sich selbst gegenüber. Sein Selbstbild verharrt in der Identität, die er im Alter von 17–25 ausgebildet hatte, der »besten Zeit seines Lebens«. Oder es richtet sich an dem aus, was im eigenen Freundeskreis, beruflichen Umfeld oder gesellschaftlichen Milieu als passend, korrekt oder lässig gilt. In dieser Rolle bleibt er stecken, obwohl er de facto längst ein anderer Mensch geworden ist.

Bernd, Manuel und Ole

Bernd kocht.

Vier Töpfe stehen gleichzeitig auf dem Herd und die Inhalte eines jeden benötigen verschiedene Garzeiten. Bernd muss jede Herdplatte zu einem anderen Zeitpunkt ein- und ausschalten, es ist komplizierter als beim Geldspielautomaten die drei Walzen gleichzeitig auf den Kronen zu stoppen. Eine Discjockey-Kunst an Herdplatten statt an Plattentellern. In einem Topf köcheln Linsen, im nächsten ein halber Zentner unbehandeltes, frisches Gemüse. Der dritte enthält Sauerkraut und Mais, der vierte jede Menge Reis. Eine kleine Pfanne wartet mit asiatischen Meeresalgen, Petersilie vom Bund sowie Sesam- und Kürbiskernen auf ihren Einsatz, sobald einer der Töpfe endlich mal eine Platte freigibt.

Während des Studiums hat Bernd jeden Tag mindestens zwei Mars-Riegel im fahrenden Auto verspeist sowie nachmittags die Mensa und abends den örtlichen türkischen Spießdreher besucht. Seine Reisen als Seminarleiter für EDV-Kurse in den letzten Jahren gestaltete er etwas zivilisierter, kaufte sich Vollkornbrot und Käse bei ALDI sowie Obst und Gemüse in Dosen, um in den 28-Euro-Pensionen abends ein 1,50-Euro-Essen zu sich nehmen zu können. Selbst das ist vorbei, seit er neulich seine Svenja kennen lernte. Schon nach dem ersten Date im Kino kamen sie sich sehr nahe; es benötigte nur noch zwei weitere Treffen, damit er schon jetzt von »seiner« Svenja spricht, obschon jeder Außenstehende den Eindruck bekommt, dass er »ihr« Bernd geworden ist. Denn: Bernd folgt jetzt den Prinzipien der Makrobiotik, einer aus dem fernen Osten stammenden Ernährungslehre, die Lebensmittel nach der Methode des Ausgleichs von Ying und Yang sortiert. Milch, Eier, Fleisch und jede Art verarbeiteter Lebensmittel sind aus seinem Leben verbannt, der Dönerspieß und die Mars-Riegel sowieso. Makrobioten essen Vollkorngetreide, Nüsse, Meeresfrüchte, Fisch in ganz kleinen Mengen, Gemüse in recht großen und zu jeder Mahlzeit eine kleine Portion Sauerkraut, Hülsenfrucht, Petersilie und Algen. Ebenso Sojaprodukte aus fernen Ländern, obwohl die Makrobiotik eigentlich vorschreibt, dass jedes Nahrungsmittel möglichst dem regionalem Anbau und den natürlichen Gegebenheiten der Jahreszeit entsprungen sein muss. Das macht aber nichts, denn »eigentlich« ist das Wort, das Bernds Leben zurzeit sowieso bestimmt …

»Eigentlich bin ich ja gar kein Makrobiot«, sagt er, als er nach 70 Minuten konzentrierten Kochens langsam zum Ende kommt und für seine Gäste Manuel und Ole das Essen auftischt. Der Küchentisch seiner kleinen Wohnung füllt sich mit Tellern und Töpfen, sein Herd und seine Spüle sehen aus wie Verdun nach der großen Schlacht im Jahre 1916.

»Ich finde das ganz interessant, wie Svenja das macht, das ist alles«, sagt Bernd.

»Aha«, sagt Manuel, »ich finde auch interessant, wie Dr. Gregory House seine Fälle löst, aber ich bin trotzdem zu faul, jede Anamnese aus dieser Fernsehserie nachzurecherchieren. Und das, obwohl ich sogar Medizin studiere!« Er packt sich ein klein wenig Gemüse, einen Löffel Algen und sehr viele Linsen auf seinen Teller. Bernd sieht es sich an, als habe er Schmerzen. Er sagt: »Das ist nicht ausgewogen, Manuel. Dann kannst du es auch gleich lassen. Ich sag nur, wie die Makrobioten das sehen würden …«

Ole hält sich an Bernds Vorschriften, verteilt die Linsen, Algen, Gemüsestücke und Sauerkrauthäufchen regelmäßig und ausgeglichen, fängt an zu kauen und sagt: »Das schmeckt gar nicht übel.« Ole sagt prinzipiell immer erst mal höfliche Dinge, sobald er merkt, dass Menschen überhaupt *irgendwelche* Prinzipien haben, es sei denn diese Prinzipien sind die der FDP. Dennoch fügt er hinzu: »Obwohl ich dem esoterischen Aspekt der Sache sehr misstrauisch gegenüberstehe. Das nähert sich gefährlich schnell dem Essentialismus an.«

Bernd versteht als diplomierter Philosoph natürlich, was Ole da sagt, ignoriert es aber. Manuel versteht es nicht. Er sagt kauend und mit der Gabel herumfuchtelnd: »Das führt auf Dauer zu Mangelernährung.« Bernd funkelt ihn an. Manuel hebt die Hände samt Gabel und macht große Augen: »Ja, Entschuldigung, das ist so …«

Bernd sagt: »Der Taoismus ist kein esoterischer Unsinn. Wenn man es genau betrachtet, ist er sogar mit der Kritischen Theorie vereinbar.«

Ole blickt von seinem konzentrierten Kauen auf. Manuel versteht nur Bahnhof. Bernd kaut zunächst seinen aktuellen Bissen zu Ende, bis er weiterspricht. Das gehört auch zur Lehre der Makrobiotik. Man muss jeden Bissen bis zu 50 Mal kauen, weil man so dem Darm die Verdauungsarbeit schon im Mund abnehme und das bedeutend gesünder sei. Bernd kaut und kaut und kaut, schluckt dann und sagt: »Ich kaue nur 25 Mal. Ich bin ja eigentlich kein Makrobiot.« Manuel verdreht die Augen. Ole fragt:

»Also, warum ist der Taoismus mit der Kritischen Theorie vereinbar?«

Bernd sagt: »Du kennst doch Adornos Begriff vom Äquivalenzzwang, oder? Mit dem Begriff meinte er ja, dass wir alle Phänomene immer auf irgendwelche Kategorien herunterbrechen. Es gibt Millionen verschiedene Tiere, aber durch die Biologie sortieren wir sie nach Säuger, Fisch, Vogel und Insekt. Es gibt Millionen verschiedene Dinge, aber durch die Ökonomie brechen wir sie alle runter auf ihren Geldwert. Es gäbe Millionen verschiedene Arten, Kunst zu machen, aber durch die Kulturindustrie folgen fast alle Filme, Romane oder Lieder dem immergleichen Muster.«

»Ja, und was hat das mit dem Taoismus zu tun?«

»Kategorien sind Differenz. Für Adorno war schon die Sprache selbst eine unzulässige Vereinfachung des Daseins. In dem Moment, wo der erste Mensch auf einen Baum zeigte und »Baum« sagte, hat er dem Wesenskern des Baumes bereits was weggenommen. Begriffe zu erfinden ist der Beginn unserer Entfremdung vom Urgrund. Im Anfang war alles eins, ohne Differenz. Das ist das Tao. Dann wurden daraus Tag und Nacht, Hell und Dunkel, Ying und Yang.«

»Stones und Beatles«, sagt Manuel und Ole lacht, guckt dann direkt wieder sehr ernst und sagt: »Adorno war kein Esoteriker.«

»Aber er war spirituell, auf seine Art. Er wollte im Prinzip mittels Philosophie zum Urgrund zurück, zum Tao. Deswegen hat er zum Beispiel in der Kunst nichts gelten lassen, was irgendwie einer entfremdeten Formel folgt. Nur Musikkompositionen oder Literatur, die das »Andere« spürbar machte, die Kontakt hat zum Tao. Mozart zum Beispiel, oder die merkwürdigen Sachen von Kafka. Weil die nichts auf den Begriff bringen, sondern Äquivalenz vermeiden. Und wie sagen die Taoisten? Beurteile nicht, kategorisiere nicht. Beobachte nur. Folge dem Fluss des so-Seienden und fühle dich erst dadurch darin ein.«

Ole sagt: »Also, das kann ich nicht akzeptieren, dass du jetzt aus der Frankfurter Schule Mystiker machst.« Er ist empört. Alles Spirituelle ist böse für ihn. Für Bernd im Prinzip auch. Als er über Adorno promovierte, stellte er ihn noch als den klarsten und härtesten Kopf der deutschen Philosophie dar, als radikalste mentale Selbstverteidigung gegen alles Nebulöse und Intuitive. Jetzt macht er ihn zum Schutzpatron seiner neuen esoterischen Essgewohnheiten, um diese vor sich selbst zu rechtfertigen. Er weiß genau, dass er nicht jeden Tag Algen isst, weil Adorno im Herzen ein Taoist war. Er isst Algen, weil er sich, wenn er überhaupt mal eine Frau kriegt, sofort zu 100% ihrem Lebensstil anpasst, bis er als ausgelaufene Kreidezeichnung ohne eigene Persönlichkeit am Boden liegt.

Manuel probiert nun doch eine Portion Algen und spricht nach dem Kauen derselben jedes »s« wie ein »f« aus: »Meine Güte, Bernd. Daf kann doch keiner effen. Daf pappt ja wie Trockenpulver.« Bernd will sich verteidigen, kann aber momentan nicht antworten, da er ein Stück Blumenkohl im Mund hat, das 25 Mal gekaut werden muss. Er macht es mit Leidenschaft, sein Mund öffnet sich ein wenig dabei und man sieht, wie weißer Saft in wuchtigen Wellen durch seine Mundhöhle schwingt.

»Diefe Art zu essen«, sagt Manuel und schluckt mit einem lauten, comicartigen »Gnnnng« seinen trockenen Klumpen Algen herunter, »wie hieß sie noch gleich, Bernd?« – Bernd antwortet »Makrobiotik« und verliert dabei einen kleinen Schwall weißen Saftes – »Ja«, fährt Manuel fort, »diese Makrobiotik, das ist eine Ersatzreligion. Das liegt daran, dass ihr alle mal einen Glauben hattet und seit dem 15. Lebensjahr nicht mehr in die Kirche geht. Da haben wir Atheisten es leichter.«

Bernd gestikuliert. Der Blumenkohl hat ihn im Griff. Ole schmunzelt. Manuel redet sich warm. »Ja, ist doch wahr! Dieses ganze Yingyang und Klingklang! Der Buchhandel ist voll von Engeln und Auralesen und Klangschalentherapie und jetzt fängt auch noch mein Kumpel hier mit einer Ernährung an, die ins

18. Jahrhundert zurückfällt, wo man noch glaubte, alle Krankheiten gingen auf ein Ungleichgewicht der vier Sorten von Galle zurück, die wir angeblich im Körper haben.«

Bernd hat sein Stück Blumenkohl zerkleinert, schluckt und sagt: »Es ist wahrscheinlich kein Zufall, dass die Menschen in verschiedenen Epochen der Geschichte ganz ähnliche Dinge glaubten.«

Manuel wirft die Arme in die Luft: »Ja, eben, da sagst du es doch – dass sie Verschiedenes *glaubten*. Aber es geht doch hier nicht um *Glauben*, Bernd! Was ihr Glauben nennt und was wir Mediziner Glauben nennen, das sind doch zwei völlig verschiedene Paar Schuhe! Wir glauben an eine These, und zwar genauso lange, bis wir sie im Experiment widerlegen können. *Nichts* ist für uns unerschütterlich wahr. Alles wartet nur auf seine Falsifikation. Gelingt die, müssen wir nach neuen Thesen suchen. Das ist wissenschaftliches Denken. Experimente und Beweise, keine guten Gefühle und Prophezeiungen. Keine Priester.«

»Keine Priester?«, sagt Bernd. »Da lache ich aber. Ärzte benehmen sich doch wie Halbgötter in Weiß.«

Manuel winkt ab: »Marie Curie war eine Frau in Zeiten, als Frauen angeblich noch am Herd zu stehen hatten. Charles Darwin war ein asozialer Einsiedler, für dessen Unwillen, sich in Gesellschaft zu begeben, sich seine Gattin schämen musste. Einstein war verrückt und wäre heute untragbar für jede Firma. Würde der für Eon arbeiten, die ließen ihn bei jeder Messe zu Hause. Und was war? Sie wurden gehört! Weil sie etwas zu sagen hatten. In der Wissenschaft gibt es kein Mann und Frau, kein Schwarz und Weiß, kein Christus und Mohammed. Wer etwas herausfindet, das Hand und Fuß hat und die Forschung weiterbringt, wird gehört. Die echte Medizin ist nicht nur wahr, sie ist auch verbindend. Esoterik ist das nicht. Da muss man glauben und jeden, der plausibel widerspricht, muss man notgedrungen zum Feind erklären.«

Ole kaut ein paar Linsen und sagt: »Meine Güte, Manuel, du bist ja doch mit Leidenschaft Mediziner.«

Manuel legt die Gabel ab und sieht Ole an, als habe der ihm gerade gesagt, dass er keine Hose trägt: »Bin ich nicht!«

»Aber natürlich«, sagt Ole, »so eine leidenschaftliche Verteidigung der Wissenschaft liest man sonst nur bei Richard Dawkins oder Karl Popper. Du bist ja nahezu ›religiös‹ überzeugt von ihr.«

»Willst du mich jetzt ärgern?«

»Ich sag nur, dass du mit Leidenschaft Arzt bist.«

»Bin ich nicht!« Manuel knallt Geschirr. »Ich studiere Medizin, weil mein Alter mir sonst den Hals umdreht. Ich will nicht sein Leben führen! Vierzig Jahre Chefarzt, Schwester hier, Pfleger da und am Wochenende schön mit der Gattin den wichtigen Einladungen nachgehen.« Manuel stochert in dem kleinen Häufchen Mais auf seinem Teller herum und blickt versonnen in die gelben Körner. Er sagt: »Mein Vater hatte zwei Pläne, die sein Leben im Wachzustand bestimmten. Den OP-Plan an der Wand im Krankenhaus und den Freizeitplan an der Pinnwand im Flur. Samstag Essen bei den Körbers. Sonntag Golf mit Dr. Kleintz. Vierzig Jahre lang sind meine Eltern ein Mal spontan gewesen.«

»Du musst ja nicht Golf spielen. Du hast gerade selbst gesagt, dass man auch asozial sein darf und trotzdem anerkannt, wenn man in der Wissenschaft was zu sagen hat.«

»Genau«, sagt Bernd und seine Augen funkeln, weil er spürt, dass in ihm eine Pointe aufsteigt, »oder hast du für diese These etwa keine Beweise?«

»Ihr könnt mich mal!«, sagt Manuel.

»Mit Leib und Seele Mediziner«, sagt Ole.

Thomas

Der Proberaum liegt im hinteren Teil einer ehemaligen Lagerhalle, die heute nur noch für Teile genutzt wird, die als abmontierte Altgeräte ein letztes Mal ausgeschlachtet werden, bevor das Verwertbare ins Ersatzteillager und der Rest auf den Schrott kommt. Thomas hat sich diese Methode auf Anraten seiner Frau ausgedacht, nachdem sie beim Essen immer wieder darüber philosophiert hatte, wie schade es doch sei, Monat für Monat Tonnen und Abertonnen von Müll aus defekten Markisen, Motoren und Bespannungen zu erzeugen, wo man bei effizienter Verwertung doch sicher noch Teile der Motoren nutzen oder aus dem alten Markisenstoff etwas anderes herstellen könnte. Zelte zum Beispiel, Luftmatratzen oder Umhängetaschen. Als rechte Hand des Firmenchefs hatte Thomas diese Idee in einer Sitzung eingebracht und war zu seinem Erstaunen auf offene Ohren gestoßen. Der Inhaber ließ das Recycling- und Verwertungskonzept auf eigenem Gelände von einer Horde emsiger Controller durchrechnen. Ergebnis war, dass die Idee von Thomas' Gattin sich nicht nur rechnen, sondern sogar Steuervorteile und Umweltschutzsubventionen bringen würde. So wurde dieser Teil des Firmengeländes in ein neu genutztes Areal für Ausschlachtung und Verwertung der Rückläufe umgewandelt, den mehrmals im Jahr sogar Redakteure aus Funk, Fernsehen und Presse besuchen, um darüber zu berichten, wie ökologisch verantwortungsvoll dieser mittelständische Konzern arbeitet und dass sich die Global Player daran gefälligst ein Beispiel nehmen sollten. Sogar die PR-Abteilung konnte das aufgreifen: Die Kampagne »Wir verdunkeln nichts – Transparenz und Verantwortung« war ein voller Erfolg. Und alles wegen Thomas' Frau.

Thomas stöpselt seine Gitarre in den Verstärker. Dienstag- und Donnerstagabends erschüttern seine Riffs die nebenan gelegene Recyclinghalle, und während seine Band spielt, kann er durch hoch gelegene Fenster auf die Paletten gestapelter alter Markisenteile sehen, die seit über zehn Jahren sein Leben bestimmen. Hier im Proberaum ist er in einer anderen Welt. Im Proberaum ist er wirklich bei *sich*, wie er gerne betont, auch wenn seine Band nicht mehr aus den alten Studienfreunden von früher, sondern aus Arbeitskollegen besteht, die sich am nächsten Morgen wieder an den Automaten ihrer jeweiligen Abteilung Kaffee ziehen.

»Eins, zwei, drei, vier«, zählt Uwe aus der Fertigung am Schlagzeug und die drei Mittvierziger spielen sich mit »Sheena Is A Punkrocker« von den Ramones warm. Thomas spielt Gitarre und singt. Dabei schneidet er Grimassen, springt herum, trinkt einhändig Bier aus der Pulle und spuckt es zu späterer Stunde grundsätzlich mindestens ein Mal auf den Boden. Das ist der Moment, wo er im Geiste auf der Bühne des CBGBs in New York steht, oder wenigstens des guten alten SO 36 in Berlin, wo er vor dreißig Jahren noch die Dead Kennedys live gesehen hat. Als zweites Stück spielt die Betriebsband, die man in Gegenwart von Thomas niemals so nennen darf, grundsätzlich »Holiday In Cambodia«, dann folgt ein extrem lautes »Anarchy In The UK«. Thomas zieht dabei die »A«s kaugummiartig in die Länge, beugt den Oberkörper schlangenhaft nach vorne und zeigt einer gedachten Kamera seinen rot gebrüllten Kehlkopf. Gegen 22:30 Uhr machen die Männer Schluss, da es dauert, bis man zu Hause ist und alle Kinder ins Bett gebracht hat, sofern sie alt genug sind, noch so lange aufbleiben zu dürfen, aber jung genug, um von Papa noch ein paar Minuten Aufmerksamkeit zu brauchen. Eine Gutenachtgeschichte vielleicht oder ein Spiel gegen Papa an der Playstation, ein Autorennen oder eine Runde Guitar Hero mit der Plastikklampfe.

»Die Drewsen aus dem Vorstand hat angeblich was mit einem Rumänen aus der Montage«, sagt Uwe, als »Anarchy In The UK« gerade ausklingt. Die letzten Feedbackfieper der Gitarre zappeln noch in der Box und Thomas hockt halb auf dem Boden, die Gitarre auf den Knien, den Sabber im Mundwinkel. Er war bis eben in Trance. Und jetzt kommt Uwe mit so was, als hätte der Song gerade keine Bedeutung gehabt. Als hätten sie Wolfgang Petry gespielt.

»Echt? Erzähl!«, erwidert der hagere Hendrik aus der Buchhaltung, der den Bass zupft, und legt auf seinem umgehängten Instrument die Hände ab wie eine Nonne beim Wohltätigkeitsbasar die ihrigen auf dem Klapptisch vor den Kuchensorten.

»Gut«, sagt Uwe, der während der Songs seine Schlagzeugsticks um seinen behaglichen Bauch herum auf die Snare Drum und die Becken drischt, »der Mann spricht fließend Deutsch, der ist sogar deutsch aufgewachsen. Ist echt ein Netter, aber so offen zugeben tun beide das freilich nicht. Vorstand und Fertigung, wo kommen wir da hin, das ist ja fast Revolution und Klassenkampf!« Uwe lacht. Thomas steht langsam aus seiner Sex-Pistols-Trance auf und sieht ihn an, als wäre das nicht zum Lachen.

»Warum spricht der Mann fließend deutsch?«, fragt der hagere Hendrik.

Uwe stülpt seine Lippen auf wie ein leicht angeschickerter Skatspieler, der albern wird. Er sagt: »Der Mann ist ein Sathmarer Schwabe.«

»Was für'n Ding?«, fragt Hendrik.

»Ein Aussiedler. Die Sathmarer Schwaben sind im 18. Jahrhundert nach Rumänien gegangen. Leben in Satu Mare, haben sogar eine eigene Partei da drüben.«

»Und den trifft die Drewsen?«

»Ja«, sagt Uwe. »Seit zwei Monaten schon.«

Thomas steht auf, stellt seine Gitarre ab und verlässt schnaufend den Raum. Uwe sieht Hendrik fragend an. Der folgt seinem Leadgitarristen und Sänger, Leiter der wichtigsten Abteilung und rechte Hand des Firmeninhabers. Thomas hat sich hinter einem Stapel aussortierter Markisen auf eine Palette gehockt und schmollt. Seine Flasche Bier steht neben ihm. Hendrik setzt sich dazu.

»Hey, was ist denn los?«

Thomas nimmt das Bier, trinkt einen Schluck und zeigt rüber zum Proberaum. »Wir spielen da drin Dead Kennedys und Sex Pistols und kaum, dass der letzte Ton verklungen ist, macht ihr Tratsch über die Drewsen und ihren Lover.«

»Ja, und?«

Thomas springt auf. Er breitet die Arme aus, die Flasche in der einen Hand. »Ja, und???« Er läuft auf und ab. »Hendrik, wir spielen da drin doch nicht zum Tanztee auf! Dieses Tratschen über andere, dieses Feierabend-mäßige. Das ist doch genau das, wogegen wir diese Lieder spielen!«

Hendrik sieht ihn an, als spräche er Rumänisch. Er sagt: »Thomas, wir *sind* eine Feierabend-Band. Wir treffen uns jeden Dienstag und Donnerstag von exakt 20 bis 22:30 Uhr und spielen die Songs unserer Jugend. Niemand kommt zu spät, niemand geht zu spät.«

Thomas winkt ab und grummelt.

Der hagere Hendrik schlägt sein Bein über, packt seinen Knöchel beim Sitzen bequem mit beiden Händen und sagt: »Apropos Tanztee. Was machen wir denn jetzt mit dem Firmenjubiläum?«

Thomas' Kopf klappt fast nach hinten. »Nein«, sagt er, »nein, das habe ich euch schon mal gesagt, das mache ich nicht.«

»Ach, Thomas, sicher machst du das. Du bist Vizechef, du spielst auf dieser Feier, wenn der Boss dich darum gebeten hat.«

»Weißt du, was für Lieder auf seiner Wunschliste stehen?« Thomas schlägt gegen eine Markise. »Beatles, Stones, selbst Joe Cocker, damit kann ich gut leben. Aber der Mann schreibt ›Over My Shoulder‹ von Mike & The Mechanics auf seine Liste! Mike Rutherford! Diese zum Menschen gewordene Harmlosigkeit! Diese Karikatur von Rockmusik! Diese Fönlocke, die einen Herzanfall kriegt, wenn sie aus Versehen den Verzerrer an der Gitarre anmacht und dieses Ding plötzlich laute Klänge ausspuckt!« Thomas simuliert Mike Rutherford, wie er seine Gitarre von sich wirft wie eine Spinne, die ihm in den Pulli geraten ist. »Huch, macht das weg! Macht das weg! Was tut dieses Teufelsgerät!!!«

Hendrik muss lachen, fängt sich aber schnell wieder und sieht Thomas ernst an: »Wir sollten für diese Feier üben, Thomas.«

»Nein!«

»Du sagst noch ein paar Mal ›Nein‹, aber du weißt ganz genau, dass du es dem Boss nicht abschlagen wirst. Und weil das so ist, verlieren wir mit jedem ›Nein‹ eine Probe mehr bis zum Jubiläum. Am Ende spielen wir so oder so, haben aber nur zwei statt zehn Mal geübt, weil du aus falschem Stolz acht Mal ›Nein‹ gesagt hast.«

»Was ist nur aus euch geworden?«, sagt Thomas.

Hendrik sagt: »Ich bin nur Controller. Du bist sogar fast Vizechef. Ansonsten sind wir Familienväter und Stützen der mittelständischen Wirtschaft.«

»Nein, sind wir nicht.«

Jetzt springt Hendrik auf. »Ja, Thomas, was sind wir denn dann? Du hast zwei Kinder, eine Katze und einen Hund. Du fährst einen silbernen SUV, in den die Einkäufe für zwei Monate und Campingausrüstung für ein Jahr hineinpassen. Du hast einen Carport und einen Kaffeeautomaten in der Küche. Du sortierst deine Platten nach Genre und Alphabet. Das einzig Rebellische an dir ist, dass du im Gegensatz zum Chef 3500 davon hast und der nicht mal genau weiß, wer die Ramones waren, dafür aber den Hit ›Ramona‹ auswendig kennt.«

»Sag nicht so schreckliche Dinge …«

Thomas läuft noch eine Minute zwischen den alten Markisen auf und ab, die ökologisch sinnvoll ausgeschlachtet werden, weil seine Frau das vorgeschlagen und sein Chef diesen Vorschlag angenommen hat. Er sieht sich zwischen diesen beiden Instanzen, die sein Leben bestimmen, und stellt sich vor, wie sie sich über seinen Kopf hinweg die Hand geben und ihm dann wie einem kleinen Jungen das Haar tätscheln. ›Er ist schon ein Guter‹, sagen sie, so wie Uwe vorhin über den rumänischen Schwaben sagte, dass er ›schon ein Netter‹ sei.

Thomas sieht seinen Bassisten Hendrik an und sagt: »Ich möchte jetzt gerne The Clash spielen.«

»Wie du magst, Chef«, sagt Hendrik und steht auf. Sie gehen zum Proberaum zurück. Ohne, dass Hendrik, der hinter Thomas herläuft, irgendetwas von sich gegeben hätte, sagt Thomas: »Und ich spiele *nicht* ›Over My Shoulder‹.«

In den Souvenirshops großer Städte sowie auf jeder Kirmes gibt es bedruckte T-Shirts, die zwei schematische Männlein & Weiblein-Figuren bei der Hochzeit zeigen. Hand in Hand, sie im Schleier, er im Anzug, stehen sie da und der Untertitel des Motives lautet: Game Over.

Game Over.

Das ist spätestens seit der Kulturrevolution der 68er die gängige Haltung des modernen Mannes zum Thema Erwachsenenleben. Dazu muss er nicht einmal zwangsläufig heiraten, obwohl viele das immer noch recht selbstverständlich tun, während sie die Aussage des T-Shirts ohne zu zögern schon vorher unterschreiben würden. Nein, Heiraten ist nicht einmal nötig. Man könnte noch viele andere T-Shirts mit Lebenssituationen entwerfen, die der moderne Mann als »Game Over« empfindet:

Die Unterzeichnung des Vertrages auf der ersten echten, seriösen, unbefristeten Arbeitsstelle.

Den Auszug aus der Junggesellenbude und den Einzug ins gemeinsame Heim mit der Herzensdame.

Die Geburt von Kindern.

Für Manuel wäre das passende »Game Over«-Motiv ein Arzt mit Mundschutz am Operationstisch. Für Bernd wäre es womöglich er selbst, wie er – statt zwei Mars und eine Tüte Pommes im fahrenden Auto zu verspeisen – einen Blumenkohl persönlich aus der genfrei bewirtschafteten Erde der nebenan gelegenen Bauernschaft zupft. Für Thomas wären es gesittete Paare, die in gemäßigter Extase auf der Betriebsfeier zum Jubiläum der Firma lächelnd tanzen, weil er auf seiner Gitarre gekonnt und gebremst die unverzerrten Akkorde von »Over My Shoulder« anstimmt.

Männer treffen weiterhin ab einem bestimmten Alter ganz bürgerlich und seriös ein paar Entscheidungen fürs Leben und bleiben dabei. Deshalb wurde Thomas Vater, hört immer auf seine Frau und besitzt zwei Haustiere und einen Carport. Deshalb wird Manuel mit großer Wahrscheinlichkeit sein Medizinstudium abschließen und lediglich ein wenig später und etwas weniger erfolgreich als sein Vater eine Chirurgenstelle im Krankenhaus seiner Heimatstadt antreten. Nur ob Bernd Makrobiot bleibt, ist noch offen. Im Moment jedoch *ist* er es, wehrt sich aber dagegen wie Manuel gegen seine Affinität zur Schulmedizin und harten Naturwissenschaft oder Thomas gegen die Tatsache, dass er der Gitarrist einer Betriebskapelle und kein wirklicher Punkrocker ist.

Das kommt von dem, was die Männer neben der Pflicht zu einer Entscheidung spätestens seit der 68er-Generation *gleichzeitig* gelernt haben. Es sind ein paar wenige, aber unglaublich starke Direktiven, eingepflanzt durch Eltern, Filme, den Mythos des Rock-'n'-Roll und jenem unhintergehbaren Geflecht des »Diskurses«, der uns alle durchdrungen hat. Diese Direktiven lauten:

1. Die Jugend ist die beste Zeit des Lebens. Endet sie, ist das Leben nur noch ein Warten aufs Ende. Motto: Mit 30 gestorben, mit 70 beerdigt. Daraus folgt: Gut ist, mit vielen männlichen wie weiblichen Menschen, die man größtenteils nur vom Sehen kennt, um zwei Uhr nachts auf dem Boden einer fremden Wohnung zu hocken, laut Musik zu hören, einen Joint und ein paar Flaschen Bier kreisen zu lassen und darauf zu pfeifen, neben wem man am nächsten Morgen aufwacht. Schlecht ist, um 22 Uhr vor gut gekleideten Paaren auf einem Betriebsfest Mike & The Mechanics zu spielen und noch vor Mitternacht mit klarem Kopf nach Hause zu kommen.

2. Konformisten und Spießer sind kompromisslos zu verachten. Begegnet man ihnen, schlägt man sie zwar nicht mehr, lässt sie aber spüren, dass ihre Lebensweise und ihre Einstellung die einer niederen Lebensform sind. Gut ist, in irgendeiner Weise extrem zu sein, sich in der Passion für eine »Sache« zu verzehren und deswegen wahlweise Straßenkampf, Drogenexzess oder irgendeine Form von Fundamentalismus zu praktizieren, so lange dieser nicht zu soft daherkommt, etwa in Form von 100-maligem Kauen des Blumenkohls, und sei dies noch so sehr in asiatisch-hippiesker Spiritualität verwurzelt. Schlecht ist, einem geregelten Leben zu folgen, in allem mehr oder minder Maß zu halten und die Dinge im Griff zu haben.

Deswegen verleugnen Thomas, Manuel und Bernd vor anderen und sogar vor sich selber, was sie de facto längst sind. Bürgerliche Kaufleute, angehende Ärzte oder Makrobioten. Deswegen trifft man immer seltener einen Steuerberater, Heizungsmonteur oder Lebensmittelhändler, der mit gutem Gewissen und angenehmer Selbstsicherheit sagen würde: »Ja, ich bin Steuerberater!« Oder: »Ja, ich verkaufe Obst, Gemüse und Joghurt. Ich habe schon als Sechsjähriger stundenlang im Supermarkt Waren angeschaut, Preise verglichen und Packungen von links nach rechts sortiert. Ich bin Einzelhändler und ich liebe es.« Jemanden, der so was sagt, trifft man nicht. Stattdessen wird man hören: »Ich bin Steuerberater … ich weiß, gähn, das ist langweilig. Bin da irgendwie so reingerutscht.« Oder: »Ich bin *nur* ein Kaufmann. Da gibt es nicht viel zu erzählen.« Das hört man selbst, wenn diese Menschen ihren Beruf lieben. Bestünde die Gesellschaft nur noch aus den Berufsfeldern, die gemeinhin als cool, lässig und abenteuerlich gelten, würden wir allesamt verhungern, verdursten und mitten auf der Straße ausbluten, denn ein Land, das nur von Journalisten, Rockstars, PR-Agenten, Spieleprogrammierern, Schauspielern und Profisportlern geleitet würde, könnte selbst noch von der achtköpfigen Armee San Marinos eingenommen werden.

Selbstverständlich gibt es auch Milieus, in denen umgekehrt über die Germanisten, Kulturfuzzis und Hippies gespottet wird. In den Hauptseminaren der medizinischen, juristischen oder betriebswirtschaftlichen Fakultäten guter Universitäten herrscht gegenüber den Germanisten oder Philosophen im Gebäude gegenüber ungefähr so viel Respekt wie vor Kleinkindern im Doppelbuggy. Und unbestritten gibt es immer noch Sphären, in denen es eine ebenso unerträgliche wie unausgesprochene Pflicht ist, verheiratet, wohlhabend und fruchtbar zu sein oder andernfalls an eine gläserne Decke zu stoßen, durch die weiterer Aufstieg nicht möglich ist. Hier kann in Sachen Selbstbetrug der umgekehrte Fall eintreten, dass jemand *tatsächlich* noch Rebell und Außenseiter *ist* und längst ins australische Outback oder in die Landkommune gehört, aber trotzdem im bürgerlichen Karrierestall bleibt und dabei furchtbar leidet und sogar klinisch depressiv wird. Holger Reiners beschreibt diese Sackgasse in seinem sehr eindrucksvollen Buch »Das heimatlose Ich« wie folgt:

»Nach dem Abitur begann ich mit dem Studium der Betriebswirtschaftslehre. Denn nun hoffte ich, als erfolgreicher Kaufmann der Familientradition meines Vaters und Großvaters folgend, mir eine Chance auf die mir sonst nicht ausreichend zuteil werdende Anerkennung der Familie zu sichern. Begeisterung trieb mich keinesfalls, nur der Wunsch nach Zuneigung und Anerkennung. Mein Herz schlug nämlich eher auf der künstlerischen Seite, die jedoch in der Familie bis auf einige freundliche Worte für manche Jugendzeichnung keine Resonanz fand.
(…)
Ich befand mich kurz vor dem Vordiplom, zu dem ich einen Vortrag vor großem Studentenauditorium zu halten hatte. Inhaltlich hatte ich mein Konzept fertig und begann es auszuformulieren, als ich eines Tages spürte, dass mir die Stimme den Dienst versagte: Ich begann zu stottern, bekam schließlich kein Wort mehr heraus.
(…)
Heute verstehe ich diese extreme körperliche Reaktion als geradezu kongruentes Abbild meiner damaligen Gesamtbefindlichkeit: Ich

hatte innerlich nichts zu sagen, also konnte ich nicht reden. Mir hätte längst klar werden müssen, dass ich als Kaufmann eigentlich gar nicht arbeiten und leben wollte und dass ich auch mit dieser Entscheidung mein inneres Dürsten nach Anerkennung nicht stillen konnte.«

Wo Manuel oder Thomas weder sich selbst noch anderen zugestehen wollen, dass sie im Grunde gerne Mediziner oder Familienväter mit Feierabend-Band sind, wollen diese Menschen weder sich selbst noch ihrer Dynastie von etablierten Vorvätern zugestehen, dass sie ihr Glück ernsthaft als Schafzüchter, Konzeptkünstler oder verrückter Quantenphysiker suchen möchten.

In allen Fällen nagt an diesen Männern der Selbstbetrug; die Inkohärenz zwischen dem, was sie bereits sind und was sie glauben, immer noch zu sein oder weiterhin werden zu müssen.

 Fehlerbehebung

1. Stehen Sie zu dem, der Sie sind.

Sie sind längst Vater, Kaufmann und Feierabendrocker mit Carport? Sie müssen sich zugestehen, dass Sie das eigentlich lieben und gar nicht zurück wollen in den ewigen »Proberaum« ihrer Jugend, in dem alles in der Schwebe war und die Lautstärke nur ein Schutzschild gegen die bohrenden Fragen, wie es weitergehen soll und wann man endlich inneren Frieden findet. Dann stehen Sie dazu! Seien Sie Vater, Kaufmann und Feierabendrocker und genießen Sie es. Prügeln Sie ruhig die Dead Kennedys und die Sex Pistols aus der Gitarre, das ist völlig okay, John Lydon macht mittlerweile auch Werbung für Butter. Sie müssen auch nicht ›Over My Shoulder‹ spielen. Aber bilden Sie sich bitte nicht ein, Sie seien immer noch der zornige junge Mann, der die Gesellschaft zerrüttet. Nicht, so-

lange Sie nicht kündigen, sich scheiden lassen, zu trinken beginnen, alles in Stücke schlagen und mit 200 anderen Zornigen den Reichstag umzingeln und es bei Drohung von langen Gefängnisstrafen darauf ankommen lassen.

Sie sind Mediziner, Physiker oder Biologe oder umgekehrt Esoteriker, Naturheilkundler und Romantiker? Dann stehen Sie dazu! Hören Sie auf, sich vor anderen zu entschuldigen, und tauchen Sie so tief in Ihre Themen ein, dass die anderen Sie vielleicht für verrückt halten mögen, aber beginnen, Sie spannend und einzigartig zu finden. Sie sind Steuerberater und lieben es? Dann verkünden Sie diese Liebe und Sie gewinnen sowohl Kunden wie Selbstachtung. Sie hassen es? Dann schmeißen Sie diesen Job, gehen Sie morgens Getränkekisten sortieren, leben Sie sparsam und schreiben Sie abends diesen gottverdammten Roman zu Ende, den Sie seit 10 Jahren in Arbeit haben.

2. Vergessen Sie Ihre Jugend.

Nicht im Sinne von »Vergessen«, weg, gelöscht, verleugnet. Das nicht. Aber im Sinne von: Vorbei, vergangen, wertvoll als Erinnerung und Archiv, aber eben längst hinter Ihnen. Klammern Sie sich nicht an diesen Zustand unendlich offener Optionen und nicht vorhandener Verantwortung. Hören Sie auf, sich danach zu sehnen, wie toll es noch war, nur »unterwegs« zu sein und niemals ankommen zu müssen. Machen Sie sich klar: Intensiv lebt, wer sich auf Orte, Menschen und Tätigkeiten kompromisslos einlässt. Wer niemals irgendwo ankommt, kann das nicht. Der war immer nur auf der Durchreise.

Der Mann und die Selbstoffenbarung

 Fehlerbeschreibung

Der moderne Mann ist vertrauensselig und mitteilungssüchtig. Er offenbart seinem Gegenüber viel zu schnell wichtige Details über sein Privatleben. Er gibt Schwächen zu, obwohl ihn niemand danach gefragt hat. Er denkt von anderen Menschen nichts Schlechtes. Er glaubt, sich das Vertrauen anderer verdienen zu müssen, indem er sich ihnen öffnet, lässt sie aber ohne Gegenwehr zu sich hinein. Er ist so »authentisch«, dass es zum Heulen ist. Er gibt alle Macht über sich und seine Außenwirkung freiwillig ab.

Bernd

›Warum gehe ich Trottel auch in den Baumarkt, wenn ich bloß Batterien brauche?‹, denkt Bernd angesichts der langen Schlangen, die sich an allen Kassen drängeln. Aber nun, jetzt ist er einmal hier, jetzt geht er nicht mehr weg. Seit fünf Minuten steht er vor der Auslage und wägt ab, ob das 10er-Pack-Billig-Batterien für 2,99 Euro oder das 4er-Pack Hochleistungsbatterien für 4,99 Euro unterm Strich lohnenswerter ist, doch die letzten vier dieser fünf Minuten dienen nur noch peripher der Lösung dieses Problems, da sich an der Schlange neben dem Batteriestand eine Frau angestellt hat, deren Hintern ihre straffen Jeans so knackig und rund ausfüllt wie zwei perfekt geformte Äpfel. Ihr langes, rotes Haar reicht ihr bis tief auf den Rücken und zeigt dabei mit den Spitzen genau in die Mitte zwischen den Äpfeln. Svenja ist weg, sein Langzeitplan von erstem Date bis Hochzeit mal wieder gescheitert. Das frustriert ihn, hilft aber auch dabei, sich ganz

ohne schlechtes Gewissen vorzustellen, wie er langsam und genüsslich die apfelgleichen Pobacken dieser Frau liebkost und sie
es mit einem Schnurren hinnimmt. Erst nach zwei Minuten der
Prüfung dreht sie neckisch den Kopf nach hinten. Ihr Haar wan-
dert dabei etwas am Rücken nach oben und Bernd denkt daran,
mitzuwandern und mit der Zungenspitze ganz sachte ihre Wir-
belsäule hinaufzufahren. ›Was machst du denn da?‹, fragt die
Frau dann und Bernd setzt einen leicht devoten Blick auf, wie
Jungen es tun würden, die bei etwas Frechem erwischt wurden.
›Darfst du das denn?‹, fragt sie und er windet sich verlegen, bis
sie seine Hand nimmt und ohne ihn zu fragen unter ihr T-Shirt
schiebt. Sie trägt keinen BH. Er spürt mitten in diesem Baumarkt
unter den Augen all dieser Menschen ihre festen, großen Brüste
unter dem T-Shirt, die sie ihn so sanft wie entschlossen zu berühren zwingt. Er beginnt, mit den Fingern ihre Knospen zu
umspielen, als ein Mann ihn am Batteriestand von hinten mit
einer 3-Meter-Holzlatte anstupst, die er auf einem Einkaufswagen balanciert wie ein Spieß. Dies reißt Bernd aus seinen Gedanken.

»Entschuldigung«, sagt der Lattenmann und Bernd sieht noch,
wie die Frau mit dem herrlichen Hintern bezahlt. Sie hat tief-
grüne Augen wie Bergseen und Lippen wie ein Leben voller
Abenteuer. Bernd wünscht sich, das Geldstück zu sein, das sie
gerade als Wechsel in Empfang nimmt, um es ganz ohne Portmonee tief in ihrer Hosentasche zu verstauen.

*

Bernd lenkt den Cursor auf die Excel-Tabelle und löscht die
Spalte für Svenja.

»Was hast du mit ihr gemacht?«, fragt ihn Manuel, der das
Fenster öffnet und in den Hof hinabsieht. Die Kinder aus der
Nachbarschaft spielen Fußball auf Tore, die sie aus verrosteten
Wäschestangen gebildet haben. Die Häuserreihe und der Innen-
hof wurden in den 50ern aus dem Boden gestampft. Die Kinder

tragen Kleidung von kik oder aus dem Gebrauchtladen. In den Mülltonnen sucht ein alter Mann nach Brauchbarem. Es gibt keine Zentralheizung, es wird mit Holzkohle geheizt. Es ist kein gutes Viertel. Bernd spart. Er sagt: »Nichts. Es waren zwei tolle Treffen. Wir haben viel gesprochen, es war überaus intensiv!«

»Oh, nein!«, sagt Manuel und zupft in den Blättern eines Ficus Benjamini auf Bernds Fensterbank herum. Das Bäumchen hat schon bessere Zeiten gesehen. Der einfache Ficus Benjamini ist die einzige Zimmerpflanze, die Bernd kauft. Weil sie die günstigste ist. »Wenn du davon sprichst, dass es ›intensiv‹ war, dann wird es schon gefährlich.«

»Wieso?«

»Wir haben unterschiedliche Begriffe von ›intensiv‹. Für mich ist ein Date intensiv, wenn es in der Kiste endet und dort möglichst die ganze Nacht. Für dich bedeutet ›intensiv‹ lange, tiefgründige Gespräche über …«. Manuel zögert. »Bernd, du hast doch nicht etwa wieder über Adorno gesprochen?«

Bernd wippt mit dem Kopf hin und her. »Na ja, nur, wenn es sich ergeben hat. Svenja sprach selbst davon, dass das Ende des Kinofilms sehr berechenbar gewesen sei und da bietet es sich doch an, von der Kritik der Kulturindustrie und vom Äquivalenzzwang zu reden, denn …«

»Nein!«, unterbricht ihn Manuel, »das bietet sich *ü-ber-haupt nicht* an! Bernd, sprich mir nach: ›Wir wollen bei keinem Date von Adorno sprechen.‹ Los, sprich mir nach!«

Bernd sträubt sich. »Lass den Quatsch.«

»Vielleicht stehen Frauen nicht unbedingt darauf, wenn ihr Date schon am ersten Abend mit Philosophie ankommt. Vielleicht, und ich sage nur vielleicht, ja?« – Manuel sagt es mit dem Wissen um die paar Dutzend Frauen, die er schon gehabt hat, und mit dem Wissen darum, dass Bernd davon weiß – »vielleicht ist es ja so, dass die Mädels auf ihrer Liste der Dinge, die ein Mann bei einem Date machen sollte, den Punkt ›Erläutern philosophischer Traktate‹ ganz hinten notiert haben. Vielleicht ist er ja vorhanden, aber eben gaaaaaanz hinten. Davor könnten, und wie gesagt, ich meine ja nur, vielleicht, Punkte wie Flirten, Komplimente machen, Geschenke mitbringen und Interesse heucheln stehen.«

»Ich heuchele kein Interesse, ich *habe* es!«

»Ja?«

»Ja, ich habe sie ein wenig ausgefragt über ihr Leben. Habe rausbekommen, dass sie Tierpflegerin ist, ein gebrochenes Verhältnis zu ihrem Vater hat und sehr viel Nirvana hört. Sie hat mit großem Interesse von Kurt Cobains Philosophie und seinem Selbstmord gesprochen.«

»Tatsächlich?«

»Ja, daraufhin hab ich ihr von meinen Fantasien erzählt. Wie ich damals häufig auf dem Wohnheimdach gestanden und mir überlegt habe, was für eine radikale Aktion so ein Sprung eigentlich wäre. Welche gesellschaftlichen und theologischen Implikationen das hat.« Bernd lacht. »Ich hab ihr erzählt, wie ich damals in meinem Bärchenschlafanzug schlafgewandelt bin.«

»Bernd?«

»Ja.«

»Dieses ›damals‹ war vor nicht mal zehn Jahren. Da warst du 22.«

»Ja, sicher. Ist doch lustig. Von meinem Heimatdorf habe ich auch erzählt und davon, was ich immer für Psychosen kriege, wenn ich dort zu einem Treffen mit den alten Kegelbrüdern antanze. Und was das Beste ist: Sie hat das alles, aber auch wirklich *alles* gut nachvollziehen können! Ich habe mich voll verstanden gefühlt, da schlugen zwei Herzen auf einer Wellenlänge, verstehst du?«

Manuel ballt seine Hände zu Fäusten und drückt sie tief in seine Augen hinein. Dabei knurrt und zischt er, als sei er Bernds Therapeut und nach über 1400 Sitzungen seit 1999 einfach am Ende seiner Kräfte. Er nimmt die Fäuste zurück, seine Augen sind rot. Er sieht Bernd an. »Was machst du eigentlich bei Bewerbungsgesprächen? Wenn du als Dozent einem neuen Arbeitgeber dein Konzept vorstellst? Sagst du dann am Schluss, wenn er dich schon so gut wie engagiert hat: ›Ach, übrigens, nur der Vollständigkeit halber. Ich bin ein leichter Psychotiker und vor zehn Jahren noch im blauen Bärchenschlafanzug schlafgewandelt?‹

»Nein«, sagt Bernd. »Beim Bewerbungsgespräch nicht. Aber später, bei der Weihnachtsfeier, da ist es schon mal vorgekommen. Ist doch nichts dabei. Soll ich etwa so'n eiskalter Typ sein, der immer nur den Dicken markiert?«

Manuel schüttelt den Kopf in Zeitlupe. Das Rot in seinen Augen pulsiert.

»Im Job kommt es nicht nur darauf an, beliebt zu sein, sondern respektiert zu werden. Was denkst du, wie es deinen Respekt unter Kollegen hebt, wenn sie fortan vor allem ein Bild von dir im Kopf haben – dich, vor nicht allzulanger Zeit, nachts schlafwandelnd im Viertel, schäl wie ein alter Berghund, schwankend, im blauen Bärchenschlafanzug?«

»Wie machst du das denn an deinem See? Sagst du, ›ja‹ ich bin fehlerlos, ich habe schon am Great Barrier Reef getaucht, vertraut mir blind, ich habe Haie gewürgt?«

»So ungefähr, ja! Das ist doch wohl besser, als das, was du machst. Du wirfst dich jedem an den Hals, als seiest du entführt worden und würdest am Stockholmsyndrom leiden. Wahrscheinlich lässt du in der Seminarpause deinen Computer geöffnet, eingeschaltet und ohne Passwort stehen, damit deine Teilnehmer die privaten Mails in deinem Outlook nachschlagen können.«

»Soll ich ihnen etwa nur Schlechtes unterstellen?«

»Du würdest doch noch präventiv zugeben, was du als Dozent alles nicht weißt.«

»Wenn es auf den Tisch kommt! Man muss doch ehrlich sein!«

»Muss man nicht! Man muss nicht ehrlich sein! Und man muss nicht allem und jedem die Tür aufmachen!«

»Ja, jetzt geht das wieder los. Der Hausmeister im Studentenwohnheim …«

»Bernd, du hast vier Tage ohne Wand gelebt! Im Wohnheim!

In genau der Zeit, in der du deine Prüfungen machen musstest!«

»Was hätte ich denn tun sollen?«

»Dich wehren? Ein Wohnheim ist doch kein Knast, wo jeder mit dir machen kann, was er will.«

»Aber du mit deinem Drexel.«

»Ja, ich war einen Abend lang unaufmerksam. Du hast dich vier Tage lang demütigen lassen. Das war so beknackt, man könnte ein Drehbuch daraus machen.«

»Ja, dann mach doch!«

1. STUDENTENBUDE   MITTWOCHS, INNEN/MORGEN

Der Wecker zeigt 6:30 Uhr. Ohne zu klopfen, betritt POLTERND der HAUSMEISTER das Appartement.

> HAUSMEISTER
> Na, wer wird denn da noch schlafen? Diese Studenten ...

> DER STUDENT
> *(gibt gurgelnde und verwirrte Laute von sich)*
> Was? Was machen Sie hier?

> HAUSMEISTER

Öffnet eine kleine Tür neben der Küchenzeile, die zum »Bad« führt, der Plastikeinheit ›Elba‹ inkl. Klo, Becken und Dusche, vergleichbar mit Wohnmobilausstattungen.

> *(von innen)*
> Die Klospülung läuft durch. Haben Sie noch gar nicht gemerkt, was? Ist jetzt bei fast allen so. Sind halt alte Systeme.

DER STUDENT
(halb aufstehend, halb unter der Decke)
Es ist 6 Uhr morgens.

HAUSMEISTER
(aus dem Bad tretend)
6 Uhr 30! Ich muss das reparieren. Machen wir
einen Termin, damit ich nicht einfach so rein-
platze.

DER STUDENT
(fällt stöhnend in die Kissen zurück)

HAUSMEISTER
Na was? Machen wir einen Termin oder nicht?

DER STUDENT
(verärgert)
Boah, ich weiß es doch auch nicht!

HAUSMEISTER
*(steht mit den Händen in den Flanken vor dem
Bad und blickt nachdenklich hinein)*
Es wäre natürlich schon besser, wenn ich das sofort machen würde. Oder ist Ihnen das unlieb?

Der Student rollt sich jammernd so in die Bettdecke ein, dass sie am
Kopf und an den Füßen dicht abschließt wie eine Wursthülle.

HAUSMEISTER
Das ist nämlich gar nicht so einfach bei diesen
Sanitäreinheiten. Das ist eigentlich eine Kunst,
was ich hier mache. Herr Knopek?
(sieht die eingerollte Wurst auf dem Bett)

Als ich in Ihrem Alter war, hab ich um 6 Uhr 30 morgens schon Dachpappe verlegt. Im Hochsommer. Bei 30 Grad im Schatten. Haben Sie schon mal bei 30 Grad im Schatten Dachpappe verlegt?

DER STUDENT
(Stimme kommt dumpf aus der Wursthülle)
Nein!

HAUSMEISTER
Vier Millionen Arbeitslose würden sich wünschen, um 6 Uhr aufstehen zu können und schon mal ein bisschen zu lernen, bevor die Uni losgeht.

DER STUDENT
(unter der Decke)
Waaaaaah!

HAUSMEISTER
Machen wir denn jetzt einen Termin?

DER STUDENT
(reißt wütend die Decke von sich)
Ich hab Freitag Morgen Prüfung!!!

HAUSMEISTER
Und da liegen Sie noch im Bett und lernen nicht?

DER STUDENT
(gibt VERZWEIFELTEN LAUT von sich und fällt wieder zurück. Wimmert wie ein Irrer)

HAUSMEISTER
Okay, ich komme dann Montag Mittag. Spülen
Sie bis dahin mal möglichst wenig das Klo. Und
schön lernen noch!

2. STUDENTENBUDE   DONNERSTAGS, INNEN/MORGEN

Der Wecker zeigt 6:30 Uhr an. Ein KNIRSCHENDER, UNERTRÄG-
LICHER LÄRM weckt den Studenten. Er schreckt hoch und sieht
ZWEI ARBEITER vor seinem Fenster am Kopfende des Bettes, die
mit bizarrem Gerät an der Außenwand der Wohnwabe herumsägen.
Er springt aus dem Bett, reißt das Fenster auf und steht im Bärchen-
schlafanzug vor den Arbeitern, die erst mal weitersägen.

DER STUDENT
(wegen des Lärms kaum zu hören)
Was wird das denn?

ERSTER ARBEITER
*(zuckt mit den Schultern und deutet auf seine Oh-
ren. Tippt seinen Kollegen an. Der stellt das Gerät
ab.)*
Was?

DER STUDENT
Was das hier wird!?

ARBEITER
Fensterwechsel!

DER STUDENT
Wie? Fensterwechsel?

ARBEITER
Heute ist der erste Stock dran.

Hinter dem Studenten öffnet sich die Wohnungstür. Der Hausmeister steht im Raum, einen Werkzeugkasten in der Hand.

HAUSMEISTER
Guten Morgen! Das hatte ich selber bereits verdrängt, dass Ihr Stockwerk heute dran ist. Den Rundbrief habe ich schon vor vier Wochen gemacht. Na ja, wenn die Herren jetzt ohnehin da arbeiten, kann ich ja auch die Klospülung machen.

DER STUDENT
(will Empörung ausdrücken, wirkt aber kraftlos)
Die Herren da sägen die komplette Wand auf!

ARBEITER
Fensterwechsel gleich Wandwechsel. Das sind alles komplette Einheiten, das geht nicht anders. Ist bei allen so. Alte Systeme. Die neue Wand kommt in drei Tagen.

DER STUDENT
Und wie soll ich dann lernen?

HAUSMEISTER
Na, hören Sie mal, Herr Knopek, es ist doch Hochsommer. Im Grunde haben Sie jetzt eine überdachte Terrasse als Zimmer. Fünf Millionen Arbeitslose würden sich wünschen, in der lauen Sommerbrise an der offenen Wand ein bisschen in Büchern lesen zu können.

Der Student will sich wehren. Der Student denkt sich, dass es eigentlich nicht rechtens sein kann, wenn Hausmeister und Wandentferner jederzeit in seine Privatsphäre eindringen. Ein Wohnheim ist kein Gefängnis und kein Kinderzimmer. Doch der Student sagt nichts mehr. Steht nur da, die Arme im Schlafanzug wie nutzlose Poller herunterhängend, und denkt daran, dass er studieren darf, während Hausmeister und Bauarbeiter um 6:30 Uhr aufstehen und sechs Millionen Arbeitslose froh wären. Er hat morgen Prüfung und wurde samt seiner Wand frühmorgens aus dem Schlaf gerissen, doch er ist es, der nun wegen eines schlechten Gewissens die Klappe hält.

 ## Warum ist das so?

Bernds Mutter wusch ihrem Sohn noch als Teenager den Kopf in der Badewanne. Würde man sich ein solches Motiv für einen Roman ausdenken, hätte es doppelte Symbolkraft. Zum einen hält sie den Sohn immer noch im warmen Wasser – also im Mutterleib – gefangen. Zum anderen überlässt sie ihm nicht einmal die Sorge um das Elementarste der eigenen Körperpflege. Das Schlimmste ist, dass sie es gut meint. Bernds Vater geht derweil nicht dazwischen. Er traut sich selber nicht über den Weg und lässt sich von »Experten« alles verkaufen. Bernds Eltern stecken in der »Kindheit«, aus der sie ihren Sohn in bester Absicht nicht zu früh entlassen wollten, immer noch selber drin. Sie haben kein Problem damit, Experten und Verwaltungsapparaten die Sorge um ihr Leben zu überlassen. Sie geben jedem Auskunft, der sie nur nachdrücklich darum bittet. Im Zweifel rechtfertigen sie das mit den Worten: »Wir haben doch nichts zu verbergen.« Im kriminalistischen Sinne stimmt das, aber ein echter Mann würde sich die Frage gar nicht stellen, inwiefern tief gehende Eingriffe in sein Privatleben und seine innersten Kreise »gerechtfertigt« sind. Er würde instinktiv eine Grenze um sein Gelände ziehen, so dass jeder, der sich nähert, sich erst einmal auszuweisen hätte.

Diese Grenze ziehen viele Männer nicht mehr. Sie trauen sich nicht nur nicht, es gehört überhaupt nicht mehr zu ihrem Selbstbild. Diese Entwicklung beginnt bereits in der Schule.

Nicht nur umstrittene und provokante Antifeministen wie der Autor Arne Hoffmann (»Männerbeben«), sondern auch des Konservatismus unverdächtige Journalisten wie der taz-Redakteur Christian Füller (»Schlaue Kinder, schlechte Schulen«) stellen bei der Analyse des Bildungssystems fest, dass die Jungen in der Schule abbauen. Diesen Leistungsabfall erklären sie sich u.a. damit, dass sie in einer nach »weiblichen« Prinzipien geführten Pädagogik das Nachsehen haben. Der allergrößte Teil der Lehrkräfte an Grundschulen sind Lehrerinnen, an den weiterführenden Schulen sind die Männer im Kollegium ebenfalls auf dem Rückmarsch. Im wörtlichen wie im übertragenen Sinne. Denn ob Männlein oder Weiblein dort vorne stehen, eins lässt sich in jedem Fall immer wieder vernehmen – genuin »männliche« Tugenden wie offenes Konkurrenzdenken, Wettbewerb und spielerische Aggression werden in der modernen pädagogischen Leitkultur als grundsätzlich verwerflich gebrandmarkt. Die Mehrheit der Pädagoginnen und Pädagogen scheint sich auf eine schwammige, moralische Leitkultur geeinigt zu haben, in der kooperatives Handeln und abstrakter Pazifismus im Vordergrund stehen. Dass die Welt so nicht funktioniert, wissen die Schüler intuitiv, können der Political Correctness aber wenig entgegensetzen außer daheim »Counter-Strike« anzuschmeißen und auf dem Schulhof aus den laut gestellten Mobiltelefonen aggressive HipHop-Hymnen des materiellen sozialen Aufstiegs erklingen zu lassen. Dann gehen sie wieder rein und studieren den Idealismus Schillers sowie allenfalls die am »Gemeinwohl« orientierte Volkswirtschaftslehre. Lässt sich eine Schule einmal kurzfristig auf das Experiment ein, tatsächliche Fachkräfte aus der Wirtschaft als Gäste in den Unterricht einzuladen, müssen die verbeamteten Lehrer mit einem Mal feststellen, dass die Schüler wie gebannt an den Lippen der Söldner des freien Marktes hängen, die davon berichten, wie sie dort draußen auf dem Schlachtfeld tatsächlich bestehen. Solche Experimente werden meistens sehr zügig beendet.

Auch innerhalb der Familien gibt es keine klare Linie mehr, die man als Junge aber benötigt, um überhaupt erstmal von ihr abweichen zu können. Väter sind entweder nicht mehr vorhanden oder spielen in der Erziehung nur eine Nebenrolle. Entscheidende Bezugsfigur ist die Mutter. Diese erzieht entweder zu fürsorglich oder überhaupt nicht mehr, was letztendlich zwei Extreme hervorbringt, die beide mit erwachsenem, »männlichen« Verhalten überhaupt nichts zu tun haben. Zum einen den allseits freundlichen großen Jungen, der *niemanden* vergrätzen will und selbst dann noch zwanghaft lächelt, wenn er gemobbt und gedemütigt wird. Zum anderen den allseits aggressiven Halbstarken, der *jeden* vergrätzen will und selbst dann noch präventiv pöbelt, wenn die Menschen ihm freundlich begegnen. Werden diese beiden Charaktere erwachsen, lässt sich ihr typisches Verhalten sehr schön anhand ihrer Reaktionen auf eine uns allen bekannte Situation des Eindringens illustrieren: dem Klingeln des Mannes von der GEZ.

Hierzu vorweg: Die GEZ, die so gewissenhaft prüft, welche Radio- und Fernsehgeräte in einem Haushalt vorhanden und angemeldet sind, ist ein Verein, der im Auftrag der öffentlich-rechtlichen Sender agiert. Sie ist keine staatliche Behörde, kein Teil der Polizei und keine Sektion des Geheimdienstes. Ihre Angestellten arbeiten auf Provisionsbasis und sind im Prinzip nichts anderes als die Staubsaugervertreter von Vorwerk. Sie haben nicht das Recht, in die Wohnung einzudringen. Sie haben noch nicht einmal das Recht, ihre investigativen Fragen beantwortet zu bekommen. Sie haben gar kein Recht. Der Typus »lieber Mann« weiß das aber nicht. Er öffnet offenherzig die Tür. Der GEZ-Mann fragt: »Leben Sie allein hier oder mit Partnerin? Ist das Ihr Auto dort oder das Ihrer Frau? Ihrer Verlobten? Ihrer Freundin? Wie verhält sich das?« Daraufhin wird der liebe Mann nicht nur zuvorkommend und präzise erklären, wem das Radio gehört, sondern auch, wie er und seine Frau sich genau kennen gelernt haben. Dazu wird er dem GEZ-Mann Kaffee und Kekse kredenzen.

Nicht so der aggressive Typus. Er wird den GEZ-Mann bereits tätlich angreifen, noch bevor der seinen zweiten Satz zu Ende gesprochen hat. Die hohe Verletzungsrate dieses Berufsstandes belegt diese These. Es ist ein Job, der den Zustand der aktuellen Männerwelt genau spiegelt: Entweder man wird zu Kaffee und Keksen geladen oder man bekommt eins auf die Fresse.

Der erwachsene, selbstsichere Mittelweg bestünde freilich darin, dem GEZ-Mann höflich, aber bestimmt zu erklären, dass er an dieser Tür keine Auskunft bekommt. Bleibt er hartnäckig, erläutert man, dass man die kommenden rhetorischen Kniffe bereits kenne und doch beide wissen, dass es verlorene Liebesmüh sei. Man macht ihm klar, dass es nichts Persönliches ist. Man lässt ihm seine Würde und schließt die Tür. Wer das überhaupt noch kann, gehört scheinbar zu einer ausgestorbenen Spezies.

Ein weiterer Grund für die Leutseligkeit vieler Männer findet sich in den zwei Sätzen, die ihr Leben von Kindheitsbeinen an prägen. Der erste stammt meist von der Mutter und lautet: »Wir haben ein sehr gutes Verhältnis. Wir erzählen uns alles.« Das bedeutet im Umkehrschluss: Macht der Junge von seinem guten Recht Gebrauch, Geheimnisse zu haben und nicht jede Intimität sofort offen auszuplaudern, bekommt er ein schlechtes Gewissen, weil er das ›gute Verhältnis‹ zerstört. Der Gedanke, dass ein gutes und erwachsenes Verhältnis dadurch geprägt ist, sein eigenes Privatgelände zu errichten und selbst zu entscheiden, wer dort wann und wie Zutritt hat, wird so unterbunden.

Der zweite prägende Satz entstammt den Mythen des Rock-'n'-Roll- und Showgeschäfts und lautet: »Dieser Sänger ist super, denn er ist total authentisch!« Das bedeutet im Umkehrschluss: Wer sich weigert, jedem sofort sein ›wahres Gesicht‹ zu zeigen und sich in Camouflage und Rollenspiel ergeht, bekommt ein schlechtes Gewissen, weil er fortan zu den »eiskalten« und »abgehobenen« Typen gezählt wird, die weder »ehrlich« noch »auf dem Teppich geblieben«

sind. Der Gedanke, dass die von Schweißflecken und scheinbaren Selbstoffenbarungen begleitete »Authentizität« der »ehrlichen Kerle« auch nur eine wohlgepflegte Rolle sein könnte, wird so unterbunden.

 ## Fehlerbehebung

1. Schweigen Sie.

Falls Sie sich dabei ertappen, einem ersten Date, einem Arbeitskollegen, einem zukünftigen Firmenchef, dem netten Herrn von der GEZ oder sonst irgendjemandem, der nicht ihr bester Freund oder Partner ist, wichtige Informationen auszuplaudern, bremsen Sie sich und schweigen Sie. Selbst, wenn es blöd aussieht und Sie mitten im Satz abbrechen müssen. Es ist nie zu spät, zu schweigen.

2. Geben Sie den Geheimnisvollen.

Mehr Schweigen, weniger reden. Das macht attraktiv. Geheimnisvoll. Respekteinflößend. Man muss sich Ihr Vertrauen erst verdienen. Es sprudelt nicht aus Ihnen heraus, sobald man einen Euro einwirft. Machen Sie sich das klar. Sie sind niemandem gegenüber verpflichtet, sich auszuziehen. Genießen Sie die Macht, die Sie gewinnen, sobald der andere Sie nicht durchleuchten kann. Werfen Sie ihm Häppchen vor. Lassen Sie Ihn raten.

3. Spielen Sie Rollenspiele.

Der Soziologe Erving Goffman hat in seinem Lebenswerk dargelegt, dass wir ohnehin in jedem Moment Theater spielen und eine Rolle einnehmen. Meist unbewusst und reflexartig. Tun Sie das bewusst, gerade draußen, im Zug, an der Hotelbar, im Urlaub. Geben Sie sich als jemand anderes aus oder erfinden Sie Ihr Leben neu. Erzählen Sie Geschichten. Üben Sie sich darin, Ihren Wahrheitswahn abzustreifen. Inszenieren Sie sich. Das macht Spaß und erzeugt erfrischende Freiheitsgefühle.

4. Trainieren Sie Konfliktbereitschaft.

Begeben Sie sich absichtlich in Situationen, in denen Sie »Nein!« sagen müssen. Reklamieren Sie Produkte. Lehnen Sie Aufgaben ab, die man Ihnen sonst aufgehalst hätte. Antworten Sie auf »Darf ich Sie das mal fragen?« mit einem kecken und klaren: »Nö. Dürfen Sie nicht.«

Der Mann und die offenen Optionen

 Fehlerbeschreibung

*Der moderne Mann wünscht sich, ein Leben lang offene Optionen
zu haben. Entscheidet er sich irgendwann für einen Weg, hat er
Angst, weil er damit andere ausgeschlossen hat. Sein Lieblings-
spruch lautet: ›Jede getroffene Entscheidung ist ein Massenmord
an den anderen Möglichkeiten.‹ Diese anderen Möglichkeiten kann
er einfach nicht vergessen, sie bleiben in seinem Hinterkopf wie
Paralleluniversen, die er gerne immer noch bereisen würde, aber
nicht bereisen »darf«. Dieses Verbot macht ihn trotzig und bitter.
Er schwankt zwischen den Welten und tut irgendwann etwas Dum-
mes, das die eine zerstört, die er hat, die andere aber deswegen
nicht wirklicher macht.*

Thomas

Thomas spielt »Over My Shoulder«. Er kann es nicht fassen,
aber er tut es. Da steht er, oben auf der Bühne der großen Lagerhalle, die für das Firmenjubiläum leergeräumt und mit zwei
Bierständen und einem gigantischen Buffet an der linken Wand
gefüllt wurde. Zwischen den Bierständen im hinteren Bereich
sind lange Tischreihen zum Essen aufgebaut worden, direkt vor
der Bühne ist ausreichend Platz zum Tanzen, der gerade auch
von 100 der 320 Gäste genutzt wird. Eigentlich findet er es eu-
phorisierend, dass da unten 51 Männlein und 49 Weiblein zu
seiner Musik tanzen, doch leider ist es eben nicht »seine« Musik, es ist der gottverdammte Poprock von Mike Rutherford und
seinen seelenlosen, hyperprofessionellen Kalkülmusikern, die

sich nicht umsonst »The Mechanics« genannt haben. Vorne rechts tanzt sogar das männliche Paar der Firma – Dirk und Peter aus der Entwicklung –, aber das kann jetzt auch nichts mehr retten, das macht die Veranstaltung nicht unbürgerlicher. Es ist demütigend, Musik zu machen, während 200 von 320 Menschen am Buffet Häppchen und Käse fassen und selbst Ursel aus der Telefonzentrale ihre viel zu beringten Hände schwingt und klatscht, als wären Mike & The Mechanics die Offenbarung der Rockmusik. Er spielt für Ahnungslose, denkt sich Thomas, der 3500 Vinylplatten zu Hause hat und auswendig aufsagen kann, bei welchen Los-Angeles-Punk-Bands Brian Baker seit seinem Ausstieg bei Minor Threat zockte und warum es sinnvoller ist, dass sein ehemaliger Sänger Ian MacKaye heute mit The Evens kargen Minimalfolk macht. Ian MacKaye. Das ist ein subversiver Mann! Und Thomas? Der spielt »Over My Shoulder« auf dem Betriebsfest. Sein Schlagzeuger Uwe und sein Bassist Hendrik haben überhaupt kein Problem damit, als sei der Unterschied zwischen den Sex Pistols und Mike & The Mechanics bloß eine reine Geschmacksfrage und nicht etwa eine weitreichende Entscheidung. Hendrik saust über die dicken Saiten seines Basses, als hätte er auf den vier Proben für diesen Auftritt endlich den Reiz der Virtuosität für sich entdeckt, und Uwe spielt so akzentuiert und auf den Punkt wie Peter van Hooke von den Mechanics selbst, der ihm zu allem Elend auch noch ähnlich sieht. Thomas singt die Zeilen dieses Liedes und denkt dabei an sein eigenes Leben. »Looking back over my shoulder/ I can feel the look in your eyes/ I never dreamt it would be over/ I never wanted to say goodbye!« Der Song handelt vom Abschied, vom Ende einer Beziehung und während er das so in die tanzenden Angestellten der Firma hinabsingt, zwinkert ihm Sabrina aus dem Marketing zu, die links vorn an der Bühne steht und nicht tanzt, sondern zuhört. Mit einem Mal steigt in Thomas der Gedanke auf, den er schon seit der ersten Probe dieses Liedes hatte, als er wieder und wieder den Text singen und auswendig lernen musste. »I never wanted to say goodbye«.

Ein Lied über einen Mann, der seine Frau verlässt, eine prinzipiell traurige Nummer. Ihm ist aufgefallen, dass er in dieser Traurigkeit plötzlich eine Hoffnung sah, einen neuen Horizont. Während jede Probe mit dem Geschrei der Sex Pistols ihn als ausgepowerten, aber zufriedenen Ehemann um spätestens 22:45 Uhr nach Hause kommen ließ, sorgte dieser scheinbar brave Popsong dafür, nachts um zwei wach neben seiner leise atmenden Frau Bianca zu liegen und sich zu fragen, wie es wäre, wenn *sie* eines Tages zu ihm »goodbye« sagen würde. Dann wurde ihm klar, dass diese *Möglichkeit* überhaupt nicht mehr besteht. Dass diese *Option* – die während seiner ganzen Jugend auch dann noch ein selbstverständliches Gefühl gewesen war, wenn er Freundinnen hatte – spätestens seit der Hochzeit und den Kindern vor 10 Jahren für immer deaktiviert worden ist. Zehn Jahre. Es kam ihm vor, als sei es gestern gewesen. So lag er wach, hatte »Over My Shoulder« im Kopf und imaginierte, ohne es zu wollen, ein Leben ohne seine Frau. Dachte daran, wie er seine Kinder bei ihr besucht, selber aber wieder in einer kleinen Wohnung wohnt, mit Fernseher am Bett, was sie ablehnt, weil es »zu viel Elektrosmog verbreitet«, haha, und mit Proben, die weit länger als 22:30 Uhr dauern. Er stellte sich vor, wie das sei, wieder in Terminkalender von Monatsmagazinen zu gucken, ein Konzert von Metallica oder dem immer noch aktiven Iggy Pop zu finden und einfach hingehen zu können. Ohne die Frau zu fragen, ohne frei zu nehmen, ohne Rücksicht walten zu lassen. Es kam ihm alles unheimlich reizvoll vor. Zugleich geißelte er sich für diesen Gedanken, denn neben ihm lag seine Frau und ein paar Wände weiter schlummerten seine Kinder. ›Verantwortungsloses Schwein‹, sagte er zu sich selbst und zugleich spürte er einen irrsinnigen Zorn gegen diese Verantwortung und die Tatsache, keine Wahl mehr zu haben. Einen Zorn, der weit fieser und ganz anders war als der gespielte, wenn er bei den Feierabendproben seine Zähne als Johnny Rotten des schwäbischen Mittelstands fletschte …

Nach dem Konzert spricht Sabrina aus dem Marketing ihn an, als er von der Bühne steigt wie Mick Jagger, der sich die Groupies aussuchen kann.

»Das war großartig«, sagt sie und Thomas wischt sich mit einem Handtuch den Schweiß von der Stirn.

»Danke«, sagt er, »wir hatten ein tolles Publikum.«

»Die Mechanics sind nicht leicht zu spielen. Recht soft zwar, aber durchaus eine Herausforderung.«

Was war denn das für eine Bemerkung? Kennt die Frau sich etwa mit Musik aus? Thomas mustert sie noch einmal genauer. Sie ist unscheinbar, im selben Alter wie seine Gattin, kein junges Ding, das Vizechefs wie er dem Klischee nach sonst so vernaschen, sobald sie in die Midlife Crisis kommen.

»Ich hätte trotzdem gerne gesehen, wie ihr der Belegschaft mal The Clash vor den Kopf knallt. Wenigstens ein Stück. ›London Calling‹ oder was von ›Sandinista‹.«

Sie kennt »Sandinista«? Was ist denn das?

Ehe Thomas näher auf die Frau eingehen kann, die allein durch die Erwähnung der richtigen Platten für ihn attraktiver wird, kommt seine Gattin vorbei und sagt: »Hallo, ich bin Bianca, Thomas' Frau! Er war gut, nicht wahr?«

Sie sieht Sabrina so freundlich an, dass Thomas es als provozierend empfindet, küsst ihn und nimmt seine Hand. »Komm, dein Sohn will dir auch gratulieren.« Aus der Ferne winkt sein Junge, ein Malzbier in der Hand. Es rührt ihn, aber zugleich ist er sauer auf seine besitzergreifende Frau. Nicht mal »one minute of fame« gönnt sie ihm. Schnell zurück zur Familie, Probe bis 22:30 Uhr, dann pünktlich zu Hause sein. Thomas verabschiedet sich von Sabrina und lässt sich von seiner Gattin zum Familientisch ziehen.

Ein paar Tage später blinkt auf Thomas' Bildschirm das Symbol für neue Mails im Posteingang. Er klickt ihn an, überfliegt die üblichen geschäftlichen Anfragen und spürt zum ersten Mal seit seinen Teenagerjahren einen Kick seines Herzens, als er eine Mail mit dem Absender »Sabrina Murr / Marketing« und dem Betreff »Sandinista!« entdeckt. Er klickt den Posteingang weg. Was ist denn das? Wie kann er so etwas empfinden? Sein Herz rast. Er ist erschrocken über sich selber. Er hat ein schlechtes Gewissen. Er klickt den Posteingang wieder an.

»In der Mittagspause Zeit zum Plattenhören?«, steht da, »Sagen wir 12:30 Uhr bei Martini?«

Martini ist der letzte unabhängige Plattenhändler der Stadt. Ein skurriler Mann ohne Haare, der riesige, großmutterhafte Brillen trägt und scheinbar von roten Zahlen leben kann wie Vampire von rotem Blut. In seinem kleinen Laden, in dem die Kunden sogar rauchen dürfen, hockt er, seit Thomas dort selber als Teenager seine ersten relevanten Platten kaufte. Wie lange war er schon nicht mehr da? Wann hat er überhaupt zuletzt mal ein aktuelles Album gekauft? Die Stooges haben sich vor eineinhalb Jahren wiedervereint und nicht mal deren neue Platte hat er sich zugelegt.

»Okay, gerne!«, tippt er als Antwort und sendet sie ab, noch bevor er es sich anders überlegen kann.

Seit diesem Tag treffen sich Sabrina und Thomas um 12:30 Uhr bei Martini, hören Platten, essen Brötchen und fachsimpeln mit dem kleinen Mann darüber, ob AC/DC mit Brian Johnson etwas taugen und ob man die neue Platte der Stooges überhaupt braucht oder nicht. Danach gehen sie wieder zur Firma. Darüber, ob man die neue Stooges braucht, sind sie sich nicht einig, aber gekauft haben sie sie beide. Als Thomas sie eines Abends daheim in seinem Büro laufen lässt und am Bildschirm ein paar digitale Familienfotos des letzten Urlaubs zurechtschneidet, die seit Monaten unbearbeitet auf der Platte liegen, kommt Bianca ins Zimmer, schmiegt sich von hinten an, legt den Kopf auf seine Schulter, schaut auf den Monitor und sagt: »Unsere Mittenwald-Fotos!« Sie freut sich, sie hätte das nicht gedacht. Sie scherzt: »Was ist los? Das liegt doch sonst zwei bis drei Jahre, bis du das machst. Bist du krank? Und was ist das für ein Getöse?«

Er rollt mit den Augen, seufzt und schiebt ihren Arm weg. Dann sieht er sie über seine Schulter hinweg an und sagt: »*Das* ist kein Getöse, das sind die großen Stooges und nein, ich bin nicht krank.« Das klang giftiger, als er es wollte. Sie tritt einen Schritt zurück und hebt die Hände. »Ist ja gut. Meine Güte …« Sie wartet einen Moment, dann schnüffelt sie.

»Sag mal, hast du geraucht?«

Sie raucht nicht und er auch nicht mehr, seit sie sich kennen. Er vermisst es überhaupt nicht, er war lediglich bei Martini im Laden. Dennoch regt es ihn furchtbar auf, wie sie das fragt. »Nein, Mama, habe ich nicht«, sagt er.

Seine Gattin geht zur Anlage, dreht die Stooges leiser und sagt: »Was ist denn los mit dir? Habe ich was falsch gemacht, oder was?« Er dreht sich im Schreibtischstuhl um: »Nein, du machst nie etwas falsch, *nie*. Das ist es ja! Du bist eine Ausgeburt von Vernunft und Redlichkeit. Hast du eigentlich jemals als Mädchen irgendwas Verrücktes getan oder warst du schon mit 14 Phil-Collins-Hörerin?«

Was ist bloß mit ihm los? Er glaubt selbst nicht, dass er das sagt, zu seiner Frau, die ihm nähersteht als irgendjemand sonst und die selbst es doch war, die ihn vor zwölf Jahren dazu überredet hat, mit dem Rucksack nach Ecuador aufzubrechen, während er zauderte und zögerte und lieber weiter im sicheren Probebunker mit seiner damaligen Band Drei-Akkorde-Lieder geprobt hätte, weil Vier-Akkorde-Lieder bereits zu verwegen waren. Seine Frau weicht ein Stück vor ihm zurück, als müsse sie Abstand gewinnen, um genauer hinsehen zu können, was los ist.

»Ist dir dein Auftritt von neulich zu Kopf gestiegen, oder was?«

Er winkt ab und schnauft, wie er es bei Männern in schlechten Filmen gesehen hat. »Sicher«, sagt er, »ich habe ja nie etwas anderes gewollt als auf Bühnen zu stehen und irgendwelche anderen Frauen zu vögeln!«

Seine Frau zieht eine Augenbraue hoch. »Davon habe ich keinen Ton gesagt.«

»Aber gemeint«, sagt er und spricht eigentlich von sich selbst. Das ist wieder so ein Moment, wo er sich wünscht, wie bei den schlechten Filmen auf dem Festplattenrekorder zurückspringen und die Szene noch einmal neu beginnen zu dürfen. Er denkt daran, wie sie und er vor zwölf Jahren mit ihren Rucksäcken Hand in Hand am Ufer des Rio Napo standen. Das war besser als der Proberaum. Was macht er bloß gerade?

»Aha«, sagt sie nur noch, geht Richtung Tür, will schon hinaus, hält dann aber an, geht zu seiner Anlage und dreht wortlos die Stooges wieder so laut, wie er sie vorher eingestellt hatte. Dann geht sie.

Die Wirklichkeiten überlagern sich für Thomas mit jedem Tag mehr. Mit jedem Tag, dessen Mittagspause er mit Sabrina im verqualmten Plattenladen von Martini verbringt. Die wirkliche Wirklichkeit, die er seit über einem Jahrzehnt mit seiner Frau und seinen Kindern lebt, und die gedachte Wirklichkeit, die es noch oder wieder geben könnte, wenn dem nicht so wäre. Er denkt an Ecuador und den Rio Napo, an den ersten Spatenstich des eigenen Gartenteiches und die leuchtenden Augen der Kinder, als sie das erste Mal die Fische fütterten. Er denkt daran, wie seine Frau es liebt, wenn er ihr abends vor dem Einschlafen aus dem »Herrn der Ringe« vorliest, und zwar immer wieder seit zehn Jahren; sie haben schon sieben ganze Durchläufe geschafft und wenn er ehrlich ist, freut er sich schon jetzt auf die nächsten sieben. Zugleich hat er Angst davor, dass es bis zum Lebensende »Herr der Ringe«-Durchgänge gibt, eine Angst, wie er sie zuletzt kurz vor der Hochzeit hatte und wie sie jetzt wieder geweckt wurde, seit Sabrina ihm über die Fächer von Martinis Laden alte Platten von Velvet Underground entgegenhält und dabei strahlt wie eine 19-Jährige.

»Was ich an Lou Reed liebe, ist, dass er bei all seinem Zynismus immer mit den Kaputten und den Gescheiterten mitfühlt«, sagt Sabrina und tippt auf die LP, die sie in der Hand hält. Martini spielt derweil hinter der Theke John Coltrane und raucht. »Umgekehrt hat er Journalisten immer wie Dreck behandelt oder im besten Falle veräppelt. Hat sie extrem detailliertes Zeug zu seinem Werk gefragt, das man höchstens als jemand wissen kann, der eine Doktorarbeit zu ihm schreibt, und sie dann auflaufen lassen.«

Thomas sieht sich diese Frau an und fragt sich, wie das sein kann, dass er sich so verliebt fühlt, als sei er wieder 17 Jahre jung und hielte den richtigen Musikgeschmack und genaue Kenntnisse der alternativen Rockgeschichte für die wichtigsten Eigenschaften eines Menschen. Es ist doch nicht so. Sein hagerer Bassist Hendrik hat doch Recht, wenn er »Over My Shoulder« genauso selbstverständlich spielt wie »Anarchy In The UK«. Im Leben kommt es nicht darauf an, ob man sich für Lou Reed oder Phil Collins entscheidet, sondern darauf, dass man am Ufer des Rio Pano beschließt, zusammenzugehören, spontan die Hand seines Mädchens nimmt und sie fragt, ob sie einen heiraten will. Es kommt darauf an, dass dieses Mädchen mit einem durch dick und dünn geht, die eigenen Kinder zur Welt bringt und selbst dann noch zu einem hält, wenn man den Tod des eigenen Vaters zum Vorwand nimmt, sich ungefähr zwei Jahre länger, als es normal gewesen wäre, in hohen Dosen von Selbstmitleid und Whiskey zu suhlen. Darauf kommt es an, und nicht auf eine lose Sympathie zu Lou Reed. Aber – mein Gott –, findet er diese Sympathie sexy. Er nimmt die Platte entgegen, die sie ihm rüberreicht, und berührt dabei ganz zufällig ihre Hand, so zufällig, wie man es als Teenager gemacht hat. Dass er diese Hand auf dem Rückweg zur Firma aktiv hält, kann er selber nicht fassen, ebensowenig wie den Schauer, der ihn dabei überkommt. Es ist die Euphorie unendlich offener Möglichkeiten, die er von früher kennt. Nur dieses Mal mischt sie sich mit dem Wunsch, sich augenblicklich in den Straßengraben zu stürzen, weil man diesen Irrsinn niemals hätte anfangen dürfen.

Zehn Jahre später.
Thomas' mögliche Zukunft, Variante I

Thomas sitzt in seinem Büro vor dem großen Flachbildschirm und beantwortet Mails. Es ist jetzt zehn Jahre her, dass Sabrina und er weitergingen als bis zum Händchenhalten nach dem täglichen Besuch in Martinis Plattenladen. Zehn Jahre her, dass er seiner Frau eröffnete, er könne so nicht weiterleben, mit Kindern, Carport, einem bis ins Alter von 68 Jahren durchzuziehenden Job und Mike Rutherford in der Stereoanlage. Rechts neben dem Bildschirm, wo früher das Bild seiner Frau und seiner Kinder stand, steht jetzt ein Bild von Sabrina und Patrick, dem neuen Sohn, mit dem er alles noch einmal durchleben durfte, von der Nacht im Kreißsaal über das erste erfolgreiche Laufen und die Beulen im Kindergarten bis zur Einschulung und Patricks erstem Akkord auf der akustischen Gitarre. Er hat das genossen, während er seine älteren Kinder regelmäßig traf und besuchte; sie entschieden sich für Jura und ein Lehramt in Biologie und Chemie und sind unmusikalisch wie ihre Mutter, aber trotzdem ertappt er sich seit einiger Zeit dabei, sie immer noch stärker für »seine« Kinder zu halten als Patrick, der ihn zu Tränen rührte, als er mit sechs Jahren das erste Mal vor einer Aufnahme des ganz frühen Eric Clapton saß und seinen Papa mit leuchtenden Augen ansah. Er liebt Patrick, er freut sich schon jetzt darauf, was aus ihm wird, und doch sieht Thomas jeden Tag den gedachten Abdruck-Schatten des alten Familienfotos auf seinem Schreibtisch, in den das neue niemals ganz hineinpassen wird. Mein Sohn Patrick ist wie Brian Johnson bei AC/DC, denkt er sich dann innerlich und geißelt sich dafür, denn so gut Brian Johnson auch ist, er wird eben immer »der Neue« bleiben. Er wird nie Bon Scott.

Das Telefon klingelt, eine hausinterne Nummer aus dem Marketing. Es ist Sabrina.

»Ja, Schatz?«, sagt er und sie legt direkt los, statt ihn zu begrüßen. »Du müsstest nachher noch in der Werkstatt vorbeifahren, vergiss das bitte nicht. Außerdem hat mich der Henke von Asstell heute zum zehnten Mal gefragt, wie wir das mit der Aufstockung der Hausratversicherung regeln wollen. Ich hasse so was, du weißt, dass du das regeln sollst. Du bist der Solide von uns beiden!«

Wie er das hasst, wenn sie das sagt.

Und wie Recht sie damit hat.

Gemeinsames Interesse für Musik hin oder her – Thomas ist auch in dieser Ehe der »Solide« geblieben. Seine neue Frau kennt das Frühwerk von Lou Reed auswendig, trank schon kurz nach der Geburt mit Genuss wieder ihr erstes Bier und schleppt ihn immer noch auf rund 55 Konzerte pro Jahr. Aber er ist in dieser Ehe der Solide geblieben.

»Ja ja, ich ruf den an«, sagt Thomas müde.

»Ja ja sagst du immer«, antwortet Sabrina, »ja ja heißt, dass es sich wieder eine Woche hinzieht.«

»Ich mach es okay, Herrgott!« Thomas schreit. Das wollte er nicht. Das kommt in letzter Zeit allerdings öfter vor. Die Wut, die er Sabrina gegenüber empfinden kann, ist stärker als jede Wut, die er Bianca gegenüber je hatte. Stärker, aber weniger intim. Manchmal passiert es, da sieht er sie an und hat das Gefühl: ›Oh mein Gott, ich lebe seit zehn Jahren eine Ehe mit dieser Frau? Wo ist denn meine eigentliche geblieben? Es kommt mir vor, als wäre es gestern gewesen.‹

»Spiel heute mal ein paar Songs mehr bei eurer Probe«, sagt Sabrina. »Damit du deine miese Laune loswirst.« Sie legt auf. Das Bild von ihr und Patrick auf dem Schreibtisch steht mit seinem dünnen Rahmen in der ausgebleichten Fläche seines Vorgängers.

Nach der Arbeit bringt Thomas den Wagen in die Werkstatt. Es ist immer noch ein silberner SUV, und als der Mechnaniker ihn auf der Hebebühne hochgefahren hat, darunter den Boden ausleuchtet und währenddessen mit Thomas Small Talk macht, als wäre er ein stinknormaler Mann, denkt sich Thomas: ›Ich *bin* immer noch ein stinknormaler Mann. Ich fahre weiterhin SUV, ich bin Vizechef des Unternehmens, bis der Chef den Löffel abgibt, ich habe ein Kind, eine Feierabendband und eine Frau, die durchklingelt und ohne Begrüßung aufzählt, was noch erledigt werden muss. Das Einzige, was sich geändert hat, ist, dass diese Frau ebenfalls 3500 Platten mit in die Ehe brachte, die Sammlung nun 7000 Werke enthält und keines davon aus der Feder von Mike & The Mechanics stammt. Außerdem ist der Carport mit Stickern von Velvet Underground beklebt. Besser gesagt: Mit einem in Blech gravierten Logo von Velvet Underground, das Sabrina und er sauber angenagelt haben. So viel Anstand muss schon sein.

»Ja, die alten Sachen waren schon besser«, seufzt jetzt der Automechaniker unter dem klobigen SUV und Thomas versteht zunächst nicht, was er meint, da er diese Bemerkung nur aus Gesprächen über Rockbands kennt. Der Mechaniker meint das Auto. Er klopft mit dem Schraubenschlüssel gegen dessen Unterboden. »Hier, schon Rost überall. Bei einem alten Mustang hätten Sie das nicht. Na ja, nichts für ungut, aber diese Modelle sind ja auch eigentlich keine Jeeps. Sie sind die Simulation eines Geländewagens. Die echten Geländewagen hat man für eine Kopie aufgegeben, und jetzt stellt man fest, dass man mit dieser niemals so weit kommt, wie's mit dem Original gegangen wäre.«

Thomas antwortet nichts darauf, nickt aber immer noch innerlich, als der Mechaniker längst weg ist und er an der Kasse neben dem Grabbeltisch mit schlechten Autorennspielen seine Untersuchung bezahlt.

Daheim sitzt ein fremder Mann am Küchentisch. Es ist Herr Henke von der Versicherung.

»Ah, da bist du ja«, sagt Sabrina, »ich habe Herrn Henke spontan eingeladen, damit wir das mit der Hausratversicherung jetzt einfach gleich erledigen.«

Thomas steht vor seinem eigenen Küchentisch an seinem eigenen Feierabend, der ohnehin schon durch den Werkstattbesuch angebrochen ist und dessen Rest er nun anscheinend auch nicht frei verbringen darf, und merkt, wie seine Ohren heiß werden. Wenn seine Ohren heiß werden, kommt die Wut wieder, und wenn die Wut kommt, kann er sie mittlerweile nur noch schwer kontrollieren.

»Ja, okay«, sagt er erstmal, gibt Herrn Henke die Hand und setzt sich an den Küchentisch, innerlich kochend. Herr Henke plappert Zahlen und Modelle daher und Thomas hört nicht zu, weil es doch ohnehin nur darauf hinausläuft, dass sie am Ende mehr bezahlen, Tausende von Euro über Jahre in die Versicherung fließen und diese dann nie in Anspruch genommen wird. Er sagt »hmmm« und »ja« und »aha« und am Ende verabschiedet er Herrn Henke mit den Worten: »Ich gebe Ihnen dann in einer Woche Bescheid.«

Sabrina, die eben noch Vorfreude auf eine Zeit ohne diese unerledigte Sache hatte, sackt in sich zusammen. Dann schimpft sie. Sie nimmt keine Rücksicht darauf, dass Herr Henke noch im Raum steht. Sie sagt: »Was soll das denn jetzt? Herr Henke hat uns doch gerade alle Optionen dargelegt. Er ist doch extra den weiten Weg gekommen, damit die Sache hier und jetzt erledigt wird.«

Jetzt will auch Thomas keine Rücksicht mehr nehmen. Er schimpft zurück: »Herr Henke ist aus der Innenstadt gekommen, vom Südring, das ist kein weiter Weg. Und ich unterschreibe nichts ohne zu überlegen, deswegen bin ich Vizechef eines Unternehmens und du nur Marketingbienchen.« Oh nein, das wollte er so nicht sagen. Herr Henke tippelt herum, es wird ihm unangenehm. »Kein Problem, denken Sie beide ruhig noch nach, es ist kein Problem.«

»Nein, das wird jetzt gemacht«, sagt Sabrina und sie wird fast ein wenig hysterisch dabei, als liefen sämtliche offenen Fäden des Zorns, die sie in den letzten Jahren auf Thomas angestaut hat, an diesem einen Abend zusammen. Thomas knüpft genauso an seinem Knoten. Er denkt kurz daran, dass Patrick irgendwo im Haus ist, wahrscheinlich unten im Keller, Gitarre üben. Er denkt, dass er diesen Jungen auf jeden Fall vermissen wird, und in dem Moment wird ihm bewusst, dass er sich bereits vorstellt, wie es ohne Sabrina wäre. Wenn er ehrlich ist, stellt er sich das seit zwei Jahren vor. Er liegt dann wach neben ihr, starrt an die Decke und wird das Gefühl nicht los, dass über allem, was er in den letzten zehn Jahren erlebt hat, ein Grauschleier lag. Er versucht im Geiste, die 7000 zu *einer* Sammlung vermischten Platten wieder manuell aufzulösen, und fragt sich, wie das überhaupt gehen sollte. Dann macht er sich Vorwürfe, aber dieses Mal macht er sie sich fast nur wegen seines Sohnes, nicht wegen seiner Frau. »Seine« Frau hat er vor über zehn Jahren verlassen und dann noch mal das Leben als Gatte und Vater wiederholt, als Kopie, und der Automechaniker hat Recht: So reizvoll das neue Modell auch aussah, mit dem Original hätte man viel länger fahren können. Thomas denkt daran, dass er bald 52 wird. Bald verkauft ihm niemand mehr Neuwagen. Er schluckt alles hinunter, setzt sich an den Küchentisch, unterzeichnet willkürlich das Versicherungsmodell 2 von 3 und sagt: »So, erledigt.« Dann geht er wortlos in den Keller zu seinem Sohn.

*

Thomas spielt »Over My Shoulder«. Mittlerweile kann er es fassen, denn vor zehn Jahren hat er es beim Firmenjubiläum auch getan, da kann er es auf dem 60. Geburtstag seines Chefs wieder machen. Uwe und Hendrik bilden weiterhin seine Band und er hat sich ihnen angenähert. Er hat sogar begonnen, im Büro oder im Auto die Velvet-Underground- und Punk-CDs von Sabrina beiseite zu packen und heimlich Musik von Mike Rutherford zu hören, weil er wüsste, wie sie das hassen würde. Sie, die große Rebellin, die ihn damals mit zu Martini nahm und heute jeden Tag eine Liste von Forderungen an den Gatten aufstellt wie eine typische, Peter Maffay hörende Hausfrau.

Die Bühne heute ist niedriger als damals auf dem Firmenfest, sie steht in der Ecke des schönen Veranstaltungsraumes eines

Yachthafens und direkt neben der linken Box zwinkert ihm eine Frau aus dem Verkauf zu, Vanessa, fünfzehn Jahre jünger als er, so lässig wie elegant gekleidet und mit einem Funkeln in den Augen gesegnet, das ihn fast seinen Text vergessen lässt. Sie müssen sich häufig firmeninterne Geschäftsmails schreiben, doch seit drei Wochen haben diese Mails kleine private PS' bekommen, unverfängliche Scherze und Fragen, die Thomas allerdings den Tag versüßen. Sabrina steht draußen auf der Terrasse, raucht und plaudert mit anderen Frauen aus dem Controlling, die ebenfalls alle Kinder haben. Als dieses Set zu Ende geht, muss Thomas nicht einmal von der Bühne steigen, um sich von ihr ansprechen zu lassen.

»Das hat mir gefallen«, sagt Vanessa und schafft es, ohne weitere Mimik der Gesichtsmuskeln nur mit den Augen so viel Lust aufs Leben zu erzeugen, wie Thomas sie seit Jahren nicht mehr erlebt hat.

»Danke«, sagt er, »ein bisschen seicht, aber interessant zu spielen.«

»Ich mag's«, sagt Vanessa, »das Leben ist schon hart genug, da muss es die Musik nicht auch noch sein.«

Früher hätte Thomas eine Frau für diesen Satz belächelt, aber heute Abend findet er ihn unglaublich weise. Weise und süß. Während er das denkt, wird ihm klar, dass er nicht flirten darf, dass er eine Frau und einen Sohn hat, der bald aufs Gymnasium geht. Ihm wird klar, dass diese *Möglichkeit* überhaupt nicht mehr besteht. Ehe Thomas näher auf Vanessa eingehen kann, deren kleine, pfiffige Lebensweisheit ihm wie eine Befreiung vorkommt, nähert sich seine Gattin Sabrina und sagt: »Hallo, ich bin Sabrina, Thomas' Frau! Er war gut, nicht wahr?«

Thomas hebt die Hände, sagt aus heiterem Himmel in sehr ärgerlichem Tonfall »Ja ja, ich geh ja schon!« und läuft zum Familientisch.

Am nächsten Montag lädt er Vanessa per Mail das erste Mal zu einer Mittagspause außerhalb der Firma ein …

Zehn Jahre später.
Thomas' mögliche Zukunft, Variante II

Thomas sitzt in seinem Büro vor dem großen Flachbildschirm und beantwortet Mails. Seit Sabrina und er vor zehn Jahren die Firma verlassen haben und gemeinsam eine PR-Agentur für junge, aufstrebende Rockbands eröffneten, hat er diesen Schreibtisch im Grunde nicht mehr verlassen. Es ist derselbe wie in seinem alten Leben, seinem alten Haus, seinem ehemaligen Zuhause. Er hat ihn nicht ausgetauscht und er muss immer noch schlucken, wenn er daran denkt, wie seine ehemalige Frau ihn angesehen hat, als er ihr an diesem Schreibtisch eröffnete, dass er so nicht mehr weiterleben könne, mit Kindern, Carport, einem bis ins Alter von 68 Jahren durchzuziehenden Job und Mike Rutherford in der Stereoanlage. Er muss sich kneifen, sich selbst beißen, sich die Handballen tief in die Augäpfel drücken, um zu vergessen, wie in ihren Augen binnen Sekunden eine komplette Welt zusammenbrach und sie ihn ansah, als sei ein anderer aus ihm herausgestiegen und hätte den Menschen, der er war, wie eine alte Hülle abgeworfen.

»Was ist hier mit den Aufnahmen von Salad Bowl?«, fragt Sabrina und kommt dabei mal wieder ungefragt ins Büro gestürmt. Wie er das hasst. In seiner Anlage läuft Mike & The Mechanics, eine Liveaufnahme von 2004. Er braucht ab und zu derart leichte Kost, da ihn das ständige Hören lauter, schräger und aggressiver Demo-CDs von Nachwuchsbands mürbe gemacht hat. Sabrina rümpft die Nase. »Mike & The Mechanics?«, sagt sie und er denkt daran, wie sie ihn damals vor zehn Jahren nach dem Auftritt mit der Betriebsband angesprochen hat. Sie hat das wohl vergessen. Sie vergisst ohnehin vieles, ist häufig fahrig und abwesend, trinkt gerne zwei über den Durst und hat überhaupt nichts im Griff. So etwas merkt man erst, wenn man mit jemandem zusammenlebt. Heirat war für sie auch nach seiner Scheidung absolut kein Thema. Er hat sich nicht einmal getraut, es zu erwähnen, da sie ihn nur damit aufgezogen hätte, dass er seine Spießerseele noch immer nicht ganz abgelegt hat.

»Die müssen mit ihrem komischen Produzenten Bolz da in einer Woche fertig werden, sonst platzt die Option von Bobby Car Records.«

Thomas dreht sich in seinem Stuhl um und regt sich auf: »Wenn ich das schon höre, Option von Bobby Car Records!!! Bobby Car Records sind ein Ein-Mann-Unternehmen! Der Typ sitzt in einer Werkstatt hinter der Zeche und kassiert immer noch BAföG für nichts. Der hat keine Optionen zurückzuziehen! Optionen haben eine Bedeutung, wenn sie von der EMI geäußert werden und nicht von irgendeiner Hinterhofklitsche, deren Chef noch den Flaum auf den Lippen hat!«

Sabrina weicht einen Schritt zurück. »Boah, hat der Herr wieder eine Laune heute!«

Thomas kann nicht anders. Er schimpft seit Monaten regelmäßig, im Grunde seit Jahren. Während der Live-Konzerte der Bands, die Sabrina und er promoten, setzt er sich regelmäßig nach draußen ab, geht mit einem Bier in der Hand durch das nächtliche Stadtviertel des Clubs und denkt darüber nach, was er früher hatte. Denkt an seine Kinder, die schon ihr Studium aufgenommen haben, und seine Frau, die einen neuen Mann gefunden hat, einen Kulissenbauer vom Theater, der mehr Showbusiness ist, als er selbst jemals war, aber anscheinend in sich ruht. Thomas ruht nicht. Thomas spaziert um den Club herum, in dem es dröhnt und scheppert, und fragt sich, ob das jetzt endlos so weitergeht. Die schlechten Konzerte, die mühsamen Verhandlungen mit winzigen Independent-Labels, die ihm eine seiner Bands für Beträge abkaufen, mit denen man früher nicht mal die Ersatzmotoren aus den Schrottmarkisen hätte bezahlen können.

»Salad Bowl sind eine Katastrophe!«, brüllt er Sabrina jetzt an, obwohl er heute noch den Schauer spüren kann, den er empfand, als sie das erste Mal bei Martini im Laden seine Hand berührte. »Sie spielen nicht miteinander, sondern jeder scheppert für sich selbst vor sich hin. Sie singen deutsch und englisch, ohne sich entscheiden zu können, und was sie singen ist krudes, unverständliches, schizoides Zeug. Der Bolz produziert sie so Lo-Fi, dass höchstens Superhelicopter oder Hammerhead sie mit auf Tour nehmen würden, aber Hammerhead gibt es nicht mehr und Superhelicopter sind die Originale, die brauchen keine Kopien von sich selbst als Vorband.«

Sabrina geht zur Anlage und dreht die aus ihrer Sicht grauenhaft überproduzierten Mike & The Mechanics leiser. Sie bellt zurück: »Was hast du nur für eine berechnende, kommerzielle Denke angenommen? Ich denke, wir machen das hier aus Liebe zum wahren Rock-'n'-Roll!«

»Scheiße machen wir!«, schreit Thomas und tritt seinen Schreibtischstuhl zu Boden, so dass Sabrina ihn ansieht, als komme ein anderer aus ihm heraus. Er erinnert sich daran, wie er sein Leben mit seiner Frau beendet hat, was er niemals hätte tun sollen. Er muss wieder Optionen haben, und zwar nicht die, die ihm Bobby Car Records vorlegen. Deshalb schreit er: »Wir machen uns was vor! Wir reden uns ein, Inkompetenz wäre künstlerische Radikalität! Wir schreiben jedes Jahr rote Zahlen und halten uns deswegen für Helden des Undergrounds! Dabei sind wir beide bloß Witzfiguren!«

Sabrina treten Tränen die Augen. Sie geht langsam rückwärts aus der Tür, als erwarte sie von ihm, sie gleich niederzuschlagen. Er weiß, dass nur noch ein einziger Satz fehlt, bis er im Leben wieder alle Optionen hat und sie für immer geht. Der Satz fällt ihm ein. Er sagt: »Lou Reed würde sich für das schämen, was du aus uns gemacht hast. Er würde ausspeien davor!«

Sie zittert, die Klinke der Tür in der Hand.

Dann geht sie.

Er zittert auch. Einerseits so, wie ein Mann zittert, der töten musste, weil es nicht anders ging. Andererseits vor Erregung darüber, dass sich nun wieder ein freies Leben vor ihm auftut, ein Leben als Teenager, ein neuer Anfang mit allen Möglichkeiten. Dann denkt er daran, dass er 52 ist, stellt sich vor, wie er als schmieriger Gigolo, der sich Frauen kauft, im Hinterzimmer eines Casinos enden wird, hebt seinen Stuhl auf, setzt sich hinein, rollt zur Anlage und dreht Mike & The Mechanics wieder lauter. Es kommt »Over My Shoulder«. Er weint.

? Warum ist das so?

Thomas mag zwar körperlich wachsen, saust seelisch aber immer noch wie an einem Gummiband gezogen in die Haltung eines Adoleszenten zurück und das, obschon er bereits Vater und Geschäftsmann ist. Wie schwer muss das Erwachsenwerden da erst den jüngeren Männern fallen, die nicht durch Familientradion und sanften Zwang zeitig die Kurve ins Bürgerliche kriegen? Ich darf bestätigen: sehr schwer.

Als etablierter Schriftsteller biete ich nebenberuflich Seminare zum Schreiben von Romanen und zur Wirklichkeit des Literaturbetriebs an. In diesem Zusammenhang lese ich pro Jahr Dutzende unveröffentlichter Manuskripte von Männern zwischen 30 und 55 Jahren und habe dabei Folgendes festgestellt: In 90 % der Fälle handeln diese von Antihelden, die sich bis ins hohe Alter »alle Optionen« offenhalten wollen und daran zugrunde gehen, schließlich gar kein Leben richtig gelebt zu haben. Hier ein prototypisches Zitat einer solchen Romanfigur aus dem noch unveröffentlichten Roman »Einmal verschlafen und zurück« von Ulf Kneiding:

> »Nun saß mir diese gebündelte Lebensfreude gegenüber, kaum älter als ich, Mutter zweier Kinder und Hausbesitzerin in spe. Beiläufig plauderte sie darüber, wie wichtig sie es finde, Ziele zu haben. Sie erzählte mir von ihren: erstens das Haus – Parkett hier, Tapete da, große Kinderzimmer und endlich eine große Küche. Zweitens, quatsch, erstens! Erstens die Kinder. Das Haus ist eigentlich unwichtig! Meine Kinder sind das wichtigste.« (…)
> Ich war sprachlos. Was sollte ich auch dazu sagen? Keine Erfahrung, keine Absichten, keine Möglichkeiten, keine Ahnung. Meine Bewun-

derung für diese selbstverständliche Bereitschaft zur Selbstaufgabe wuchs mit jedem ihrer Worte. Ebenso wuchs der Zwiespalt zwischen der Abneigung gegen eine so festgefahrene Lebenskonstruktion und der Sympathie für diese Frau, die so genau wusste, was sie wollte und wer sie war.«

Der moderne Mann weiß das allzuhäufig nicht. Es wäre nun ebenso leicht wie angebracht, diesen suchtartigen Drang nach ewig offenen Optionen wieder mal komplett auf die penetrante Dauerjugendlichkeit und das destruktive Bäumchen-wechsel-dich der 68er zu schieben. Aber: So ein Programm ist nur die Software, die auf eine entsprechende Hardware treffen muss, um überhaupt laufen zu können. Mann muss anfällig sein dafür oder, um in der Computermetaphorik zu bleiben, kompatibel. Es muss einen Charaktertypus oder eine ganz bestimmte seelische Konstitution geben, die dafür sorgt, dass der eine ohne Probleme einen bestimmten Lebensweg einschlägt und in ihm glücklich wird, während der andere krampfhaft versucht, bloß niemals irgendwo anzukommen und für immer nur auf der Reise zu bleiben. Und in der Tat: Diese Konstitution gibt es.

Das »Nie-Skript«

Der bereits zitierte Psychologe und Erfinder der Transaktionsanalyse Eric Berne ging davon aus, dass die meisten Menschen einem tief in ihnen verborgenen Drehbuch folgen, einem Lebensplan, der ihnen nicht bewusst ist, einem so genannten Skript. Dieses Skript sorgt dafür, dass sie in jedem Fall so handeln, dass sich das Drehbuch bis hin zum Showdown erfüllt. Ist es ein tragisches Skript, kann dieser Showdown durchaus Selbstmord oder – »weniger schlimm« – Alkoholismus, Depression, Rückzug oder Gefängnis lauten. Skripts erklären, warum viele Menschen die gleichen Fehler ständig wiederholen und augenscheinlich nicht lernfähig sind. Sie erklären, warum Menschen mit offenen Augen in ihr Verderben rennen, obwohl alle um sie herum ganz klar erkennen können, was los ist. Sie erklären, warum wir in bestimmten Situationen immer gleich handeln, als hätten nicht wir das Heft in der Hand, sondern ein Autopilot, dem wir das Steuer übergeben. Skripts werden in der Kindheit eingepflanzt, und das nicht einmal durch bösen Willen. Sie entstehen durch Überzeugungen unserer Eltern in Form unbedacht geäußerter Bemerkungen oder Phrasen wie »Am Ende bist du immer der Dumme!« oder »Du darfst in dieser Welt niemals Schwäche zeigen!«. Oft meinen Eltern diese grundsätzlichen Prämissen nicht einmal wörtlich. Sie sind eine Form von Small Talk und Stammtischweisheit, aber vom kindlichen Gehirn werden sie als wahr interpretiert. Das kindliche Hirn filtert den Kontext weg, all die Ironie, die Meta-Ebenen, das Wissen darum, dass das alles doch »nicht so ernst zu nehmen ist«. Ein kleiner Junge versteht nicht, wie ernst es Mutter meint, wenn sie ihm im Bekanntenkreis den Kopf tätschelt und sagt: »Hach, ich weiß auch nicht, im Grunde soll mich mein Kleiner niemals verlassen. Ich wüsste nicht, wie ich ohne ihn leben sollte.« Ein Vater weiß nicht, was er anrichtet, wenn er sagt: »Wenn ich erst mal die Rente durch habe, dann werde ich ein freier Mann sein.« Im Kind werden solche Bemerkungen zu Lebensplänen. Tief pflanzt sich in der Seele ein: »Bleibe ewig ein Muttersöhnchen, andernfalls bringt sie sich um. Du bist alleinverantwortlich für das Glück deiner Mutter.« Oder eben: »Das Leben ist ein einziges Mühsal, bis eines Tages die Rente eintritt. Vorher herrscht nur Leid.«

Letzteres Beispiel nennen die Forscher und Therapeuten der Transaktionsanalyse ein »Bis-Skript«. Ich darf *erst* frei sein, *wenn* ich die Rente erreicht habe. Ich darf *erst* entspannen, *wenn* ich acht Stunden harte Arbeit absolviert habe. Ich darf *erst* ein selbstständiger Mensch werden, *wenn* meine Eltern tot sind. Es dauert also immer *bis* zu einem Zeitpunkt X, bevor Freiheit und Selbstbestimmung eintreten.

Unser Fall – die Sucht nach ewig offenen Optionen und die Unfähigkeit, irgendwo anzukommen – entspricht zu 100 % der Struktur des so genannten »Nie-Skripts«. Dieses Skript entsteht dann, wenn Eltern im Kindesalter häufig Handlungen unterbinden, die das Kind gerade gerne ausführen würde oder ganze Lebensmodelle für etwas erklären, das man gerne »versuchen« kann, das aber grundsätzlich immer nur anderen gelingt. Solche Familien haben einen hohen theoretischen Anspruch an Lebensglück, Liebe oder Gesundheit und wissen ganz genau, dass dieser in der Wirklichkeit nie ganz zu erfüllen ist. Dennoch streben sie immerfort danach und leiden dabei. Ihr bevorzugter »Antreiber« (so nennen Transaktionsanalytiker innere Leitsätze) lautet »Sei stark!« oder »Versuche angestrengt!«. Die Betonung liegt auf »versuchen«. Wer ewig versucht, kommt niemals an, muss aber weiterkämpfen um sein Glück. Selbst aus einem Bis-Skript kann sich die Unfähigkeit zu Entscheidungen ergeben, etwa dann, wenn die Eltern nach der Überzeugung leben: »Ein Mann muss sich erst mal die Hörner abgestoßen haben, bevor er sich fest bindet.« Wer eine solche »Weisheit« schon als Junge eingepflanzt bekommt, wird lange bis ewig beziehungsunfähig bleiben, da bei jeder Partnerin der Gedanke an all die anderen Optionen des Hörnerabstoßens weiter mitschwingt. Trifft er gar die Frau seines Lebens als erste oder zweite Freundin, wird er »dank« seines Skripts alles dafür tun, die Beziehung oder Ehe wieder zu sabotieren, damit sein unbewusstes Drehbuch in Erfüllung geht und die innerlich abgespeicherten Eltern sagen können: »Siehste, haben wir doch gesagt, ein Mann muss sich erst die Hörner abstoßen.«

Das Bewegung gewordene Nie-Skript: Die 68er

Hier lässt sich dann der Bogen zur Kulturrevolution der Spät-60er und 70er-Jahre erneut schlagen. Schließlich wurde oben besagtes unendliches Hörnerabstoßen ohne jemals anzusteuernden Ehe- oder Familienhafen in dieser Zeit besonders propagiert. Diese Epoche prägte im Namen der sexuellen und seelischen »Befreiung« ihren eigenen, skripterzeugenden Antreiber, den Slogan: »Wer zwei Mal mit derselben pennt, gehört schon zum Establishment!« Seither hat jeder mit seinem Image zu kämpfen, für den im Gegenteil Monogamie und lebenslange Bindung Freiheit darstellen, nämlich die

Freiheit, von dem Druck der Millionen Optionen entlastet zu sein und jemanden an seiner Seite zu wissen, der nicht flatterhaft verschwindet, weil eine spontane Wallung ihm das gerade einredet. Selbstbestimmung gegenüber seinen Trieben und Launen gilt nicht mehr als Stärke, sondern als Spießigkeit und ahnungslose Selbstverleugnung. Versklavung seiner selbst an jeden spontanen Drift, der einen gerade aus der Bahn werfen und das aktuelle Leben zugunsten einer neuen Option zertrümmern will, gilt als Zeichen des Allzumenschlichen und Merkmal eines »authentischen Lebens«. Eine Umwertung aller Werte, zu der auch der Mythos des Rock-'n'-Roll beigetragen hat, der als Leitbild eines wirklich »gelebten« Lebens den dionysischen Rausch bis ins Greisenalter propagiert und für den »Authentizität« das wichtigste aller Schlagworte darstellt.

Nun ist es allerdings so – und das ist wiederum meine Erfahrung als Rockjournalist, der rund 1500 Plattenkritiken verfasst und an die 750 Interviews geführt hat: Nahezu jeder Rockmusiker, der tatsächlich bis ins greise Alter dabei ist, lebt ein Leben, das eben nicht vom Rumeiern zwischen den Optionen, sondern von Entscheidungen und Geradlinigkeit geprägt ist. Ich spreche von Familienvätern, die Tourneen um die Bedürfnisse von Frau und Kind herum organisieren. Von Männern, die jede Form der Drogensucht und der Exzesse erlebt, aber eben hinter sich gelassen haben. Von Musikern, die deswegen noch heute Höchstleistung bringen können, weil sie ihre Reunion-Tournee oder ihr 34. Studioalbum komplett nüchtern inszenieren. Brett Gurewitz – Gitarrist der legendären und erfolgreichen kalifornischen Punkrockband Bad Religion und Chef der Plattenfirma Epitaph, die zum größten unabhängigen Spieler in diesem Geschäft geworden ist – feiert mittlerweile drei Geburtstage. Seinen eigentlichen, sowie die beiden Tage, an dem es ihm gelang, von der Nadel wegzukommen, das letzte Mal, so wie's aussieht, endgültig. Besucht man ihn im Hauptquartier der Firma am Sunset Boulevard, erlebt man eine Synthese aus punkig-jugendlichem Betriebsklima und glasklaren, erwachsenen Geschäftsprinzipien. Dieser Mann bringt seinen Gästen zwar noch persönlich den Cappuccino an den

Konferenztisch und hat seinen Schreibtisch mitten zwischen den Angestellten, weiß aber dennoch, wie man Geschäfte macht und nutzt eine natürliche Autorität und sein Wort als letztes Gesetz. Angus Young von AC/DC spielt seit 35 Jahren auf der Bühne den frechen kleinen Jungen in Schuluniform, legt aber die Betonung auf »Spielen«. Privat führt er ein behagliches, ländliches Dasein in Australien und spendet große Teile seiner Einnahmen an Greenpeace, ohne diese Tatsache jemals eitel in den Vordergrund zu stellen und zu einer messianischen Geste zu machen. Das Traumpaar des harten, trockenen, angepissten Rocks – Gitarrist Josh Homme von den Queens Of The Stone Age sowie Brody Dalle von der Punkband The Distillers – zeigte den Redakteuren des Musikmagazins VISIONS in einer Titelstory von 2002 ihre was …? Genau, ihre Einbauküche!

Das ist die Realität. Und sie kommt lediglich bei denen schlecht an, die all die Exzesse und Abenteuer gerne ausprobiert hätten, das aber gar nicht oder höchstens in Form einer fahlen Kopie konnten. Das Publikum begegnet den wenigen heute noch selbstzerstörerischen Menschen wie Pete Doherty oder Amy Winehouse weiterhin mit einer Faszination für das Kaputte an diesen »Genies«. Hingen diese Gestalten mit Einstichlöchern im Arm und exakt dem gleichen Aussehen wie heute auf dem Pflaster der Fußgängerzone, würden die Menschen die Polizei rufen, aber machen sie Musik, gelten sie als faszinierend und auf perverse Art glamourös. Rockjournalisten selber sehen das ähnlich, zumindest wenn sie den Musikern unterstellen können, sich aus Gründen tiefen seelischen Leids oder künstlerischer Radikalität ins Verderben manövriert zu haben. Deswegen ist ein Mann wie Kurt Cobain – der sich auch u. a. deswegen umbrachte, weil er nicht mit dem Paradoxon umgehen konnte, mit zornigen Liedern gegen das Starprinzip ein Popstar geworden zu sein – so hochgeachtet. Und deswegen wird den Verfassern von Pressetexten zu neuen Platten aktueller deutscher Bands nachweislich angeraten, bitte im PR-Text *nicht* allzusehr darauf einzugehen, dass der Sänger jetzt glücklich verheirateter Vater sei und sich das auch in den Texten spiegele, denn das »kommt bei der Presse überhaupt nicht gut an«.

Ich habe derlei Diskussionen als gelegentlicher Verfasser von Promotion-Biografien für Musiker selbst geführt. Ein Musiker, der angekommen ist, verletzt die heilige Kuh des Rock-'n'-Roll, das gepflegte lebenslange Leiden im Nie-Skript.

Allerdings: Die Stimmung ändert sich.

Wie wir gesehen haben bei den Künstlern selber, weil sie nach wenigen Jahren tatsächlich gelebten Exzesses in aller Ruhe in einen Hafen einschippern können, aber vor allem bei der jetzt jüngsten Generation, die in zahllosen Umfragen wieder Familie, Bindung und solide Lebensplanung als Ziele angibt. »Du, Papa, ich will auch Spießer werden!«, sagt das in der Bauwagensiedlung aufgewachsene Mädchen da in einem Werbespot der LBS zu ihrem von Ingo Naujoks gespielten Anarcho-Vater im zerfetzten Strickpulli, als sie hört, dass andere Familien echte Häuser haben. Wüstenrot wirbt mit Motorradrockern, die zwar immer noch Motorrad fahren und laute Musik hören, den Grill aber nun lieber im bürgerlichen Eigenheim anschmeißen. Und in der Werbung zum neuen Honda Jazz genießen junge Menschen das Leben in aufgeräumter Umgebung mit freundlichen Umgangsformen, während der Claim lautet: ›Vernunft ist der neue Punk‹. Da gute im Gegensatz zu schlechter Werbung immer gesellschaftliche Stimmungen aufgreift, die gerade erst zu keimen beginnen und erst noch aufblühen werden, sind das Indikatoren dafür, dass der Zeitgeist sich ändert. Weitere fände man bei genauerer Betrachtung in der Popmusik selbst. Wenn Tokio Hotel sich in ihren Songs über die Scheidung von Eltern beschweren und es lieber sehen, wenn zwei Menschen selbst »Durch den Monsun« hindurch zusammenhalten, spricht das trotz aller grellen Schminke die Sehnsucht nach Stabilität an.

Die vielen Parallelwelten

»Ich mahle mir frischen Kaffee und trinke ein Red Bull dazu. Doppelt gemoppelt hält besser. Mein Reitdino hetzt durch den Schnee der Drachenöde. Im Zentrum dieser schroffen und unwirklichen Gegend steht ein riesiger Tempel, der aussieht wie der Turm zu Babel auf dem Gemälde von Pieter Brueghel dem Älteren. Hoch oben in der Luft kämpfen Dutzende Drachen gegeneinander, rote gegen blaue.

(…)

Unterwegs treffe ich einen Hexenmeister, der mir schon einen Level voraus ist. Aber er spielt auch schon seit 26 Stunden durch. Ohne Schlaf, dafür mit Speed.«

Ein Auszug aus dem Artikel »Zehn auf einen Streich« im Videospielmagazin GEE im Januar 2008. Der Redakteur hatte versucht, als erster Spieler nach Erscheinen von *Wrath Of The Lich King* den magischen Level 80 mit seiner Spielfigur zu erreichen. Die Rede ist von der Erweiterung zum erfolgreichsten Online-Rollenspiel der Welt, *World Of Warcraft*. In diesem Spiel versinken die Teilnehmer in einer fantastischen Parallelwelt, die zwar mit ihren Zauberern, Orks und Ungeheuern keinen Bezug zur Wirklichkeit hat, aber ebenso wie realistischere Vertreter des Genres »Open World Game« höchst erfolgreich die Sehnsucht nach dem Ausleben anderer Optionen anspricht. In dieser Welt können sich Schüchterne wie Draufgänger benehmen oder Gutmütige sich endlich von aller Moral freisprechen. Von letzterem Reiz lebt zum Beispiel auch die Reihe *Grand Theft Auto*, in welcher man in fiktionalen Varianten von New York oder Los Angeles bei maximaler Handlungsfreiheit durchaus auch das Leben eines Dealers und Schwerverbrechers führen kann. Weniger aggressiv und als bestverkaufte Spielereihe der Welt noch erfolgreicher sind *Die Sims*, eine komplette virtuelle Simulation des Alltagslebens. Das *Second Life* im Internet erklärt sein Prinzip schon im Namen und selbst ein reines Konsolenspiel wie *Fable 2* bietet uns die Erfahrung eines ganzen Lebens, in dem jede getroffene Entscheidung Einfluss auf den Ablauf des Spiels hat. So wird sich die Frau, die wir in Dorf X vor 12 Jahren geschwängert haben und dann womöglich die Kurve kratzten, auch nach Ablauf dieser 12 virtuellen Jahre noch sehr gut an uns erinnern. Die technische Entwicklung hat also im Bereich der Computerspiele möglich gemacht, was schon immer deren Ziel war und auch von den Nutzern verlangt wurde: Die Simulation eines zweiten, virtuellen Lebens, in dem wir uns erlauben, andere Optionen zu wählen als in der Realität.

Kunst – so behauptete der philosophisch denkende Soziologe Niklas Luhmann in seiner Systemtheorie – habe die Funktion, das »Kontingenzbewusstsein« zu stärken. Zu Deutsch: Das Bewusstsein darüber, dass alles auch immer ganz anders kommen könnte. Mündlich übertragene Mythen, Sagen und Legenden, später dann gedruckte Bücher und Romane, Theaterstücke, Hörspiele, Kinofilme und schließlich die Spiele leisten dies tatsächlich. Jedes Mal, wenn wir im Kino dem Leben der anderen zusehen, fragen wir uns, wie es wäre, auch einen anderen Weg zu gehen. Jedes Mal, wenn wir ein Spiel anwerfen, wollen wir die endlosen Optionen spüren und unsere Grenzen austesten.

Dabei stellt sich die Frage, warum wir die Mentalität dieser Spiele nicht auch ins echte Leben übertragen? Warum untersuchen wir die Weltkarte der echten Erde nicht genauso eifrig wie die Landschaften im Computer? Warum variieren wir unser Verhalten im Alltag nicht ein wenig und schauen mal, was passiert, wenn wir auf die Kollegen, den Chef, die Nachbarn oder die Blutsverwandtschaft das erste Mal anders reagieren, als sie es seit 30 Jahren von uns gewohnt sind?

Es scheint, als lagerten wir das Austesten der realen Freiheiten in fiktionale Welten aus, bekämen als deren Wirkung aber vor allem das Gefühl zurück, wenn überhaupt das große Ganze unseres Lebens umwerfen zu müssen. Da wir uns seit dem Aufkommen der Unterhaltungsindustrie daran gewöhnt haben, dass prinzipiell *alles* möglich wäre, überspringen wir die wirksamen kleinen Grenzverschiebungen, die tatsächlich möglich sind, hoffen aufs umfassende Abenteuer und unterschätzen unser reales Leben, weil es gegenüber den vielen hundert Alternativen, die wir Jahr für Jahr medial zu uns nehmen, bedeutend eingeengter und trister erscheint, als es tatsächlich ist. Eine pikante Pointe betrifft dabei oben zitierten Redakteur zu *World Of Warcraft*. Während er sein Selbstexperiment mit mehreren nahezu schlaffreien Tagen durchführte, um in der virtuellen Welt immer wehrhafter zu werden, brachen in den anderen Teil der Wohngemeinschaft Diebe ein und entwendeten zahlreiche Wertgegenstände. Auch, wenn ein echter Kampf gegen Einbrecher vielleicht gar nicht ratsam gewesen wäre, hat der große Krieger des Bildschirms diese Chance auf heldenhaftes Beschützen der Nachbarzimmer schlichtweg verpasst, weil er unter dicken Kopfhörern in der virtuellen Option gefangen war. Wäre dies nicht wirklich passiert, es schiene wie für ein Gleichnis geschaffen.

 Fehlerbehebung

1. Schaffen Sie sich eine Aktionsbasis.

Ob nun im Krieg oder beim Bergsteigen: Keiner zieht erfolgreich in die Schlacht oder stürmt lebendig den Gipfel, wenn er kein sicheres Basislager hat. Dies ließe sich auch mit einer Schiffsmetapher ausdrücken. Wer jemals ernsthaft einen Törn mit fähigen Seglern mitgemacht hat, weiß, dass dieser nur gut geht, wenn alle an Bord genau wissen, was sie tun, und stetig darauf achten, dass Seile, Tender und Materialien zur richtigen Zeit an der richtigen Stelle sind. Das Sinnbild der Freiheit – das Segeln – kann nur dann funktionieren, wenn auf dem Schiff Ordnung und Übersicht herrscht und wenn es auf Befehl des Kapitäns hin keine Diskussionen über alternative Lösungswege oder quer sitzende Befindlichkeiten gibt.

Genau so sieht es auch im Leben aus.

Machen Sie sich bewusst, dass Ihre Reisen in freiere und abenteuerliche Gebiete nur dann befriedigend ablaufen werden, wenn Sie sich für ein, zwei feste Säulen in Ihrem Leben entschieden haben. Dies kann eine erfüllte Partnerschaft sein, aber auch eine Existenz als überzeugter und nicht als wehleidiger Single. Eine Entscheidung für einen Beruf, einen Wohnort oder eine Lebensweise, die nicht sofort wieder gekippt und auch dann beibehalten wird, wenn sie zwischendrin ernsthaft Arbeit macht. Diese Entscheidung erst setzt Energien frei, die dann für die Kür mannigfaltig verwendet werden können.

2. Entdecken Sie das Spiel im »First Life«.

So reizvoll virtuelle Welten und reine Tagträume auch sind: Entdecken Sie, wie viel von dem Gefühl der fiktionalen »Adventures« und »Open Worlds« Sie bereits im ganz normalen Leben umsetzen können, wenn Sie alles, was Sie umgibt, wie die Kulisse eines Spieles betrachten. Machen Sie dieses Experiment! Verschieben Sie die Perspektive. Reaktivieren Sie das Gefühl, dass Sie als Junge nach dem Hören von 3???- oder TKKG-Kassetten hatten, wenn Sie glaubten, die zu lösenden Kriminalfälle und mysteriösen Geheimnisse versteckten sich auch in Ihrer Nachbarschaft, man müsse eben nur suchen.

Lernen Sie sehen. Stellen Sie Wildfremden investigative Fragen und schauen Sie, was passiert. Tippen Sie mit dem Finger auf der Landkarte irgendein unheimliches Provinzdorf in den Bergen an und fahren Sie hin, ohne Ziel, ohne Reiseplan, ohne »Sinn« oder »Zweck«. Testen Sie aus, wie sich die Welt verändert, sobald Sie anders als üblich auf sie reagieren. Diese Technik wird u. a. im Selbstbewusstseins-Training (ST) des amerikanischen Therapeuten Herbert Fensterheim oder auch im Rahmen der so genannten »Alexander-Technik« gelehrt. Dort übt man, auf Reize, auf die man sonst immer mit Verhalten A reagiert, fortan vollkommen anders zu reagieren. Diese Reaktion darf dann sogar »unsinnig« sein, etwa, wenn Sie beim Klingeln an der Haustür weder freundlich ablehnen noch unfreundlich schimpfen, sondern ruhig ausatmen, sich zur Seite drehen, die Schuhe ausziehen und dann vor den Augen der verdatterten Zeugen Jehovas an der Wand ihres eigenen Flures einen Handstand machen, sich wieder aufrichten, sich vor ihnen verbeugen, als hätten sie nur wegen Ihrer Vorstellung geklingelt, und dann die Tür schließen. Die Freiheitsgefühle, die in dem Moment auftauchen, sind mit keinem besiegten Drachen in World Of Warcraft zu vergleichen.

Der Mann und sein inneres Dauerprogramm

 Fehlerbeschreibung

Anstatt die Welt um sich herum wahrzunehmen, steckt der Mann in einem innerlich ablaufenden Dauerprogramm fest, das ausschließlich um seine speziellen Lieblingsthemen kreist. In leicht autistischer Weise versinkt er in diesem inneren Film, während sich ein zweites Lid über seine Augen und eine unsichtbare Klappe auf seine Ohren legt und er weder richtig sieht, was um ihn ist, noch ernsthaft zuhört, wer was zu ihm spricht. Dadurch nimmt er sich selbst Lebensqualität durch Weltwahrnehmung, schränkt sich geistig und seelisch ein und verpasst einmalige Handlungschancen.

Ole

›Immerhin habe ich es versucht‹, denkt Ole, als er vor der geplatzten Glasschüssel auf seiner Küchenarbeitsplatte steht, die wohl doch nicht so hitzebeständig war wie angepriesen. Gut, er weiß, dass *kochendes* Wasser in Glas grundsätzlich nichts zu suchen hat, vor allem nicht, wenn ein noch tiefgekühlter Block Fisch darin liegt. Da muss es andere Methoden geben. Es gibt Augenblicke, da macht er einfach drauflos ohne zu denken, obwohl sein analytischer Verstand durchaus in der Lage wäre, die richtigen Hinweise zu geben. Im Fernsehen läuft immer noch die Bundestagsdebatte zur Sozialpolitik in der Live-Übertragung bei Phoenix. Sie hat ihn abgelenkt, da er spätestens nach der Rede des FDP-Vertreters nicht mehr im Geiste beim Kochrezept, sondern längst beim nächsten Flugblatt war, das er gegen die neuesten Entwicklungen in diesem Land zu schreiben gedenkt. Höchste Zeit, im Rahmen seiner politischen Arbeit an der Uni mal wieder eine Informationsveranstaltung zu machen; lohnenswerte Gastredner gäbe es in jedem Fall auch … wurde da nicht kürzlich so ein brandneues Magazin gegründet, das bereits mit der ersten Nummer im Supermarktvertrieb lag und trotzdem Klartext spricht? Wie hieß es noch? Hintersinn, oder so ähnlich. Wie auch immer, Fischgratin ist gestorben, seine Küche räumt er später auf, jetzt heißt es Jacke überwerfen und schnell rüber zur Mensa, die in 30 Minuten schließt. Der Spaziergang ist ihm sehr willkommen. Ein kühler Wind weht über die Unibrücke, und trotz des kulinarischen Zeitdrucks beschließt er, auf dem Weg noch schnell einen Blick in sein Büro im AStA zu werfen. Seit 20 Jahren lebt er nun an dieser Uni, 17 davon hat er als Referent für Allgemeinpolitik im gewählten Studienausschuss verbracht, da die linke Fraktion die Wahl bei 17 Jahre lang bei im Schnitt 5% Wahlbeteiligung gewann. 17 Jahre, in denen er Zeitungen herausgab, Veranstaltungen organisierte und den hohen Herren in Verwaltung und Direktorat auf die Finger klopfte. Sein Büro ist gut organisiert, Ordner und Ablagekörbe sind an ihrem Platz, der Korb unten links enthält aktuelle Papiere für seine Dissertation, die er sicher irgendwann noch abgeben wird. Er versteht selber nicht, wie so viel Zeit vergehen konnte. Er ist jetzt 45, fühlt sich nicht so, und hatte immer sehr viel zu tun. Bevor er sein Büro betritt, zwinkert er der Barkeeperin des nebenan gelegenen Kulturcafés zu. Ein süßes Mädchen mit tiefbraunen Augen und abgetragenen Pullis. Ungekünstelt und echt. Sie winkt zurück. Sie lacht innerlich über Oles putziges Zwinkern, das er bei Peter Maffay geklaut zu haben scheint. Ein ruckartiges Hochschnellen des Kopfes, das die Augen von selber kurz schließt, ohne dass dafür die Lider selbst bewegt werden müssten. Für sie ist Ole der komische Vogel aus dem Politreferat. Das weiß er aber nicht. Sie hat zurückgewunken, das weiß er, und denkt sich: ›Da geht noch was. Ich bin ja oft genug hier.‹

Ein Aushang auf der Pinnwand im Vorraum fällt ihm ins Auge. Es ist nur einer von über Tausend, die dort wie wild wucherndes Blattwerk kleben und um Nachmieter für Wohngemeinschaften buhlen, gebrauchte Bücher anpreisen oder das nächste Konzert im Kulturcafé ankündigen. Über tausend Blätter, von denen Ole kein einziges wahrnimmt außer diesem kleinen Ding in A5. Ein Student mit Schärpe ist darauf abgebildet und das Wappen einer Verbindung; der kleine Text lädt zu einem Tag der offenen Tür ein und erklärt, dass man sich den Laden erstmal anschauen solle, bevor man ihn verurteilt. Ole reißt das Blatt ab, knüllt es auf die Größe eines Kaugummipapiers zusammen, nimmt es mit in sein Büro und wirft es dort in die Tonne. Er prüft den realen Posteingang, sieht beim Durchblättern der Umschläge aus dem Fenster auf den Campus hinaus und bemerkt dabei eine Kaffeetasse, auf deren kaltem Rest sich ein flauschiger blauer Pelz gebildet hat. Er nimmt sie und geht rüber zum Toilettenraum, um sie auszuleeren. In der Kabine sticht ihm unter den zahllosen Filzstiftschmiereien auf den Kacheln, die für Fußballvereine, Punkbands und Analverkehr werben, urplötzlich eine ins Auge. »Rote Socken stinken« hat da jemand geschrieben und Ole seufzt, kramt in seiner Hosentasche herum, findet einen Edding und streicht diesen Kommentar auf der Wand sorgfältig aus, so dass nur ein schwarzer Balken bleibt, wie man ihn vor 20 Jahren über den Augen von Menschen in brisanten Fernsehsendungen sah. Er spült die Tasse aus, klaubt noch ein paar eigene Flugblätter aus dem Büro, die für den alternativen Buchverkauf seines Referates werben, und tritt wieder ins Freie. Der Himmel ist heute sehr klar und die Wolken kleben puschelig im blauen Himmel, als hätte man eine handbemalte Glocke über den Campus gestülpt. In den Büschen zirpen sogar Grillen. All das bemerkt Ole nicht, denn Ole hat einen Spezialblick. Einen Riecher, der jetzt dafür sorgt, dass er auf halbem Wege über den Platz am Schaufenster des Buchladens hängen bleibt, der vor vielen Jahren als Ladenzeile mitten auf diesen Campus gesetzt wurde. Er teilt sich einen langen Glasbau mit einer Bankfiliale und einem Reisebüro und wurde einfach so vor eine Mauer gepappt, die ein klassisches Antikriegsgemälde von Pablo Picasso enthielt. Es wurde vor einigen Jahrzehnten von Studentinnen und Studenten dort aufgemalt als Zeichen des Friedens und der allwährenden Wachsamkeit gegen das Unrecht und dann – zack! – Ladenzeile davor! Aus diesem Grund allein kann Ole diese Filiale des Buchladens schon nicht ausstehen, doch dass sie jetzt auch noch eine preisgünstige Ausgabe der Werke Carl Schmitts im Schaufenster feilbieten, das schlägt dem Fass wirklich die Krone aus. Tausende Menschen sind heute schon daran vorbeigegangen, ohne sie zu bemerken, geschweige denn zu kaufen, doch Ole ist nicht wie andere Menschen. Wenn Ole über den Campus geht, dann sieht er nicht eine Gegend, die mit Bäumen, Wiesen, Häusern, Treppen und eben auch Buchläden mit umstrittenen Titeln gefüllt ist, nein: Ole sieht politischen Handlungsbedarf, der zufällig von Gegend umgeben wird.

Er vergisst sein Essen und betritt das Geschäft: »Guten Tag«, sagt er und der kraushaarige Händler hinter der Theke nickt. »Sie wissen, dass Sie gerade einen Kronjuristen des Dritten Reiches im Schaufenster feilbieten?«

»Wie bitte?«

Ole zeigt auf die Buchbox. »Da. Carl Schmitt. Gesammelte Werke im Taschenbuch. Nur 199 Euro. Sie wissen doch, wer Carl Schmitt war, oder? Das war der Mann, der die Demokratie für einen Irrtum hielt und im schwärmerischen Irrationalismus der Masse das Wesen eines wirklichen, vitalen Lebens aufkeimen sah. Wir wissen ja, was daraus wurde.«

Der Buchhändler sieht Ole an, als stünde er nackt vor ihm und erzähle ihm, dass er sich Sorgen mache, weil seine Brustwarzen angefangen hätten, Milch zu geben. An einem Regal hinten rechts steht eine attraktive junge Studentin mit roten Haaren, die er aus seinem Studienfach kennt, in dem er weiterhin aus Interesse Vorlesungen besucht. Sie haben schon ein paar Mal in der Cafeteria geplaudert. Sie hat ihm deutliche Sympathiesignale gegeben. Ole spürt das. Er schämt sich manchmal fast dafür, da er nicht wie ein Macho erscheinen will, aber er ist überzeugt, eine anziehende Wirkung auf Frauen zu haben. Er hat viel zu wenige der vielen Chancen in seinem Leben genutzt, die sich ihm aus seiner Sicht angeboten haben. Die Anwesenheit der Rothaarigen motiviert ihn, noch energischer weiterzusprechen. Er sagt: »Der stärkste Mythos liegt im Nationalen. Nur aus dem Faschismus erwächst ein starker Staat, da in der Demokratie die Regierung lediglich Mittler zwischen in etwa gleich einflussreichen Interessengruppen ist. Natürlich war sein Begriff von Legitimität statt Legalität und Präsidialdiktatur nie als Nazireich gedacht, aber als es dann da war, stand er eifrig als Berater zur Seite. Er wurde später sogar Leiter der Gruppe der Universitätslehrer im NS-Juristenbund. Die Nürnberger Rassegesetze bezeichnete er als Verfassung der Freiheit. Und so einen stellen Sie ins Schaufenster.«

Der Händler schweigt einfach und nimmt dann den Telefonhörer ab, womöglich um die Polizei zu rufen. Bevor es dazu kommen kann, tritt die rothaarige Studentin herbei und sagt: »Ole, hallo, schön dich zu sehen.«

Das bringt Ole aus dem Konzept. Er hebt den Finger, macht ein »lass mich raten«-Gesicht und sagt, bevor sie es sagen kann: »Annika, nicht wahr? Aus der Schiller-Vorlesung?«

Sie lächelt: »Ganz genau! Meinst du nicht, wir sollten ein paar Schritte gehen?«

»Eigentlich wollte ich in die Mensa, aber das wird wohl nichts mehr.«

»Ich auch. Holen wir uns im Foyer noch schnell Gebäck und gehen eine Runde spazieren!«

Ole wundert sich, wie schnell sein Ärger verraucht ist. Lächelnd folgt er ihr aus dem Laden und sie gehen zügig Richtung Mensa, hinter der sich das Lottental erstreckt, eine mächtig grüne Lunge im Herzen des Ruhrpotts. Er sieht nicht mehr, dass der Händler die Buchbox aus dem Regal nimmt.

Oles Ärger mag schnell verrauchen, aber Gewohnheiten tun es nicht. So hat er große Mühe, den Ausführungen Annikas zuzuhören, da er auf dem Weg zur Mensa wie immer sämtliche Mauern, Wände und Litfaßsäulen auf die aktuelle Plakatsituation abprüft. In ein paar Tagen muss er selber wieder für eine Veranstaltung kleben. Auch das ist der Campus für ihn: Lauter Mitteilungsflächen, lauter potenzielle Plakatwände. Er will jetzt gar nicht daran denken, schließlich ist er mit Annika unterwegs und spürt, dass sie ihm näherkommen will.

Nachdem sie zügig ihre Pizzazungen und Croissants gekauft haben und die Treppen und Wege zu den Tennisplätzen und dem dahinter gelegenen Botanischen Garten hinunter schlendern, hält er mitten in Annikas Rede inne und läuft zu einer bauchigen Litfaßsäule. Er beginnt, mit den Fingernägeln ein Plakat abzuknibbeln, das dort in etwas unsauberer Weise über ein paar Hochglanzexemplare der örtlichen Diskothek geklebt wurde.

»Was machst du da?«, fragt Annika.

»Eine Schmierenkampagne der CDU-Hochschulgruppe. Sie behaupten, unsere Fraktion hätte bei der letzten großen Mensaparty 250.000 Euro Studiengelder verschwendet.« Er knibbelt. Er schiebt die Zunge zwischen die Zähne. Feuchtes Papier gerät unter seine Fingernägel. Er ahnt irgendwo im Hinterkopf, dass er einen Spaziergang mit einer so schönen Frau auch sinnvoller verbringen könnte. Er sagt, schwer malochend: »Sehen wir etwa so aus, als würden wir unser Geld für Partys vergeuden?«

Annika antwortet nicht, aber zuckt mit den Mundwinkeln. Dann brechen sie beide in ein befreiendes Lachen aus.

Die Befreiung trägt nur bis China. Besser gesagt: Bis in den chinesischen Garten. Dort sitzen Ole und Annika nun auf einer Steinbank unter einem runden Dach und sehen den Koi-Karpfen zu, wie sie im Wasser ihre Runden drehen. Auf den von einem kleinen Wasserfall umspülten Felsen sitzen Schildkröten. Hinter der Mauer des Gartens erheben sich duftende Kiefern, die ihre Arme zum Teil über den weißen Stein strecken. Eigentlich wäre es angebracht, die Situation zu genießen, sich mit Annika zu einer gewissen Vertrautheit hin zu plaudern und sie zum Abschluss plangemäß das erste Mal zu küssen, doch Ole kann nicht. Ole fragt sich, was hier passiert. Aber vor allem fragt er sich, wie die ganzen selbstgerechten Kritiker immer noch glauben können, dass er und seinesgleichen hier an der Uni weiterhin den Maoismus ausrufen wollen. Bloß, weil sie gegen Studiengebühren kämpfen, gegen Sponsoring durch Konzerne oder Industriemessen auf dem Campus. Er will jetzt gar nicht darüber nachdenken, aber er kann nicht anders. Er fragt sich selbst, wie die Philosophie, die sich allein in der Gestaltung eines solchen Ortes ausdrückt, mit dem staubtrockenen und gnadenlosen Totalitarismus zusammengehen konnte, der in China so viele Leben gekostet hat. Er fragt sich, wieso er jetzt innerlich darüber nachgrübeln muss, während eine so tolle Frau neben ihm sitzt und ihn an einen Ort gebracht hat, den studentische Pärchen üblicherweise zum Flirten besuchen. Wobei er und sie sicher nicht als studentisches Pärchen durchgehen, dazu ist er ja viel zu alt. Aber er fühlt sich nicht so.

»Ein perfekter Ort«, sagt sie und verliert sich ganz entspannt in der Stimmung des Moments.

Ole sagt nur »Ja«, erinnert sich daran, dass er nur deshalb hier draußen ist, weil ihm durch die Bundestagsdebatte auf Phoenix die Glasform mit Fisch geplatzt ist, und verliert sich in dem endlosen Archiv aus Debatten in seinem Kopf, das genau wie der Fernsehsender rund um die Uhr Programm abspielt und dabei niemals, niemals eine Pause macht.

Christoph

›Es ist nicht nahe liegend, für zwei Flaschen Cola in einem Baumarkt Schlange zu stehen‹, denkt sich Christoph, aber er hat trotzdem gute Laune. Draußen vor der Tür wartet Hannah und sie sind auf dem Weg in den Urlaub, ein paar Tage idyllischer Ferien auf einem Bauernhof im Münsterland. Seine Kollegen in der Redaktion haben ihn damit aufgezogen, aber es geht in Ordnung, an so etwas Spaß zu haben. Schließlich hören Hannah und er abends in der bäuerlichen Pension nicht die Wildecker Herzbuben, sondern die Tindersticks und da er gerade an einem Artikel über eine extrem urwüchsige Band schreibt, deren Sänger alleine im Wald lebt, kann er diese Tage sogar als Recherche betrachten. Er erinnert sich an ein Konzert der Gruppe, 1500 Menschen in einem viel zu kleinen Club, ein sphärischer Lärm, der jede Pore durchdrang, und sehr viel Körperkontakt. Schweiß und Körperkontakt, denkt sich Christoph, als er merkt, dass er der Frau vor sich in der Schlange auf den Hintern starrt, dessen Pobacken ihre straffen Jeans so knackig und rund ausfüllen wie zwei perfekt geformte Äpfel. Er hebt den Blick und verfolgt ihr seidiges, glänzend schwarzes Haar, das ihr bis tief auf den Rücken reicht und dabei mit den Spitzen genau in die Mitte zwischen den Äpfeln zeigt. Er denkt daran, wie sich Hannah und er unterm Dach des Bauernhauses eine Spielwiese einrichten werden, auf die sie sich den ganzen Tag freuen, während sie Hand in Hand alte Burgen und Schlösser erkunden. Die Lungen voller herber Landluft werden sie heimkommen und sich die Jacken und T-Shirts vom Leib reißen, Hannahs kleiner Anhänger wird an dem Lederbändchen um ihren Hals baumeln und ihre Tätowierungen werden wie kleine wilde Tiere auf ihrer Haut tanzen, während er kräftig ihren Hintern knetet, wie er es auch bei der Frau an der Kasse tun würde, wäre sie Hannah, und schließlich wird sie beim Höhepunkt lachen, wenn er wieder mal wuchtig mit dem Schädel gegen die Dachschräge über dem Bett rammt. Aus dieser Fantasie weckt Christoph ein Mann, der ihm mit den Beinen einer 5-Meter-Aluleiter, die er mühsam auf seinen Wagen gewuchtet hat, in die Nieren stößt.

»Entschuldigung«, sagt der Leitermann, und Christoph sieht noch, wie die Frau mit dem herrlichen Hintern bezahlt. Sie hat tiefgraue Augen wie Bergseen und Lippen wie ein Leben voller Abenteuer. Ole wünscht sich, das Geldstück zu sein, das sie gerade als Wechsel in Empfang nimmt, um es ganz ohne Portmonee tief in ihrer Hosentasche zu verstauen. Dann denkt er an Hannah und das kleine Dachgeschoss, das ihn und sie nachher so schlucken wird wie die Hosentasche dieser heißen Frau die Münzen, atmet schneller und lächelt.

*

Der Beckmannshof liegt nahe der B54 im Münsterland und doch mitten im Grünen. Waldstücke am Horizont dahinter, davor Weiden, über denen abends ein melancholisches Licht liegt, die ersten Bäume des Waldes wie knorrige Schattenwesen, die sich auf die Nacht freuen. An der Landstraße vorne ein Pferdegestüt, ein paar Hundert Meter weiter ein großer Gasthof, der nach dem letzten wilden Wolf benannt wurde, den man vor über 100 Jahren hier gesichtet und erschossen hat. Die kleine Wohnung riecht immer noch nach neuen Möbeln. Der Hof um sie herum riecht charismatisch, wie ein Hof nun mal riechen sollte. Nach Dung, nach Kuhstall, nach altem Heu. Säuerlich und süßlich, streng und weich. Hannah räumt ein paar Sachen in den Küchenschrank, die Christoph und sie selbst mitgebracht haben, und erzählt dabei euphorisch wie ein Mädchen: »Der Bauer hat mir erzählt, dass die Grundmauern dieses Hofes hier auf 1769 zurückgehen. Ein paar Balken vom Fachwerk des Südflügels sind immer noch Originale. Das musst du dir mal vorstellen. Die waren schon da, da hatte Goethe sich noch nicht mal seinen Faust ausgedacht.« Christoph nickt und sagt »hmmm«, während er ihren Koffer eine hölzerne Wendeltreppe zum Schlafzimmer hinaufträgt. Er hat seit der Ankunft das Interview im Kopf, das er Dienstag führen muss und zu dem ihm immer noch der Ansatz fehlt. Besser gesagt: Er hat zu viele Ansätze. Sein Gegenüber ist ein schwieriger Charakter, eine Urgewalt von Musiker und Mann, und eine umstrittene noch dazu. Der bärtige Hüne lebt alleine in einem vier Hektar großen Waldgrundstück, hat mit seiner Band Neurosis und der eigenen Plattenfirma Neurot Recordings die Welt der harten und extremen Rockmusik verändert und ist Anhänger germanischer Mythen, nordischer Sagen und kruder Naturphilosophie. Zugleich hat er klangtechnisch vieles innoviert; einmal hat er unter zwei Bandnamen gleichzeitig je ein Album aufgenommen und veröffentlicht. Beide Platten verhalten sich zueinander wie Puzzleteile oder Stereolautsprecher. Spielt man sie gleichzeitig ab, ergänzen sie sich zu einem dritten Werk, das so betrachtet existiert, aber auch nicht existiert. Es entsteht erst in dem Moment, wo man die anderen beiden zugleich abspielt. Worüber soll er mit ihm reden? Soll er die Mythologie ignorieren? Die ganze Philosophie? Oder lieber nicht? Die Leser wollen über Musik informiert werden. Sie stellen sich Fragen wie die, ob die neue Platte eine Hommage an Hawkwind ist und wenn ja, wie es dazu kam. Leser brauchen keine philosophischen Debatten. Oder?

Rumms. Christoph hält sich die Stirn. Sein Nachdenken hat ihn mit dem Schädel genau in die hohle Dachschräge getrieben.

»Alles klar, Schatz?«, ruft Hannah von unten.

»Alles gut!« Christoph wuchtet den Koffer ins Schlafzimmer, öffnet ihn und beginnt, die Klamotten auszupacken. Der Kleiderschrank ist windschief und alt. Christoph hat nur bedruckte T-Shirts dabei, auf jedem prangt das Logo einer Band, die keiner kennt. Zumindest nicht unter der Normalbevölkerung, die Bon Jovi für einen Hardrocker hält. Von unten ruft Hannah rauf: »Wir können ja heute erstmal nach Ascheberg fahren. Die Kirche dort wurde 1524 gebaut. Der Ortsname stammt der Legende nach von der Eschenburg, nur dass bis heute absolut niemand auch nur einen Stein dieses Gebäudes gefunden hat. Da bekommt man doch glatt Lust, wild herumzugraben, oder? Schatz?«

Hannah schaut von unten durch die Öffnung der Wendeltreppe. Christoph schaut runter. Seine Süße. Er hat nicht verstanden, was sie gesagt hat, weil er gerade darüber nachdachte, ob man Neurosis wirklich mit Hawkwind vergleichen darf. Immerhin machten die Space Rock, mischten Sozialkritik mit cartoonhafter Science Fiction und waren direkt zu Anfang ihrer Karriere sogar in den Charts. So etwas könnte Neurosis nie passieren. Hawkwind hatten mehr Elektronik. Und ein Saxofon. Er steigt die Treppe hinab, küsst Hannah und sagt: »Machen wir, Schatz«, obwohl er ja eben gar nichts gehört hat. Dann geht er auf die Toilette. Dort hockend sucht er nach einem Stift, da er auf gar keinen Fall vergessen will, im Artikel zu erwähnen, dass Lemmy Kilmister von Motörhead bis 1975 bei Hawkwind mitgespielt hat. Für ihn ist das klar, aber in der Leserschaft weiß das vielleicht keiner mehr. Hannah packt die selbst mitgebrachten Bierflaschen in den Kühlschrank und ruft durch die geschlossene Tür ins Bad: »Wir können aber auch eines der vielen Schlösser hier besuchen. Nordkirchen liegt am nächsten. Hast du ja sicher gesehen.« Was sie immer mit Schlössern, Kirchen und Legenden hat. Ständig will sie die Gegend, in der sie sich aufhält, genau kennen lernen. Als spiele sie ein Adventure auf dem Computer, wo man jeden Raum untersucht, jeden Stein umdreht und mit jeder Person spricht. »Wo soll ich das denn gesehen haben?«, ruft Christoph von der Toilette nach draußen.

»Guck mal rechts neben dich, auf das Beistellschränkchen mit der Decke.«

Christoph dreht sich nach rechts. Auf dem hellen, einfachen Schränkchen aus Fichtenholz liegt die Begrüßungsmappe der Pension mit den wichtigsten Informationen und ein paar Prospekten. Daneben groß, dick und deutlich ein ringgebundener Reiseführer der Region mit dem Titel »Die 100-Schlösser-Route«. Das hat Christoph nicht gesehen. Wenn er ehrlich sein soll, hat er nicht mal bemerkt, dass neben dem Klo ein Schränkchen steht. Da das gleiche auch für die große schwarze Spinne gilt, die sich soeben aus der Duschwanne wuchtet, hört Hannah draußen im Wohnzimmer von ihrem Freund nur noch einen lauten, jungenhaften Schrei.

Der erste Ausflug führt die beiden tatsächlich zum Schloss Nordkirchen, einer gigantischen Wasserburg mit Parkanlage, die das »westfälische Versailles« genannt wird. In den Wassergräben schwimmen die Schwäne, auf den Wegen flanieren die Menschen. Der Herbst wird noch ein letztes Mal von Sonne durchflutet. »Dieses Gelände hier hat die UNESCO für schutzwürdig erklärt«, sagt Hannah, seufzt glücklich ob des Idylls und legt den Arm um Christoph. Er bewundert sie dafür. Sie lässt sich tätowieren und piercen, sie besitzt das Gesamtwerk der Melvins, sie weiß, was ein Big Muff ist; aber zugleich erzieht sie tagtäglich Kinder, organisiert Kurzurlaub und schafft es zusätzlich noch, all diese Dinge zu wissen. Christoph weiß nur, dass er in seinem

Artikel unbedingt Steve Albini einbauen muss, der die neue Platte von Neurosis produziert hat. Es ist immer etwas ganz Besonderes, wenn eine Band beschließt, zu diesem Mann ins Tonstudio zu gehen. Er betrachtet sich nicht als Produzent, sondern als Ingenieur, der nur das aufzeichnen will, was da ist, und das möglichst ungefiltert. Er nimmt keine Gewinnanteile fertiger Produktionen, sondern nur einen festen Tagessatz. Er lässt die Bands live spielen, ob es scheppert oder kracht. Er will, dass sie aufeinander reagieren, und wenn sie sich irgendwann in die Fresse schlagen. Er zeichnet ausschließlich analog auf.

»Schau dir das an!«, lacht Hannah und zeigt ans andere Ufer, wo ein Schwan einen kleinen Jungen jagt, bis der Vater kichernd und beschwichtigend eingreift. Der Vater des Sohnes, nicht der des Schwans. Der Mann ist in einen schwarzen Anzug gekleidet. Sehr schick für einen ganz normalen Freitag Nachmittag.

»Komm, lass uns ein paar Kastanien sammeln, ja?«, sagt Hannah und beginnt, einige der schönen kleinen Kugeln vom Boden aufzuheben. Christoph hat bis eben nicht bemerkt, dass die Bäume rund um den Wassergraben Kastanien sind. »Die legen wir als Deko auf die Tische in der Pension«, sagt Hannah. »Das ist doch schön. Sammelt man die Dinger zu Hause, legt man sie in eine Schale, bis sie schrumpelig werden und bringt es nicht übers Herz, sie wegzuwerfen. Hier können sie uns drei Tage lang in frischem Zustand erfreuen und dann fahren wir und lassen sie zurück.«

Christoph nickt zum Gesagten, sammelt mit und genießt für einen Augenblick das Gefühl, mit den Fingern durch das Gras zu nesteln und seine Frische zu riechen. Sein Blick bleibt für einen Moment auf der Furche der Baumrinde kleben und verliert sich darin. Dann wird sein Kopf wieder von Gedanken an Steve Albini gefüllt, dem Produzenten, der keiner sein will. Vor seiner musikalischen Tätigkeit war er als Fanziner tätig und gehörte zu den aggressivsten Kritikern der Szene. Er verriss Platten nicht, er zerstäubte sie mit Geifer und Hass. Christoph erinnert sich daran, dass Waldschrat Steve van Till in irgendeinem Interview gesagt hat, 99% der veröffentlichten Musik sei Scheißdreck. Da treffen sich der Sänger und sein Produzent schon mal im Geiste. Er muss das genauer nachprüfen. Er recherchiert viel für seine Artikel. Er braucht Internet auf dem Bauernhof. Die neue Platte ist aber auch ein geiles Tier von Album.

Sie spazieren über den Wassergraben hinweg direkt auf das Schloss zu. Es fühlt sich in der Tat an wie in einem Kitschfilm; ein langer Weg führt auf gepflegte, rundgeschnittene Rasenflächen im Innenhof zu, um den herum sich das Hauptgebäude wie ein U erstreckt. Fast alle Menschen hier tragen sehr noble Kleidung. Das ist wohl ein Unterschied zwischen Ruhrgebiet und Münsterland, denkt Christoph, auch wenn nur wenige Kilometer die beiden Gebiete trennen. Dann fällt ihm beim Thema Anzüge ein, dass Montag die neue Platte der Hives angeliefert wird. Dazu soll er noch einen Einseiter machen. Persönlich freut er sich viel mehr auf die neuen Scheiben von Skeptic Eleptic und den Staggers, zwei störrischen Rock-'n'-Roll-Combos, die immer noch ausschließlich auf Vinyl veröffentlichen. Er hat für so was eine eigene Rubrik im Heft eingerichtet. Die Leute sollen wissen, was gut und selten ist. Er muss noch bei 127 Platten daheim die Papier- gegen eine Polypropylenhülle austauschen. Er stolpert fast über einen Schwan, den er gerade eben nicht sieht, so dass er strauchelt, der Schwan böse schimpft, Hannah und ein paar Fremde in guten Klamotten lachen und er freilich mitlacht, da schließlich die Herbstsonne scheint. Er weiß auswendig, dass der Austausch der Innenhüllen zum Zwecke eines langen Lebens seiner Plattensammlung noch exakt 127 Stück beträgt, aber sieht keinen verdammten, fast einen Meter großen Schwan, der ihm vor die Füße läuft.

»Entschuldige, aber das war einfach zu komisch«, sagt Hannah, als sie weiterlaufen, und Christoph liebt sie dafür. Natürlich hat er verstanden, warum sie mitgelacht hat, und er nahm es ihr auch nicht übel, aber dass sie sich extra noch mal dafür entschuldigt, hat Klasse. Ein Gedanke schält sich durch Christophs inneres Unterholz aus Abertausenden von Platten, Musikern, Verstärkertypen und Vinylaufbewahrungstipps. Der einzige Gedanke, der überhaupt gelegentlich die Kraft dazu hat. Er lautet: ›Ich will mit dieser Frau alt werden.‹ Eigentlich lautet er ›Ich will dieser Frau einen Antrag machen!‹, aber das traut er sich eben nicht und findet auch niemals einen passenden Anlass. Sie umschifft das Thema und er kann selber nicht fassen, dass er immer wieder selber darauf kommt. Seine Eltern leben bis heute ohne Trauschein zusammen und haben ihm jede Dummheit und sogar jede Droge verziehen, nur eines nicht: Dass er ein Gutteil der Plattensammlung, die sein Vater ihm als kleiner Junge vermachte, gegen seltene Figuren von He-Man versetzt hat. »Houses Of The Holy« gegen »Hordaks wilde Horde«. Dafür schämt er sich bis heute. Ob er es jemals schaffen wird, einem eigenen Sohn den Kanon der wichtigen Musik auf Vinyl zu überlassen? Dafür, dass es hält, hat er ja mit seinem Innenhüllentausch gesorgt. Er stellt sich vor, welchen Plattenspieler man einem Elfjährigen als Einstiegsgerät vermachen könnte und vor allem, welche Platten man ihm beilegt. Sein Kopf formt schnell eine noch leere Tabelle mit zwanzig Spalten und beginnt sie zu füllen. »Goo« von Sonic Youth, »Surfer Rosa« von den Pixies, »My Brother The Cow« von Mudhoney, die erste R.E.M., durchaus, aber welche Platte von Nirvana? »Nevermind« wegen der immensen kulturellen Bedeutung? Oder doch lieber »Bleach«, weil die noch die ganze rohe Ungeschliffenheit enthielt? Oder gar »In Utero«, diesen Kotzbrocken von Platte als Reaktion auf den Erfolg, aufgenommen bei – sicher doch – Steve Albini? Das ist schwer. Er will gar nicht darüber nachdenken. Er will lieber Hannah zuhören, wie sie vom Architekten Johann Conrad Schlaun erzählt, der hier im Münsterland die Hälfte aller wichtigen Gebäude gemacht hat und von den anderen Schlössern, die sie sich ansehen könnten. Sie spricht vom Vogelschutzgebiet bei Münster, vom Haus Geist, vom Schloss Westerwinkel und von der Tatsache, dass hier viele wilde Brombeeren und anderes Essbares in den Wäldern wächst; ob er sie nicht gesehen hätte vorhin auf dem Weg hierher, denn sie sind mit geliehenen Rädern des Bauern gekommen und da gab es viel Zeit, die Landschaft zu betrachten. Christoph hat nicht betrachtet. Christoph hat über Musik nachgedacht. Doch jetzt fällt ihm eine Tür auf, die behaglich in einer groben Backsteinmauer neben einer Laterne klebt, als sei sie aus einem Piratenfilm mit oranger Beleuchtung entsprungen. Zwei Männer stehen darin und reden in dem ruhigen und doch lauten Tonfall, in dem man nach wichtigen Festen und Ritualen spricht, wenn alles gut gegangen ist und man nur noch den zwanglosen Abend vor sich hat. »Standesamt« steht neben der Piratentür, Christoph lässt innerlich die Kanonliste der Platten fallen, hört ein paar Sätze lang zu und bemerkt, dass es der Standesbeamte und sein Assistent sind, die nun Feierabend haben.

»Das«, stammelt er, während Hannah weitergeht und sich das Gebäude und das Kopfsteinpflaster so genau ansieht, als könne sie noch die Herkunft der Steine bestimmen, »das ist ja ein Standesamt«.

»Ja«, antwortet Hannah heiter und ein wenig irritiert. »Hast du das denn nicht gemerkt? Wir sind doch gerade mitten durch eine Hochzeit gelaufen.«

Christoph traut seinen Ohren nicht. Deswegen waren die alle so fein angezogen. Schwarze Anzüge, weiße Schwäne, kleine Kinder … und im Schädel spielen Nirvana.

Gegen 22 Uhr kehren sie heim in ihre Bauernhofpension. In Nordkirchen haben sie noch den Minigolfplatz besucht und bei zwei, drei kühlen Bier 18 Löcher mit weniger als 65 Punkten absolviert … pro Person. Im Park von Schloss Westerwinkel haben sie den echten Golfern zugesehen und einige Enten gefüttert. In einem Dorf namens Herbern besichtigten sie eine alte Jesus-Statue auf einem Hügel über den Häusern, während sie ein Mann aus dem Fenster eines Hauses am Fuße des Hügels misstrauisch mit einem Fernglas beobachtete. Hannah hörte dabei den Wind in den Bäumen, das Plätschern des Wassers und das leise Rauschen der A1, die das ganze idyllische Gebiet akustisch umschließt. Christoph hörte Nirvana, Mudhoney und Steve-Albini-Aufnahmen.

Zufrieden mit diesem Tag duscht Hannah im Bad der Pension, freut sich, dass sie hier die Fliesen nicht gegen Kalkbefall mit dem

Abzieher reinigen muss, wie sie es in ihrer eigenen Wohnung – genervt von ihrer eigenen Vernunft – tut … und hört nach einiger Zeit ein lautes Poltern in der Küche. Sie macht die Dusche aus. War da was? Kurz bevor sie die Dusche wieder aufdreht, ertönt ein erstickter Schrei, dann kracht es erneut. Ihr Puls beschleunigt augenblicklich, sie springt nackt aus der Dusche, stürmt in die Küche und sieht ihren Christoph, wie er sich auf dem Boden vor der Spüle windet und krümmt und weiße, pappige Krümel ausspuckt. Sie braucht nur einen Moment, um zu begreifen, da sie das Geschehen um sie herum grundsätzlich schnell, präzise und vollständig beobachtet. Sie muss das können, sie ist Ganztagspädagogin für über 30 Kinder. Ihr Blick scannt also die Lage und findet die Kastanien auf der Spüle, abgewaschen und tropfend, eine davon zur Hälfte abgebissen. Sie weiß nicht, ob sie lachen oder weinen soll. Sie schaut schnell nach, wie viel er davon geschluckt haben muss. Der große, weiße Flatschen an der Schranktür beweist ihr, dass ihr Freund rechtzeitig reagiert hat.

»Das sind Rosskastanien, Christoph, nicht Esskastanien.«

Christoph hustet ab, wobei noch ein paar kleine Restkrümel seiner Nase entweichen. »Ich weiß«, keucht er.

»Aber warum …?«

Christoph hält die Hand hoch, als solle sie nichts weiter sagen.

Sie hilft ihm hoch wie einem Betrunkenen. Er seufzt, starrt auf die Kastanien und sagt leise und betreten: »Ich weiß auch nicht … ich war einfach … in Gedanken.«

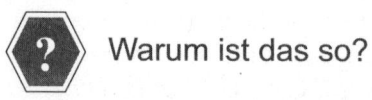 **Warum ist das so?**

Was haben der Dalai Lama, James Bond, Jack Bauer oder Inspektor Columbo gemeinsam? Nichts? Es scheint so, oder? Der erste ein religiöser Großmeister des Friedens, Reinkarnation des Buddha und friedfertig kichernder Freiheitskämpfer ohne Gewehr und Gewalt. Die mittleren zwei knallharte Spezialagenten im Dienste der Queen beziehungsweise der CTU, charmant und hedonistisch der Brite, desillusioniert und brutal der Amerikaner. Der letzte ein Schrottauto fahrender scheinzerstreuter Detektiv im zerknautschten Mantel, der es ausnutzt, dass seine Gegner ihn unterschätzen. Fragen wir also andersherum: Was unterscheidet diese Männer von Ole und Christoph in eben erlebten Szenen?

Sie sind nicht unbewusst.

Sie fahren nicht unablässig Filme.

Sie sind im Gegenteil in höchstem Maße achtsam.

Achtsamkeit hat mit Wahrnehmung zu tun. Wer achtsam ist, vergräbt sich nicht in Gedanken, sondern beobachtet seine Umgebung. Genau und mit allen Sinnen. Machen Sie dazu bitte kurz ein Experiment, jetzt und hier, wo immer Sie dieses Buch lesen. Schließen Sie die Augen und testen Sie, ob Sie sich selbst Fragen über Ihre Umgebung beantworten können. Falls Sie im Zug sitzen, wer sitzt noch im Abteil? Welche Menschen? Wie viele Frauen, wie viele Männer? Wie sehen die aus? Was haben die an? Könnten die eine Bedrohung sein? Wie riecht es da, wo Sie sind? Welche Klänge nehmen Sie war? Machen Sie es sich noch einfacher. Was tragen Sie selbst gerade für Kleidung? Was haben Sie heute Morgen gegessen? Was haben Sie praktisch getan? Ich wette mit Ihnen, dass Sie sich derlei Fragen in vielen Fällen nicht beantworten können. Ich wette sogar, dass Sie bei Ihren letzten paar Geschäftsterminen in fremden Städten nicht wahrgenommen haben, welche Farbe der Teppich des Hotelzimmers hatte, welche drei Meter hohen Topfpflanzen in der Lobby standen oder wie das alte Rathaus aussah, an dem Sie drei Mal vorbeigingen und von dem alle immer gesprochen haben, während Sie keine Zeit hatten, es zu besichtigen. Einmal daran hochsehen hätte nicht viel Zeit gekostet, aber Sie haben nicht, wetten?

Diese Fixierung des Mannes auf Spezialgebiete, mit denen sich sein Geist innerlich beschäftigt, während er genauso gut auch die Welt um sich herum wahrnehmen könnte, erklärt der Psychologe Björn Süfke in seinem sehr redlichen und empfehlenswerten Buch »Männerseelen« damit, dass sie den Männern ein Gefühl von Sicherheit und Angstfreiheit garantiert. Innerhalb ihrer speziellen Interessensgebiete haben Männer Übersicht und Kontrolle, sind sie tatsächlich der Herr im Haus. »Übersichten«, schreibt Süfke, »reduzieren Hilflosigkeit, sie schaffen Orientierung.«

»A propos ›sicher‹ und angstfrei‹ – da schließt sich unmittelbar eine Frage an die männlichen Leser an: Haben Sie schon einmal etwas über Autismus gelesen, einen Zeitungsartikel vielleicht? Oder sind Sie mal beim Zappen auf eine entsprechende Reportage gestoßen? Und sind Sie daran hängengeblieben, haben weitergelesen oder weitergeguckt und sich ein ganz kleines bisschen selbst wiedererkannt? ›Ganz normal‹, würde Simon Baron-Cohen sagen, der in dem Buch *Vom ersten Tag an anders* Autismus als eine Extremform des männlichen Gehirns bezeichnet. Baron-Cohens These läuft darauf hinaus, dass die neuronale Verschaltung des männlichen Gehirns in erster Linie darauf ausgerichtet ist, Systeme auszubilden beziehungsweise zu begreifen. (Im Gegensatz zum weiblichen Gehirn, welches vorwiegend Empathie begünstigt.)«

Der letzte Satz in Klammern deutet schon darauf hin, warum Männer sich immer wieder so gerne in diese Systeme fallen lassen und tatsächlich leicht autistisch in einer Taucherglocke aus Gedanken durch die Gegend laufen, während draußen die Welt wartet. Sie fürchten sich davor, sich wirklich auf die Sichtweisen und Perspektiven anderer einzulassen. Das gilt vor allem im Bereich der politischen, ethischen oder religiösen Überzeugungen, aber durchaus auch für profanere Gebiete wie den Musikgeschmack oder die Ess- und Lebensgewohnheiten. Wer tatsächlich emphatisch ist und ernsthaft versucht, sich in den anderen hineinzuversetzen, dessen Lieblingsautoren zu lesen oder dessen Umfeld zu erleben, um sein Anderssein zu begreifen, der muss irgendwann unwillkürlich die eigene Überzeugung relativieren und den Bezugsrahmen ausweiten. Das aber bedeutet tatsächlich einen Verlust von Sicherheit und Haltegriffen. Um es militärisch zu sagen: Es fühlt sich an wie eine Landnahme des »Gegners«, auch wenn der Gegner gar keiner ist. Da bleibt man lieber auf dem sicheren, bewachten Hoheitsgebiet und führt Gespräche allenfalls, um andere zu überzeugen und mit der eigenen Welt zu konfrontieren. Sehr häufig reden sie nicht eigentlich mit anderen, sie warten bloß, bis die fertig sind, damit sie anfangen können.

Es geht also um den Verlust von Sicherheit und Kontrolle. Um diese zu bewahren, haben Männer neben dem quasi-autistischen Schwimmen im eigenen thematischen Saft auch noch die Strategien »unablässiges Herumwerkeln an irgendwas« sowie »alles Ironisieren« erfunden, die in Tausenden von Haushalten am Wochenende sowie an Tausenden von Urlaubsorten beobachtet werden können, wo Männer allenfalls im Gespräch zu zweit spät in der Nacht ernsthaft persönliche Gedanken austauschen, im Rudel ab drei Personen aufwärts allerdings eine unablässig herumscherzende Bande von Rollenspielern sind. Abwehrmechanismen gegen das Aufbranden tatsächlicher Gefühle und echter Schau nach innen, die offenbaren könnte, was in der Seelenlandschaft zurzeit tatsächlich los ist. Es ist schließlich durchaus denkbar, das dort drinnen schon seit Monaten Bürgerkrieg herrscht und es der innere Zensor lediglich noch nicht an die Nachrichtenagentur durchgeben wollte.

 Fehlerbehebung

1. Üben Sie sich in Achtsamkeit.

Dazu müssen Sie nicht meditieren oder sich komplizierte Yoga-Übungen antrainieren. Sie müssen bloß da sein. Hier. Jetzt. Gehen Sie raus aus den inneren Programmen und Gedankenspielen und rein in das Außen. Stellen Sie sich vor, Sie seien ein Agent wie Ro-

bert Redford in »Spy Game« oder der Detektiv Shawn Spencer aus der Fernsehserie »Psych«. Dieser junge Mann gilt für alle Beteiligten im Polizeidezernat von Santa Barbara als Hellseher, weil er nach wenigen Sekunden am Tatort erste Thesen zum Tathergang aufstellen kann, die immer korrekt sind. Dabei ist er kein Hellseher, sondern wurde lediglich vom Vater seit seinem achten Lebensjahr darin trainiert, seine Umgebung detailliert wahrzunehmen. »Augen zu«, sagte der Vater dann unvermittelt im Restaurant beim Essen, »wieviele Hüte?« Dann musste der kleine Shawn sagen, dass sich vier Hüte im Raum befinden, zwei Baseballkappen bei den LKW-Fahrern an der Bar rechts hinten, ein Filzhut bei der alten Dame, die gerade ein Aprikoseneis isst sowie ein Schlapphut bei dem Raucher im Durchgang zu den Toiletten. Erfinden Sie eine Übung für sich, mit der Sie Ihre Aufmerksamkeit nach außen lenken können. Merken Sie sich die Hüte. Es ist eine erfrischende Übung für den Geist und kann in U-Bahnen oder dämmerigen Straßenzügen sogar Leben retten, da Gefahren schneller erkannt werden. Zugleich erhöht es die Lebensqualität, weil man zu sehen und somit zu schätzen lernt, was da ist. Schöne Architekturen in ihrer eigenen Stadt. Die Schönheiten, welche die Natur an jeder Ecke zu bieten hat, wenn man genau hinsieht. Die Möglichkeiten, die sich selbst in der Heimat bieten. Haben Sie mal aus Geldnot einen Urlaub in der eigenen Stadt zusammenstellen müssen und festgestellt, wie viele Sehenswürdigkeiten und Ausflugsziele es in ihrer eigenen Heimat gibt? Das haben Sie bislang nicht bemerkt, oder?

2. Interessieren Sie sich für fernliegendes Wissen.

Ja, Sie haben richtig gelesen. Nicht naheliegendes, sondern fernliegendes Wissen macht achtsam. Schließlich hören Männer spätestens dann, wenn Sie ihre ein, zwei Spezialgebiete im Leben gefunden haben, augenblicklich auf, sich noch für andere Themen zu interessieren. Sie können dann innerhalb weniger Jahre zu Experten für den Schiffsbau oder die Konzepte des Free Jazz werden, aber sie wissen keine Buche mehr von einer Esche zu unterscheiden. Das ist eine Krux, ein sogar gesellschaftliches Problem. Die zum Beispiel von dem humanistischen Darwinisten (ja, das gibt es!) Edward O. Wilson geforderte »Einheit des Wissens« wird durch die mangelnde männliche Bereitschaft gefördert, sich auf die Erkenntnisse fremder Disziplinen einzulassen. Das ist auch und gerade an den Universitäten zu beobachten, die eigentlich die Orte mit der größten intellektuellen Offenheit darstellen sollten. Hier meiden sich Naturwissenschaftler und Philologen, Betriebswissenschaftler und Literaten oder Juristen und Theologen häufig wie der Teufel das Weihwasser. Dabei bringt es einen unendlich weiter, wenn man sich nur 15 Minuten am Tag die Zeit nimmt, sich und sein Gehirn intensiv und ohne Ablenkung mit einem Thema zu konfrontieren, mit dem es sich noch nie auseinandergesetzt hat. Es ist ein Training, eine andere Art von »Gehirn-Jogging«. Probieren Sie es aus. Falls Sie grundsätzlich nur amerikanische Thriller lesen, lesen Sie ein Mal deutsche Romantik. Falls Sie grundsätzlich nur deutsche Romantik lesen, lesen Sie einmal einen amerikanischen Thriller. Falls Sie Rockhörer sind, probieren Sie sich in der Klassik oder dem Jazz. Bevor Sie am Wochenende als Computerexperte die 1257. neue Hardwarekomponente kennen lernen, gehen Sie einfach mal mit einem Lexikonheft in den Wald und versuchen Sie, ihre ersten zehn Pilzsorten zu erkennen oder zu definieren, zu welcher Gattung ein Gebüsch gehört. Oder, um es abschließend mit dem Buddhisten Tich Nat Than zu sagen: Gehen Sie raus aus der »Gewohnheitsenergie« (in welcher übrigens auch Skripts ihre ewige Nahrung finden) und rein in die »Achtsamkeitsenergie«. Der Freiheitsgewinn wird enorm sein.

Der Mann und das Funktionieren

 Fehlerbeschreibung

Der Mann ignoriert sämtliche seiner eigenen Bedürfnisse und macht einfach immer weiter, um sicherzustellen, dass alles seinen Gang geht und funktioniert. Er wird zur reinen Reaktionsmaschine auf die Anforderungen seiner Arbeit, seiner Karriere, seiner Frau, seiner Familie und jedem, der seine verschiedenen Telefone klingeln lässt und verdrängt dabei, dass er eigentlich nicht mehr kann.

Bernd

Der Wecker klingelt um 4:30 Uhr.

Kaum zwei Sekunden dauert es, dann ist Tina auch schon aus dem Bett gesprungen und klimpert mit Geschirr in der Küche herum. Bernd dreht sich auf die linke Seite, steckt den großen Zeh des rechten Fußes in die Ritze zwischen den zwei Matratzen und zieht sich die Decke bis fast über den Kopf. ›Ich werde mich daran gewöhnen‹, denkt er sich. Er ist froh und glücklich, dass es überhaupt zwei Matratzen mit Ritze gibt, in die er seinen Fuß stecken kann. Ein Doppelbett in der geräumigen Wohnung einer erfolgreichen Frau, die mit 29 Jahren bereits PR-Chefin eines großen Energiekonzerns ist, schwarze Satinbettwäsche benutzt und nun gerade in der Küche einen Kaffeeautomaten anwirft, der alleine so viel kostet wie die allermeisten Kleinwagen unter den silber-blauen Fähnchen beim Händler. Er bewundert sie und er wundert sich über sich selbst, dass er sie so schnell erobern konnte. Er hat die Tipps eines Rhetorikseminars, das er neulich besuchte, sowie die Ratschläge von Frauenheld Manuel so gut es geht umgesetzt, seine komplette Kundenansprache verändert und gezielt Akquise hinein in die Milieus betrieben, in denen nicht jeder zweite Satz mit »wir haben nur leider kein Geld« anfängt. Da er an Manuel beobachten kann, dass ein guter Körper auf Frauen leider tatsächlich so anziehend wirkt, dass die meisten sogar darüber hinwegsehen, wenn in ihm ein Muttersöhnchen steckt (während der umgekehrte Fall selten eintritt), meldete er sich in einem Fitnessstudio an, um die eigene Mobilmachung abzurunden. Er wählte ein gutes Studio, keine dieser umgebauten Lagerhallen, sondern ein im Herzen der City über der Fußgängerzone thronendes Raumschiff mit einem Wellnessbereich, der an die Lustgrotten in der Villa Hugh Heffners erinnert. Dort lernte er Tina kennen und fand an der Proteinbar zu leise plätschernder Musik von Café del Mar ausgepowert, mit zitternden Bizepsmuskeln und einer Menge Glückshormone im Blut genau die richtigen Worte in grübelfreier, außenorientierter Offenheit. Über diese Performance war er selber so überrascht, dass er sich in der Männerdusche über ein dutzend Mal kneifen musste, was die anderen Kerle mit mittelschwerer Irritation beobachteten. Dass Tina sich schließlich für ihn interessierte und sogar auf ihn einließ, wurde mit zunehmendem Kennenlernen etwas weniger überraschend, entpuppte sie sich doch auch als nicht allzu einfacher und problemfreier Mensch. In langen Gesprächen der offenen Art, wie Bernd sie so liebte, offenbarte die erfolgreiche PR-Frau ihr Inneres, so dass auch er offen mit seinen Macken und Kanten rausrücken konnte. Erleichtert vom Ablegen der Masken durften sie endlich auch ihre Kleider ablegen. Schnell zog er bei ihr ein, verkaufte für insgesamt 325 Euro seine vollständig bei IKEA und Rathmer erworbenen Möbel, richtete sich ein eigenes Büro ein, in dem er arbeitet, während sie im Konzern ist, gewinnt Monat für Monat mehr Kunden und wird einen Teufel tun, diesen Zustand irgendwie zu gefährden, indem er laut ausspräche, was er im Prinzip jeden Morgen denkt, wenn sie um 4:30 Uhr aufsteht: ›Muss das denn sein???‹

Er weiß, er hat noch eine Dreiviertelstunde. Er versucht, diese nicht im Schlaf zu verbringen, sondern im Dämmerzustand, da dieser die gefühlte Zeit dehnt. Im tiefen Schlaf fühlen sich 45 Minuten wie eine Sekunde an, im unruhigen Dösen wie eine halbe Nacht. Bernd dämmert weg und träumt von Vulkanen, mit einem Jeep fährt er um einen herum und muss Gesteinsbrocken und leere Glasflaschen aufsammeln. Auf dem Beifahrersitz hockt Tina und schreit die ganze Zeit, er möge sich beeilen, dabei deutet nichts darauf hin, dass der Vulkan gleich ausbrechen wird. Und selbst, wenn er es täte, warum dann noch das Altglas vorm Schmelzen retten? Bei der 100. Flasche schreit Tina nicht mehr, sondern beugt sich mit Schlafzimmerblick aus dem Allradjeep und haucht leise: »Guten Morgen!« Bernd schlägt die Augen auf und sieht, wie sie in der Wirklichkeit das kleine Tablett mit den Pillen auf den Nachttisch stellt. Sein Herz schlägt wie wild, da er wieder eingeschlafen ist und nun mitten aus dem Traum gerissen wurde. Tina gießt ihm Wasser ins Glas. Es ist sicher kein Zufall, dass das Wasser laut sprudelt und sie mit der Glasflasche klimpernd das Trinkglas berührt. Sie zeigt ihm, dass es Zeit ist, sie unterstreicht durch das hellwache Geklimper seine Disziplinlosigkeit. Mit einem Brummen, wie es sonst nur defekte Geländewagen von sich geben, richtet Bernd sich halb auf, lässt sich von ihr Glas und Pillen geben und schluckt sie herunter. Die Pillen spenden Vitamine, eine große Menge an Vitaminen; Bernd weiß bis heute nicht genau, welche davon wie oft und wie lange kombiniert werden müssen. Es ist ein kompliziertes System, über das allein sie die Hoheit hat, was für ihn völlig okay ist. Müsste er sich das auch noch selber merken, wäre eine korrekte Einnahme nie garantiert. Er will das aber korrekt machen. Er wird ihr nicht sagen, dass dieser Lebenswandel schon seit Wochen einen kleinen, brodelnden Vulkan in seinem Magen gepflanzt hat, der mit einzelnen, kaum bemerkbaren Vorbeben auf seinen großen Ausbruch wartet. Er kann es ihr nicht sagen, da er den Vulkan selber vor sich verbirgt und seine Existenz leugnet. Es hat doch alles Sinn, was sie mit ihm gemeinsam praktiziert! Alles ist vernünftig und alles funktioniert. Hat er etwa nicht steigenden beruflichen Erfolg? Fließt etwa nicht endlich Geld in seine Kassen? Fühlt es sich etwa nicht gut an, um 9:30 Uhr bereits so viel geschafft zu haben?

Bernd trinkt aus, küsst seine Tina, geht ins Bad und startet um 5:30 Uhr mit ihr die heimischen Sport- und Dehnübungen. Erst Yoga, dann Krafttraining und schließlich Wechselduschen und gemeinsames Saunen. Das ist das Wichtigste, denn es gehört zum Entgiftungsprozess. »Alles muss raus«, sagt Tina immer, wenn sie schließlich um 8 Uhr in der im Sportraum neben dem Wohnzimmer eingebauten Sauna hocken, und meint damit die vielen verschiedenen Gifte, Schlacken und Parasiten, die sich im Laufe eines unbewussten, nicht erweckten Lebens in einem menschlichen Körper ansammeln und ihn auf lange Sicht ruinieren können. Um 8:30 Uhr schließlich noch das gemeinsame Verspeisen großzügiger Obstberge, die das einzige sind, was morgens gegessen werden darf. Dann macht sie sich auf in die Firma und er geht in sein Büro in der Wohnung, um den Rechner anzuwerfen. Selbst der ist neu, ein Kraftpaket mit 4 Gigahertz. Er konnte ihn sich leisten und tat es auch, nachdem sie ihm klarmachte, dass Geld nur ins Geschäft fließt, wenn es vorher umso reichhaltiger mit warmen Händen in gute Investionen gesteckt wurde. Er fährt ihn hoch, streichelt ihr Foto als Desktophintergrund und weiß, dass er nun bis 11:30 Uhr bestens arbeiten können wird.

Um 11:29 Uhr meldet sich sein Magen. Er knurrt. Er knurrt wie nur ein Magen knurrt, der sagt: »Alter, mit dem Obst bin ich seit einer Stunde fertig, zu dünnerem Brei kann ich das nicht verdauen. Wie geht es denn jetzt weiter?« Bernd kann darauf nichts antworten außer, dass der Magen noch Geduld haben muss, denn Mittagessen gibt es während der Entgiftungskur von Tina immer erst frühestens um 13:30 Uhr. Er beginnt täglich um 13 Uhr mit dem Kochen; sie kommt extra aus der Firma rüber, gemeinsam vollenden sie das Gericht und essen bis kurz nach zwei. Zwischen dem Obstberg und dem Mittagsberg müssen fünf Stunden ohne

Nahrungsaufnahme vergehen, das gehört zum Programm. Warum, hat Bernd ebenfalls nicht begriffen, nimmt es aber hin. Sie hat geforscht, recherchiert und ausgewertet, das ist eben Arbeitsteilung. Er lässt sich von seiner Arbeit, die er bis eben in großer Klarheit und Konzentration erledigte, ablenken und surft auf eine Nachrichtenseite, um zu schauen, was so in der Welt los ist. Er sollte das nicht tun. Er liest von Piraten vor Somalia, Terroristen in Bombay und dem kommenden Jahr als Zeit der schwersten Rezession, die dieses Land jemals erlebt hat. Er liest von Millardenbürgschaften, die der Staat irgendwelchen Banken geben muss, und da der Staat er selbst und seine Steuerüberweisungen sind, erfährt er also, dass all sein Geld im Grunde für die Rettung dieser Banken eingesetzt wird; für die Rettung groß gewachsener Manager, die im Hotel erst um 8:30 Uhr aufstehen und sicher bereits um 12 Uhr ein Mittagessen mit Fleisch und anschließender Zigarre zu sich nehmen. Er hat Hunger. Er will in die Küche gehen und Schokolade essen, außer der Reihe. Er darf aber nicht. Es ist richtig. Es ist anstrengend, aber richtig, genau wie das Aufstehen. Jedesmal, wenn sie nach zwei Stunden Frühsport und Yoga in der Sauna hocken, ist er glücklich und hat das Gefühl, die ganze Welt erobern zu können. Es kostet Überwindung, aber es zahlt sich am Ende aus. Er ist müde. Der fehlende Schlaf meldet sich ebenfalls in dieser Zeit zwischen 11:30 und 13 Uhr. Schlaf und Hunger. Eine fiese Kombination. Er surft weg von der Nachrichtenseite zu den Neuigkeiten bei Computerwelt Online. Der deutsche Chiphersteller Infineon steht kurz vor dem Konkurs, bittet den Staat um Hilfe und muss bereits 500 Mitarbeiter in den Vorruhestand schicken. Ein neuer Trojaner hat irgendwo in Texas die Verkehrsleitsysteme lahmgelegt. Ein paar User beschimpfen sich im Kommentarfeld unflätig. Das tut alles nicht gut. Er sollte arbeiten, das kann doch nicht so schwer sein! Tina tut es doch gerade in der Firma auch. Einfach nur konzentriert arbeiten bis 13 Uhr und dann in die Küche gehen, anstatt sich mit schlechten Nachrichten den Geist zu vernebeln und so im Grunde alle körperlichen Reinigungen durch neues Gift im Kopf zunichte zu machen. »Es kommt darauf an, was man zu sich nimmt«, sagt Tina immer und meint damit auch die geistigen Einflüsse. Gerade der Kopf müsse von Verschmutzungen und Unrat rein gehalten werden, wir Menschen steckten ohnehin schon voller Aberrationen, da bräuchte es nicht noch die Propaganda, die uns jeden Tag den Untergang weismachen will. Sie selbst sieht daher nicht fern und Bernd auch nicht mehr. Allein, dass er jetzt schon wieder im Internet surft, ist bereits zu viel. Er hätte Lust, sich bei YouTube die neuen Videos seiner Lieblingsmusiker reinzuziehen, aber wäre er einmal auf diesem Portal, würde er auch anderen Quatsch anklicken, Unfälle mit Tretbooten zum Beispiel oder Schwäne, die kleine Kinder zerhacken. Mein Gott, hat er Hunger. Er verachtet sich für seine Schwäche, diese paar wenigen Prinzipien, die offensichtlich funktionieren und ihm geholfen haben, sein Leben zu regeln, nicht ohne Gejammer durchziehen zu können. Er klickt in das Browserfenster und ist kurz davor, YouTube einzutippen, aber es fühlt sich an wie Verrat. Er kann nicht abtrünnig werden, wenn sie die ganze Kur klaglos durchzieht. Er schließt den Explorer, steht auf, wundert sich selbst, dass er den Schreibtischstuhl so heftig zurückstößt, dass er zu Boden kracht, geht in die Küche, öffnet den Kühlschrank, schaut sich all die Sachen an, die er frühestens um 13:30 Uhr zwischen seine Zähne rammen darf, knallt den Schrank wieder zu und schlägt sich unwillkürlich mehrfach mit der geballten Faust selbst vor den Schädel und dann gegen eine Schranktür. Dabei presst er einen Schrei durch die Zähne. Die Tür knackt ein wenig und er erschrickt. Die Küche war nicht billig. Er öffnet sie und muss sehen, dass sein Schlag so heftig war, dass das Holz rund um das untere Scharnier ein wenig gewölbt wurde. Das ist nicht gut. Er hat mit diesen stillen, einsamen Anfällen bislang noch nie Spuren hinterlassen. Spuren sind übel. Spuren erinnern auch ihn selbst daran, dass diese Anfälle real sind. Sonst verdrängt er sie üblicherweise wie eine Nachrichtenmeldung, die zwar passiert, aber auch nicht ernsthaft real ist. Er sortiert sie einfach aus dem Leben aus, auch wenn sie in seinem Leben vorkommen – genauso real wie das Aufstehen, das Yoga, die Sauna und der schicke neue Rechner. Es ist doch alles richtig. Es hat alles Sinn. Es führt alles zum Erfolg. Es ist alles in bester Ordnung. Er muss sich nur noch endgültig an diesen Lebenswandel gewöhnen; immer zwischen halb zwölf und eins, wo es irgendwann zum Schrei durch die Zähne kommt. Jeden Tag.

Um 13:29 Uhr steht Bernd heiter pfeifend in der Küche und hat in verschiedenen kleinen Schüsseln farbenfrohe, kleingeschnittene Gemüsehaufen zubereitet. Der Salat schimmert feuchtglitzernd grün, die Fische liegen fangfrisch auf einem Brettchen. Die Laune stimmt wieder, denn Tinas Küche ist so groß, so schwarz und so edel, dass er diese Stunden des Tages richtig liebt. Man hat Platz, sich zu bewegen. Für alles gibt es Instrumente. Zitronen liegen griffbereit in einem dreistufigen Hängenetz. In einem Holzregal über dem Vorratsschrank lagern Weinflaschen in kleinen quadratischen Fächern. Er stellt sich täglich vor, er sei ein Fernsehkoch in seinem Studio. Er kommentiert, was er tut und genießt jeden Schnitt in jedem Gemüse mit einer Achtsamkeit, die er erst kennt, seit er mit Tina zusammenlebt. Er fühlt sich in diesem Moment wie sein Onkel, der damals im Alleingang für die Familie beeindruckende Vier-Gänge-Menüs herstellen konnte und dennoch die Zeit fand, unter der braunen Bastlampe im Esszimmer mit den Gästen eine Linie 1 zu trinken. Er fühlt sich erstmals wie ein erwachsener Mann.

Gegen fünf nach halb zwei stürmt Tina in die Wohnung, geht durch den Flur sofort ins Schlafzimmer und wirft dort ihre Tasche aufs Bett. Sie seufzt. Sie knurrt. Sie zischt. Bernd wird augenblicklich nervös und fürchtet sich, dass er etwas falsch gemacht hat. Hat er irgendwas vergessen? Hat sie ihm heute Morgen etwas aufgetragen, das im Sport und Schlafbedürfnis untergegangen ist? Er will sich nicht ständig solche Fragen stellen und spürt, wie der kleine Vulkan in seinem Bauch wieder erwacht und einen Tropfen Säure spuckt. Er hat aber nicht sauer zu sein, er hat sich zu kümmern. Er läuft ins Schlafzimmer, wo Tina bereits langgestreckt auf dem Bett liegt und sich bis auf die Unterwäsche entkleidet hat. Der Vulkan ist augenblicklich still und macht Platz für einen Whirlpool, der warm in seinem Bauch sprudelt und kleine, neckische Kitzler Richtung Herzen schickt. Heute mal später essen? Das wäre toll!

»Ach, so ist das …«, sagt er veschwörerisch und zupft bereits am Ärmel seines T-Shirts, als Tina abwinkt und sagt: »Nein, *so* ist das nicht, Schatz.« Sie dreht den Kopf kurz zur Seite, als wolle sie in Sekundenschlaf fallen und sieht ihn dann schnell wieder an. ›Schneller Kopfdreher‹, denkt Bernd, ›das heißt, dass es ihr nicht gut geht.‹

»Würdest du bitte einen Beistand machen?«, fragt sie. Daran hat Bernd sich auch noch nicht gewöhnt. Oder besser gesagt: Er hat sich schon daran gewöhnt, dass derlei Techniken in ihrem Leben eine Rolle spielen, muss währenddessen aber immer daran denken, was die Außenwelt sagen würde, würde sie sehen, was jetzt gleich passiert. Seine Eltern würden ihn mit Polizeigewalt aus den Fängen dieser Frau befreien. Manuel würde ihn für verrückt erklären. Nicht mal ihm hat er bisher davon erzählt. Handlungen, die man seinem besten Freund verschweigt, sind meistens Handlungen, die tatsächlich nicht gut für einen sind. All das denkt Bernd, während er sich neben das Bett stellt und sagt: »Aber gern doch, mein Herz.« Halb scherzhaft verhakt er seine Finger ineinander und lässt die Fingergelenke knacken. Sie lacht nicht. Für sie ist das nichts Lustiges, sondern etwas Elementares. Etwas, das immer getan werden muss, wenn eine Verletzung stattgefunden hat oder auch nur übermäßige Stressoren eintraten. Er setzt an, aber sie legt ihre Hand auf seine und sagt: »Was wird das?«

Er sagt: »Ein Nervenbeistand.«

»Nein, Schatz, erst einen Berührungsbeistand bitte.«

Bernd schaut an ihr hinab. »Wo hast du dich denn verletzt?«

Sie zeigt ihm einen blauen Fleck am Handgelenk.

»Das kommt davon, wenn einem noch schnell etwas einfällt

und man ins Chefbüro zurücklaufen will, während die Assistentin bereits die Tür zuschlägt.«

»Autsch«, sagt Bernd.

»Ja«, sagt Tina. »Los, fang an!«

Bernd stellt sich aufrecht hin und sagt in klarem und deutlichem Tonfall: »Ich werde jetzt einen Berührungsbeistand machen.« Es ist wichtig, dass man das sagt, damit das Ritual beginnen kann. Es macht ihm sogar Spaß, das zu tun, und wendet sie es bei ihm an, zeigt es tatsächlich Wirkungen, auch wenn die manchmal vor allem darin bestehen, dass er Wallungen im Unterleib bekommt. Er beginnt, sie an den Schultern mit der Fingerkuppe zu berühren und sagt dabei jedes Mal, kurz bevor die Kuppe die Haut berührt: »Ich berühre dich!« Auch das muss angekündigt werden. Ferner darf nur ein Finger im Einsatz sein. Es geht darum, dass der Geist des Berührten sich voll und ganz auf die eine Berührung konzentriert und nicht durch weitere, gleichzeitige Berührungen irritiert wird. Er tippt die linke Schulter an, dann die rechte. Dann dasselbe etwas tiefer. Immer im Wechsel zwischen links und rechts. So muss er sich der Verletzung annähern, sich entfernen, sich wieder annähern. Die Energieströme im Körper werden auf die Verletzung gelenkt und diese durch Aufmerksamkeit geheilt und überwunden. Es wirkt. Er hat es selbst gespürt. Er erklärt es sich im Stillen dadurch, dass diese Technik im Grunde nichts anderes als eine besonders raffinierte Entspannungsübung ist. Sie ist meditativ, sie fixiert die Gedanken auf Berührungen und sie suggeriert einem, dass sich die Energieflüsse im Körper ausgleichen, so wie das ganze Saunen und Vitaminpillenschlucken und Entgiften dem Geist suggeriert, es würde einmal kräftig in seinem Wirtskörper aufgeräumt. Es spielt keine Rolle, ob es Schlacken und Parasiten wirklich gibt und ob man nur gesund bleiben kann, wenn man beim Obstessen vier Stunden nach dem Aufstehen niemals eine Ausnahme für Brötchen und Toast macht. Es sind Placeboeffekte, aber die funktionieren. Das denkt er sich im Stillen, würde es ihr gegenüber aber niemals offenbaren. So, wie er seinen Freunden und seiner Familie niemals offenbaren würden, dass seine neue Partnerin, die mit 29 schon PR-Chefin ist und eine Küche wie ein TV-Studio besitzt, die Techniken der Scientology praktiziert.

»Danke«, sagt Tina, als Bernd 60 Minuten später mit Berührungbeistand und Nervenbeistand fertig ist. Letzteren kann man immer anwenden, ob man gerade verletzt ist oder nicht. Man streicht dem Partner dabei zunächst mit nur einem und dann mit allen aufgefächerten Fingern von außen nach innen und von innen nach außen über die Flanken, so dass sich auch hier die Energie besser im Körper verteilt. Das Essen ist mittlerweile kalt und Tina muss wieder in die Firma. »Das habe ich jetzt gebraucht«, sagt sie und zieht sich an. ›Ich hätte ein warmes Essen gebraucht‹, denkt Bernd im Stillen und wundert sich, dass er immer frecher wird. Tina ist noch nicht lange in der so genannten Kirche, sie ist Pre-Clear, und ihre Versuche, ihn in die Sekte zu holen, sind noch sehr zaghaft. Das weiß er zu schätzen. Die Techniken und Überzeugungen aber hat er nicht anzuzweifeln, das hat er sehr früh gelernt. Als sie das erste Mal offenbarte, an was sie glaubt, nahm er es nicht richtig ernst und riss ein paar aus seiner Sicht harmlose Witze. Daraufhin verfinsterte sich ihr Gesicht in einer seither nie mehr gesehenen Weise und sie verließ wortlos das Zimmer, so dass er hinterherschleichen musste. Bernd schleicht immer hinterher. Er fand sie in der Küche, den Rücken zu ihm, am Kaffeeautomaten, der in ihrem Geiste gerade keine brasilianischen Bohnen, sondern seine Knochen zermalmte.

»Wer so wenig Respekt vor mir zeigt, den brauche ich auch nicht in meinem Leben«, sagte sie, und sie sagte es so ernst und so endgültig, dass Bernd sich seither nie mehr getraut hatte, ihren Glauben anzuzweifeln. Diese Zurückhaltung verteidigte er vor sich selber, indem er sich auf ihre Religion einließ. So konnte er sich selbst sagen, er sei offen und tolerant und erwachsen geworden, weil er sich endlich einmal auf die Erlebniswelt seiner Partnerin einlasse, wie es ein guter Mann tun sollte. Es hatte sogar etwas Verwegenes und Verbotenes an sich. Und es half. Das beruhigte ihn. So konnte er vergessen, dass man sein Verhalten auch als feige Selbstaufgabe deuten könnte. Nur in Momenten wie diesen erinnert er sich wieder daran, der kleine Vulkan im Bauch brodelt und er wundert sich, dass er nur noch Extreme empfinden kann. Euphorische Harmonie oder brennende Wut. Sie küsst ihn zum Abschied und lässt ihn wortlos mit dem halb fertigen Essen allein. Auch dies versucht er vor sich selbst zu erklären. Sie muss nun mal in die Firma zurück und ist nur eine gute Stunde Zeit, muss diese Stunde eben für Beistände verwendet werden, wenn sie nötig sind. Und sie waren nötig. Jede Verletzung ist ein kleines Trauma, das aufgelöst werden muss. Unfälle geschehen nicht aus Zufall, sondern aus Momenten der Bewusstlosigkeit, in denen der analytische Verstand aussetzt und der reaktive beginnt. So klein der Schaden dann auch sein mag, er bildet ein Engramm im Geist der Person und das muss so schnell wie möglich wieder da raus. So ist das nun mal. Da bleibt keine Zeit zum Essen. Sie hat ja Recht. Alles ist folgerichtig. Das denkt Bernd, doch plötzlich schlägt er aus heiterem Himmel immer wieder vor den Türrahmen, bis seine Hand schmerzt, und brüllt laut und ganz ohne Verstand: »Essen wird ja auch überbewertet!!!« Sein Kehlkopf brennt dabei, es muss aussehen wie in den »Clever & Smart«-Comics, wenn man ihn als rotes Hufeisen im Schwarz des Halses hüpfen sehen kann. Dann klingelt das Telefon.

»Ja?«, fragt er ärgerlich, weil der Anrufer keine Nummernerkennung hat und er das hasst.

»Alter, welche Laus ist dir denn über die Leber gelaufen?«

Manuel.

Sein alter Kumpel.

Er freut sich, ihn zu hören.

Er hat ein schlechtes Gewissen, weil er spürt, wie sehr er sich freut. Mit Manuel verbindet er all das, was aus seinem Leben verschwunden ist. Trinken, Burger essen, unsinniges Fernsehen zu sich nehmen und am nächsten Morgen um 11:30 Uhr mit Brummschädel auf dem Wohnzimmerteppich aufwachen.

»Wollte fragen, ob du kommenden Samstag mal wieder Zeit für einen Männerabend hast.«

Manuel soll das nicht immer fragen. Seit einigen Wochen kennt er die Antwort doch.

»Micha, du weißt doch, wie es ist. Ich muss da jetzt dranbleiben, es läuft irrsinnig gut. Im Job. Und mit Tina …«

»Du wirst doch wohl einmal in zwei Monaten Pause machen können«, sagt Manuel. »Ich habe die komplette vierte Staffel von ›Lost‹ hier stehen. Ja, die, die noch nicht im legalen Fernsehen lief. Wir gehen vorher einkaufen. Zwei Kästen Bier, gefüllt mit 40 verschiedenen Flaschen, wie wir es früher immer gemacht haben. Wir machen die Kassiererin wahnsinnig.«

Bernd muss lachen.

Bernd hat Tränen in den Augen.

Ja, er will das wieder tun, verdammt, aber was soll Tina denken? Er geht zu Manuel an einem Samstag. Der Samstag ist ihr gemeinsamer Tag und außerdem ist Manuel nicht gut für ihn. Er ist eine ›supressive Person‹, so heißt das bei Scientology. Trifft man sich mit Menschen wie ihm, hat das exakt den umgekehrten Effekt wie Aufstehen um halb fünf oder Berührungsbeistände. Die sind immer erstmal Arbeit, entlassen einen aber mit einem sehr guten Gefühl, das einen stärkt und kräftigt. Männerabende sind immer erstmal Vergnügen, entlassen einen aber mit einem schlechten Gefühl, das einen schwächt und Energie entzieht. Auch das kann er bestätigen. Aber verdammt, er will endlich wieder geschwächt werden!

»Gut«, sagt er in den Hörer, und es fühlt sich auch tatsächlich gut an. Manuel jubelt.

Bernd bereitet das Zweipersonen-Essen komplett für sich allein zu und denkt beim Verspeisen darüber nach, welche 40 Sorten Bier er Samstag aus den Regalen klauben wird.

Samstag Nachmittag steht Manuel vor Tinas Tür, um Bernd für den Einkauf im Getränkegroßmarkt abzuholen. Bernd öffnet die Tür mit einem Blick, der nichts Gutes verheißt.

»Bereit?«, fragt Manuel, doch Bernd wartet zu lange mit der Antwort. Wäre er bereit, wäre die Tür weiter geöffnet und die Antwort käme herausgeschossen wie der Schaum aus einer geschüttelten Flasche.

»Manuel, es ist so, es geht mir nicht gut, und …«

Manuel wird sauer. Das geht bei ihm ganz schnell und unkompliziert. Er denkt daran, dass er kommendes Wochenende wieder Elternbesuch machen muss, und er braucht an diesem Samstag ein Besäufnis mit einem Freund.

»Es geht dir gut, du siehst aus wie das blühende Leben!«, sagt Manuel, »wenn man mal von der Fleppe absieht, die du gerade ziehst.«

»Micha, ich …«

»Was ist denn los mit dir?«

Manuel zischt, da es ja nicht Bernds Wohnung ist, vor welcher er steht, und da er vermutet, dass Tina irgendwo hinter der nächsten Tür steht und lauscht. Sie prüft, ob er fähig ist, seinem Kumpel wieder abzusagen. Manuel kann sie nicht leiden. Er war von vorneherein misstrauisch. Wer mit 29 schon PR-Chefin ist, kann nie das Leben genossen haben. Manuel kennt solche Frauen aus dem Medizinstudium. Er hat drei Generationen von ihnen ihr Studium beenden sehen, während er immer noch über den Büchern sitzt. Diese Karrieristinnen haben kein Herz.

Manuel nickt und schaut dabei links den Hausflur hinab. Er zieht die Nase hoch. Er reibt sich am Kinn. Er sagt: »Dann komm wenigstens ein paar Minuten mit mir vor die Tür, ja?« Manuel hebt die Stimme an, damit Tina hören kann, was er sagt: »Ein paar Minuten wird er ja wohl haben!«

Er hört, wie Tina ganz leise irgendwo seufzt.

Bernd wirft sich eine Jacke über und kommt mit.

Sie verlassen das Haus und gehen die Straße hinab, eine Allee mit alten Buchen, die mit den Wurzeln von unten kantige Buckel in die Bürgersteige treiben.

»Bitte, erzähl mir, was da los ist, Bernd!«

»Da ist gar nichts los. Es ist eben ein anderes Leben.«

Manuel hält an und hebt den Finger: »Ha! Stopp! Da haben wir es doch schon. Es ist kein anderes Leben. Es ist *ihr* Leben!«

Bernd sieht Manuel mit schräg gelegtem Kopf an und nimmt seine Unterlippe zwischen Daumen und Zeigefinger der rechten Hand. Er drückt zusammen, so dass ein Fischmund entsteht.

Manuel sagt: » Du machst es schon wieder. Du gibst dich auf. Du machst alles mit, was sie macht. Wie bei Svenja und der Makrobiotik. Was machst du jetzt? Worauf lässt du dich bei Tina ein? Halb fünf morgens aufstehen, oder was?«

Manuel lacht, weil er etwas so Undenkbares und Absurdes gesagt hat, dass er nur lachen kann.

Bernd schluckt.

Es stimmt, was Tina sagt. Manuel ist nicht gut für ihn. Er zieht ihn aus seinem Leben und lässt ihn von außen darauf schauen, als sei er selbst ein Fremder. Was er dann sieht, sieht nicht gut aus.

»Was ist es, Bernd?«, fragt Manuel erneut und Bernds Widerstand schmilzt dahin. Manuel mag selbst Probleme haben, aber er ist sein ältester Freund. Wer nicht mal mehr seinem ältesten Freund die ganze Wahrheit über sein Leben sagen kann, der ist vielleicht wirklich verloren.

»Sie ist bei Scientology«, sagt er auf einmal und wollte es gar nicht. Er hält sich den Mund zu, als seien Steine herausgefallen. Manuel reißt die Augen auf wie kleine Kopffüßler in Videospielen, wenn sie etwas ganz Erstaunliches entdecken und zugleich schockiert sind.

»Wie bitte?????«

Bernd erinnert sich daran, wie Manuel reagiert hat, als er ihm damals makrobiotisches Essen auftischte. Wie sein halbherzig studierender Medizinerfreund auf einmal zum feurigen Kämpfer für die Aufklärung und die Schulmedizin wurde. Und jetzt das, Scientology!

Manuel macht ein paar Schritte und stolpert über die von den Wurzeln hochgestemmten Bürgersteigplatten.

»Bernd, bist du noch ganz bei Trost???«

Bernd will sich verteidigen, aber ein Teil von ihm möchte, dass Manuel seinen Wall überrennt. Ein anderer Teil will das Leben dort oben in der 20.000-Euro-Küche. Das Leben mit Sauna, teurem Rechner und Kontrolle. Kontrolle, Reinheit und Stärke.

»Weißt du, woran die glauben?«, fragt Manuel.

»An die schlimme Wirkung traumatischer Ereignisse, die aufgehoben werden muss. An eine Symbiose zwischen Geist und Körper. An Befreiung von unbewussten Überzeugungen, die einen kaputt machen. Das gibt es auch alles in der seriösen Psychologie. Es heißt bei uns nur anders.« Hat Bernd gerade ›uns‹ gesagt? Hat er wirklich ›uns‹ gesagt?

Manuel bringt sich unter der kräftigen Buche in Stellung. Er sagt: »Vor 75 Millionen Jahren beherrschte Xenu eine galaktische Konföderation von Planeten, die irgendwann mit 178 Milliarden Menschen pro Planet leider überbevölkert war. Er musste dieses Problem dringend lösen, um nicht von seinem Amt entlassen zu werden, also beauftragte er Tausende von Psychiatern, die Bürger unter dem Vorwand einer Einkommensteuer-Inspektion zum Gespräch zu laden, ließ sie betäuben, lud sie auf der Erde und vielen anderen Planeten in Haufen um aktive Vulkane ab und warf dann Wasserstoffbomben in die Krater. Die Dinger explodierten und die Milliarden Seelen trennten sich von ihren Körpern, haften bis heute an uns dran und verursachen massiven Schaden. Ach warte, das heißt ja nicht Seele bei euch, das heißt ja Thetan. Xenus Vulkanparty war Ereignis II. Ereignis I war eine Art Urknall, den wir niemals richtig durchschauen werden, weil er selbst den Thetanen verschlossen bleibt. Sie wurden durch laute Schnappgeräusche und einen trompetenden Cherub abgelenkt und auf ewig vom Urgrund Gottes getrennt. Das war laut eures Chefs übrigens vor vier Billiarden Jahren, also 250.000 mal länger her als das Universum der wissenschaftlichen Erkenntnis nach überhaupt alt sein kann. *Das* glaubt deine Tina, mein Freund!«

Das hat Bernd nicht gewusst. Er hat mal was gehört von so einem Mythos, aber nie etwas Genaueres. Xenu wird totgeschwiegen. Bernd wundert das jetzt nicht mehr.

»Und woher weißt du das so genau?«

»Ich bin ein fauler Medizinstudent. Bevor ich mich fünf Stunden in Sarkoidose vertiefe, vertrödele ich erst mal 50 Minuten, indem ich bei Wikipedia Zeugs über Sekten lese.«

Das hätte Bernd auch selbst tun können.

Er hätte Tina diesen Unsinn vorhalten können. Er hätte diskutieren können. Er hätte ihr sagen können, dass er durchaus bereit ist, an Übernatürliches zu glauben, dass er aber, wenn er die Wahl hat, schlussendlich doch lieber beim fleischgewordenen Wort Gottes bleibt, bei der Krippe und dem Christuskind und dem geteilten Meer und der Erlösung für all unsere Sünden, weil er – das erkennt er jetzt – doch irgendwo zu Hause ist und bei gleich großer Unwahrscheinlichkeit aller Mythen lieber in der heimatlichen Religion bleibt als bei um Vulkane aufgeschichteten Leichenbergen. Das denkt Bernd. Dann sieht er sich, wie er war, bevor er Tina traf. Er sieht sich im Zug um wenige Cent bei der Pizza feilschend, in miesesten Pensionen übernachtend, in denen man das Waschbecken nicht richtig benutzen konnte, weil der Plastikschrank darüber zu weit in den Raum hineinragte. Wie gut ist dagegen das Leben in Satinbettwäsche, Saunakabinen und Nobelküchen mit Kaffeeautomaten. Das Leben, in dem man einem Geschäftspartner schreiben kann, das unter 2000 Euro an diesem Wochenende seminartechnisch gar nichts geht? Es ist besser. Es ist stärker.

»Es tut mir leid«, sagt er, berührt Manuel halbherzig am Ärmel, lässt ihn unter der Buche stehen und geht schnell zur Tür des teuren Altbaus zurück. Manuel sieht ihm nach und kann nur hoffen, dass es wieder eine Phase ist. Ihm fallen Bucheckern auf den Kopf.

Thomas
(Zu der Zeit seiner ersten Ehe)

Fünfzehn Minuten.

Thomas hat fünfzehn Minuten zwischen dem Meeting mit der Marketingleitung und der Besprechung mit dem Personalrat. Fünfzehn Minuten, die er eigentlich fürs Essen nutzen müsste, was er in gewisser Weise auch tut. Ein Teller mit Mikrowellennudeln steht neben ihm auf dem Schreibtisch, eine Gabel darin, Nudeln darauf aufgespießt, aber abgekühlt, bevor er sie in den Mund stecken konnte. Thomas hat keine Zeit zum Essen. Thomas muss »Ausfegen«. So heißt seine Lieblingsmission im Kriegsspiel *Operation Flashpoint*, das er auf seinem Büro-PC installiert hat. In den Morgenstunden läuft er auf ein Dorf in Montingnac zu, das Gewehr in der Hand, die Hinweise seines Teamleiters im Kopfhörer. »All move to house, ten o' clock«, sagt er, und Thomas orientiert sich. Das Haus da drüben zwischen den Bäumen, das muss gemeint sein. Es hat eine schmale Holztür im Obergeschoss wie Scheunen oder Speicher. Nach wenigen Schritten rauscht wieder das Funkgerät. »11 o'clock, soldier!«, brüllt der Anführer und Thomas wirft sich mittels des Y-Knopfs auf den Boden. Er sucht den Dorfrand nach dem besagten Feind ab, doch bevor er ihn orten kann, heißt es schon per Funk: »Soldier is history!« Ein Kamerad hat ihn also bereits abgeknallt. Trotzdem bleibt Thomas unten und legt den Weg erst mal robbend zurück. Das ist schmerzhafter und langsamer, aber sicherer. Und auf lange Sicht zählt nur das Überleben.

»Herr Heymann, der Herr Bischorner aus der EDV lässt ausrichten, es gäbe ein massives Problem mit unserem Firmenserver und …«

»Herrgott, Valeska, muss das denn sein???«

Thomas brüllt.

Das wollte er nicht.

Er musste das Spiel auf Pause schalten und hat beim hastigen Versuch, wieder das Firmenprogramm auf den Monitor zu bringen, die Maus hinuntergeworfen. Er will sich in seinem eigenen Büro nicht wie ein Angestellter fühlen, der bei *Mohrhuhn* oder *Solitär* erwischt wird. Er ist der Vizechef dieses Ladens und er spielt auch nicht Karten, sondern Krieg. Entschuldigungen bei der Sekretärin sind nicht angebracht.

»Man kann klopfen!«, sagt er und Valeska ist irritiert.

»Verzeihung, aber es ist wirklich …«

»Es ist immer wichtig«, schimpft Thomas, weil er irgendwie nicht damit aufhören kann. »Wenn die Menschen selbst etwas für unwichtig halten würden, würden sie sich gar nicht damit befassen. Jeder Mensch hält sein Anliegen für wichtig und fragt sich nicht, ob der andere das auch so sieht!«

Valeska lehnt sich an den Türrahmen und stellt ihren rechten Fuß auf dem linken ab. Das ist die Haltung, die sie einnimmt, wenn sie einfach abwartet, bis er sich ausgetobt hat. Er kennt das schon.

»'tschuldigung«, sagt er. »Schicken Sie ihn hoch.«

»Gut«, sagt Valeska. »Er ist in fünf Minuten da.«

Nun ist Thomas' Pause also nur noch fünf Minuten kurz. Die zehn, die er verliert, schenkt ihm ja keiner. Das Problem ist dringend. Er hebt die Maus vom Boden auf und will versuchen, wenigstens noch diese fünf Minuten als Soldat in Montingnac zu verbringen. Er steht wieder auf, rennt in geduckter Haltung zu einem Haus links der Dorfstraße, kriecht hindurch und späht durch die Tür. Das Zielhaus ist nun rechts vor ihm, auf der gegenüberliegenden Straßenseite. Ein Gartenzaun führt seine Grundstückslinie fort. Links daneben steht ein weiteres Haus mit einem ausladenden Gebüsch davor. Der Weg zwischen den beiden großen Häusern führt auf ein kleineres zu. Zwischen ihnen ragen Bäume davor. Da scheint eine Art Dorfplatz zu sein.

»Tsiiiiiiuk!«

Eine Kugel schlägt links in Thomas' Türrahmen ein und der Anführer brüllt ein bisschen spät: »Target! Engage soldier!« Sein Cursor zeigt an, dass der Feind bloß fünfzehn Meter links von ihm auf das Haus zuläuft, was Thomas nicht sehen kann, weil er ja bloß im Türrahmen kauert. Scheiße. Er drückt die S-Taste, um zurückzurobben. Er muss sich konzentrieren. Er beschließt, in dem leerstehenden Haus die Treppe hinaufzugehen, um den Feind aus dem Fenster im ersten Stock zu erledigen. Es dauert zu lange. Noch während er die Stufen raufhastet, hört er im Funk »Three is down!« Soldat #3 von zehn Kameraden seiner Einheit hat es also erwischt. »This is Two taking command!«, knackt es im Funk. Thomas späht aus dem Fenster auf die Straße, aber der Winkel ist zu stark. Wahrscheinlich läuft der Feind direkt an der Hauswand entlang und direktes Herauslehnen ist mit der Steuerung dieses Spiels nicht möglich. Raufgehen war eine Fehlentscheidung. Er hätte sich offen in den Kampf stürzen müssen. So hat er Aktivität nur vorgetäuscht.

»Five is down!«

Na toll. Jetzt sind sie nur noch zu acht und es wurde noch kein einziger Russe erlegt. Nur noch zwei Minuten, bis der bekloppte Bischorner kommt. Thomas hasst diesen EDV-Fritzen. Bis der mit dem Serverproblem in verständlichem Deutsch auf den Punkt kommt, macht er erstmal ein 14-minütiges Intro aus unverständlichen Begriffen, anbiedernden Witzchen und Personalisierungen des Servers, bei denen er davon spricht, »dass er wieder nicht will wie ich« und »seine Launen habe«, weil ihm eine »Laus über die Platte gelaufen sei«. Noch zwei Minuten, um wenigstens einen Russen zu kriegen. Da klingelt sein Telefon. Er zögert einen Augenblick, dann stellt er das Spiel auf Pause und nimmt ab.

»Heymann & Hartwig, Heymann?«

»Na wer jetzt, Heymann oder Hartwig?« Ein Lachen vom anderen Ende der Leitung.

»Mutter …«, sagt Thomas, ermüdet von ihrer häufig guten Laune.

»Ich wollte mal hören, wie es meinem Sohn geht. Ist doch Mittagszeit.«

Sie wollte nicht bloß hören, wie's ihm geht. Das weiß er.

»Du hast doch Mittag?«

»Ich bin Vizechef. Vizechefs, Abteilungsleiter und Sekretäre haben niemals Mittag, die haben Nahrungsaufnahme. Mittag haben die Arbeiter aus der Fertigung ganz unten und die Konzernleitung ganz oben.«

Seine Mutter kichert. Sie sagt: »Ich wollte auch nur kurz wissen wegen Weihnachten.«

Hat er das eben gehört? Wegen Weihnachten?

»Mutter. Wir haben Anfang Oktober!«

»Ja, eben drum. Jetzt geht es schnell.«

Thomas blickt auf seinen Jahreskalender, der aufgeklappt neben dem kalten Nudelteller auf dem Schreibtisch steht. Er hat ihn mit einer Handschrift vollgeschrieben, die in ein Computerprogramm übertragen ungefähr die Größe 4-Punkt ergeben würde. Es ist nicht ein einziger Quadratzentimeter freier Raum mehr übrig. Thomas stellt sich vor, wie die Karte im Kriegsspiel aussähe, wenn man alle diese Aufgaben in Dörfer, Hügelwälder und Schützengräben umwandeln würde. Das Areal wäre riesig. Mindestens 400 Bildschirme und in jedem eine Aufgabe. Doch Mutter wirft hoch über die Landschaft vom Horizont her ihre Angel aus.

»Ich muss doch bloß wissen, an welchem Tag ihr zu kommen gedenkt. Dass ihr Heiligabend unter euch bleiben wollt, ist mir klar …« – ein sachtes Schluchzen, das nur Söhne hören können, garniert diese Bemerkung mit Schuldgefühlen –, »aber ob es der erste oder der zweite Feiertag wird, das kannst du mir doch sagen.« Thomas schaut auf den Monitor. Nur noch eine Sekunde hat sein in Pause eingefrorener Soldat, um wenigstens einen Russen zu erwischen.

»Mutter, ich muss das erst mit Bianca besprech …«

Ohne zu klopfen wird die Tür aufgerissen und EDV-Bischorner unterbricht ihn in seinem Satz. Ein Schrank mit Schnauzbart. Er poltert sofort los: »Jetzt ist die Kacke am Dampfen!«

Thomas wedelt mit der Hand, um ihm zu signalisieren, dass er gerade telefoniert, um den Rest seiner Würde als Autoritätsperson zu wahren.

Seine Mutter sagt: »Ich frage doch nur wegen Norbert und Sabine. Die haben auch eine große Familie und müssen ihre Anreise jetzt schon planen. Wenn ich denen sagen kann, dass sie euch eh erst am zweiten Tag sehen könnten, könnten die Sabines Familie am ersten Tag besuchen. Das läge dann auf dem Weg. Andernfalls führen sie rauf, wieder runter, wieder rauf und am Schluss wieder …«

Bischorner ist mittlerweile in einen Stuhl geplumpst und sagt: »Ich habe gleich gesagt, wir nehmen nicht Norton, wir nehmen McAfee. Norton ist was für Privatanwender.« Er spricht das Wort »Privatanwender« so aus, wie Fremdenlegionäre mit 25 Jahren Berufserfahrung das Wort »Zivildienstleistender« aussprechen würden. Thomas' Mutter plappert derweil weiter: »Ich habe das mal ausgerechnet. Von Kiel bis zu uns sind es 560 Kilometer. Sabines Familie sitzt in Oldenburg. Wenn die erst zu uns kämen und dann wieder nach Oldenburg rauf, das wäre ja …«

»Was wäre das, Mutter?«, sagt Thomas und er klingt schon wieder härter, als er möchte. »Es tut sich doch nichts, ob sie dort nun auf dem Hinweg oder auf dem Rückweg anhalten. Es sei denn, sie müssten noch mal zu euch zurück …«

Seine Mutter atmet 20 Sekunden lang so vorwurfsvoll in den Hörer wie ein Ankläger des Den Haager Tribunals, der seine Nase kopfschüttelnd vor das Gesicht eines serbischen Generals hält. Dann sagt sie, in nicht minder schneidender Weise: »Norbert und Sabine bleiben bei uns über Silvester. Ja, sie müssen zurückkommen.« Das ganze Theater drängt Thomas nicht in die Defensive, sondern macht ihn nur noch wütender. Da Bischorner vor dem Schreibtisch nicht sehen kann, was Thomas macht, löst er kurz die Pause und gibt ein paar Schüsse ab. Er vergaß, dass er einen Lautsprecher hat. Die Schüsse knallen laut und deutlich aus den Boxen, begleitet von der Erfolgsmeldung des Kommandanten: »Soldier is down!« Bischorner zieht die Augenbrauen hoch. Thomas bellt in den Hörer: »Mutter, so wie ich das sehe, steht bereits fest, dass Norbert und Sabine besser erst am zweiten Tag zu euch kommen und wir somit auch.«

»Das wollte ich ja mit dir klären, deshalb …«

»Nein Mutter, du wolltest das nicht *klären*, du wolltest es mir *mitteilen*. Warum sagst du nicht gleich: ›Es muss so sein, alles andere wäre unsinnige Spritverschwendung!‹? Fertig, alles klar, aus die Maus!«

»Ich habe versucht, dich zu einem höflichen Mann zu machen«, sagt seine Mutter.

»In jeder Sekunde frisst der Wurm unser System«, sagt Bischorner und tippt auf seine Armbanduhr. Beim vierten Tippen Bischorners klingelt Thomas Handy, das neben dem Terminkalender auf dem Schreibtisch liegt. Thomas sagt »Moment, Mutter« und nimmt schnell und ohne zu zögern auch diesen Hörer ab. Seine Frau Bianca ist dran und sagt: »Dein Sohn hat die Duschkopfhalterung an der Wanne abgebrochen. Bring nachher bitte Moltofill für Kachelfugen und eine neue mit.«

Seine Mutter sagt: »Du hast Norbert immer gemocht.«

Bischorner sagt: »Wir fahren hier sowieso mit einem Oldtimersystem. Wenn du das einem Fachmann zeigst, der lacht dich aus!«

Thomas springt auf und brüllt gleichzeitig in beide Hörer sowie in die Ohren seines EDV-Leiters: »Könnt ihr verdammt noch mal aufhören, alle gleichzeitig zu reden???« Dazu tritt er seinen Schreibtischstuhl so feste gegen einen dunkelbraunen Aktenschrank, dass ein Teil der Lackierung absplittert und ein Griff aus dem Holz bricht. Da er die Pause auf dem Bildschirm nicht abgestellt hat, wird sein Soldat erschossen. Eine düstere Musik erklingt und der Game-Over-Bildschirm erscheint. Im unteren Drittel des Bildes steht ein Zitat von Winston Churchill:

»Krieg ist ein Spiel, bei dem man lächeln sollte. Wenn man nicht lächeln kann, sollte man grinsen. Wenn man nicht grinsen kann, sollte man sich für eine Zeit nicht blicken lassen.«

Thomas nimmt beide Telefonhörer wieder auf und beginnt mit der Arbeit, die darin besteht, sich systematisch bei allen Beteiligten zu entschuldigen. Die Mittagspause, die erst gar nicht richtig begonnen hat, ist vorbei.

Gegen 20 Uhr streicht Thomas die letzten Punkte aus seiner heutigen Liste. Es ist durchaus wörtlich zu verstehen, dass seine Entschuldigungsrunde heute Nachmittag »Arbeit« war. Er hat nichts dabei empfunden. Kein Bedauern, keine Reue, nur eine große Müdigkeit, die Tag für Tag vorhanden ist und die er auszuhalten gelernt hat. Gegen halb acht hat er Bianca noch einmal angerufen und ihr gesagt, dass es später wird. Zu dem Zeitpunkt hatte er wieder die Kraft, sich wirklich zu entschuldigen, Wärme in seine Stimme zu legen und seine Frau am Hörer zu umarmen. Jetzt, nur eine halbe Stunde später, sind alle nötigsten Dinge getan und er könnte nach Hause gehen. Theoretisch. Praktisch bedeutet ›das Nötigste‹ geschafft zu haben gerade mal, die Fläche frei zu schaufeln, auf welcher er selbst steht, während sich um dieses Auge des Sturms herum wackelige, hohe Stapel des Zweit-, Dritt- und Viertnötigsten bilden, die eines Tages zusammenbrechen und ihn im täglich freigeräumten Mittelkreis begraben werden. Thomas holt sich einen Kaffee aus der Teeküche und beginnt, Mails zu beantworten, die nicht direkt mit einer Auftragsanfrage oder Terminabsprache zu tun haben, sondern aus Höflichkeit mit ein paar netten Floskeln beantwortet werden müssten. Es sind 124 Stück seit dem 7. September. Außerdem will der Stapel mit den Katalogen zu Produktinnovationen endlich mal durchgesehen werden, den die Vertreter der verschiedenen Zulieferer auf seiner linken Schreibtischecke in den letzten Monaten erzeugt haben. Thomas fühlt sich einigermaßen in der Spur, wenn er diese freiwilligen Überstunden macht, während die meisten Mitarbeiter aus der Firma verschwunden sind und das Telefon still bleibt. Zugleich spürt er, dass er niemals aufhören wird, seine Zeit bis an den letzten Rand mit zu erledigenden Stapeln und Haufen anzufüllen. Er spürt, dass diese Stapel niemals enden und dass ihn das auf perverse Art beruhigt, denn es verhindert an einem Abend wie diesem, früh genug nach Hause zu fahren.

Führe er früh nach Hause, würde Bianca spätestens nach dem Spielfilm beginnen, an seinem Ohr zu knabbern. Er liebt das, denn es bedeutet, dass von diesem Moment an feststeht, dass es noch heute Nacht zu einer zärtlichen Übereinkunft kommen wird. Oder auch zu einer harten, verschwitzten, bei der sich Hände ineinanderkrallen und Füße das Spannbettuch von der Matratze fetzen. Es bereitet ihm immer noch Herzklopfen und Glücksgefühle, im Prinzip. Nur hat die Arbeit dieses Prinzip zeitweilig ausgesetzt und bereits mehrfach dafür gesorgt, dass das Glücksgefühl schon nach kurzer Zeit völlig abriss und zu einem trockenen, bedrohlichen Gedanken wurde, der da sagte: »Ich bin das Glücksgefühl. Du musst mich jetzt empfinden. Los, mach schon!« Und weil das Glücksgefühl drohte, krümmte sich seine Mannhaftigkeit zusammen wie ein verängstiger kleiner Junge, der eine Prüfung bestehen muss und versagt, obwohl er genau weiß, dass er es kann. Thomas will das im Moment einfach nicht noch mal erleben und so vergehen die Tage derart angefüllt mit Arbeit, dass das Wochenende ganz der Familie gelten muss und vor lauter Ausflügen und sonntäglichen Zoobesuchen am Abend einfach keine Kraft mehr bleibt. Denkt er an jeden einzelnen Tag der letzten Wochen, ist es für jeden dieser Tage schluss- und folgerichtig, dass an ihm keine Zeit blieb und dass die Dinge, die erledigt wurden, auch wirklich dringend getan werden mussten. Überblickt er die Zeitspanne, in der Bianca und er schon nicht mehr miteinander zu etwas anderem als zum tatsächlichen Schlafen im Bett waren, aus der Vogelperspektive, wird er beim Abarbeiten seiner Stapel vor Scham rot. Abstinenz birgt aber wenigstens nicht die Schande in sich, zu versagen. Abstinenz lässt sich begründen. Sie ist ärgerlich, aber sie stört die Dinge nicht in ihrem Gang. Und es ist ja auch nicht so, als würde Bianca den ganzen Tag halbnackt und Däumchen drehend auf ihre Beglückung warten. Ihr beider Leben ist so voll mit Aufgaben, dass so, wie es läuft, alles seinen Gang geht. Das scheint zurzeit wohl keiner von ihnen aufs Spiel setzen zu wollen.

Er nimmt einen kräftigen Schluck Kaffee, rückt seine Tastatur zurecht und schreibt die Antwort auf die erste der 124 nachzuholenden Mails:

»Lieber Herr Nitsche,
es tut mir leid, dass ich mich erst jetzt melde, hier war in den letzten vier Wochen wegen der Messevorbereitung die Hölle los. Sie kennen das ja.«

Er unterbricht und kopiert diesen Satz mit Strg. und A-Taste in den Editor, um ihn fortan für alle nachzuholenden Mails zu benutzen. Das Telefon klingelt. Verwunderlich um diese Zeit. Er nimmt ab. Seine Tante ist dran.

»Edith«, sagt er und freut sich ehrlich, sie zu hören. Sie ist jetzt 67 und sie und sein Onkel Reinhard sind ihm sehr lieb. Wenn er ehrlich ist, sähe er lieber sie am zweiten Feiertag bei seinen Eltern als die Verwandtschaft aus dem hohen Norden.

»Bianca sagte, du wärst noch im Büro. Onkel Reinhard hat es geschafft. Er hat endlich den neuen Partykeller fertig gebaut und ich möchte euch herzlich zur Eröffnung am übernächsten Samstag einladen.«

Thomas hört das gerne, auch wenn er freilich keine Zeit hat, weil dies das Messewochenende ist. Darum geht es aber nicht. Es geht darum, dass Tante Edith ihn zu einer Party einlädt. So was ist selten geworden.

So was ist sehr selten geworden.

Deshalb regt ihn dieser Anruf auch nicht auf, auch wenn Tante Edith genauso wenig wie alle anderen Anrufer verstehen kann, wie lange im Voraus sein Leben verplant ist und wie viel er eigentlich leistet. Doch sie packt ihm nicht noch eine Anfrage oben drauf, sondern ein Entspannungsangebot im Partykeller. Allein diese Institution, dieser wundervolle Anachronismus! Onkel Reinhard hatte die Zeit, in aller Ruhe seinen Partykeller zu bauen. Er kann ihn sich schon vorstellen, ausgekleidet in braunem Teak, wie es auch für das Innenleben von Yachten verwendet wird. Bier aus dem Fass, Ouzo aus kleinen Gläsern und alte Stones-Platten von sich drehenden Tellern. Das ist ein Angebot. Sonst kriegt Thomas keine Angebote mehr, sondern nur noch Anfragen. Ihm fällt ein, dass er morgen früh das Moltofill für Kachelfugen und die Duschkopfhalterung kaufen muss, da er heute Abend nicht mehr dazu kommt. Thomas mag auf dem Papier Vizechef sein, aber er agiert in seinem Leben nicht mehr, er reagiert nur noch auf Anfragen. Er ist ein Anfragebeantworter geworden.

»Das tut mir wirklich, wirklich sehr leid, aber an dem Samstag muss ich unsere Firma auf der Messe vertreten.«

»Schade. Warte mal, vielleicht könnten wir …« Sie spürt, dass er es wirklich bedauert und will nun einen anderen Termin suchen. Thomas sagt: »Nein, lass nur, Edith, es bringt nichts. Wer auf mich wartet, wartet vergebens.«

Wie er es hasst, diesen Satz zu sagen. Er ist aber nun mal wahr. Außerdem ist es ein Instinkt geworden. Auf berufliche Anfragen reagiert Thomas instinktiv wie ein Pferd, dem Stromschläge in die Box geleitet werden; Angebote für das Privatleben lehnt er jedoch ebenso instinktiv ab. Gerade mal seine Betriebsband kann er vor sich und seiner Familie verantworten, dann ist auch schon alles dicht. Er ist eben kein Mann aus der Fertigung.

»Erzählt mir, wie's war, okay?«, sagt er. »Und grüß Onkel Reinhard ganz lieb von mir, ja? Wir hören uns.«

Seine Stimme ist sehr zart, als er das sagt. Er weiß, dass es gelogen ist. Realistischerweise wird er die beiden das nächste Mal an seinem Geburtstag im März sehen, wenn überhaupt. »Ich umarme dich«, sagt Edith.

»Ich dich auch«, sagt Thomas.

Dann wirft er das Kriegsspiel noch einmal an, 124 Mails hin oder her.

*

Er hat zwar noch nicht bezahlt, aber dennoch streicht Thomas den Punkt »Moltofill und Duschkopfaufhängung holen« bereits in der Schlange der Baumarktkasse aus der digitalen »To Do«-Liste seines Palms. Die Duschkopfaufhängung und das Moltofill legt er zu diesem Zweck kurz auf der Palette mit Autoscheiben-reiniger in Plastikkanistern ab. Ein junger Mann in der Nach-barschlange beobachtet sein Palm-Gekritzel mit der Selbstge-rechtigkeit derer, die jeden Geschäftsmann für ein unmoralisches Schwein halten. ›Guck nicht so blöd‹, denkt sich Thomas, ›du hast es im Leben noch leicht. Ich saß gestern bis 22 Uhr im Büro und stehe heute schon vor der Arbeit an der Baumarktkasse, weil Madame nicht länger mit dem losen Duschkopf leben kann.‹

Thomas knetet auf der Tube Moltofill herum und stellt sich unwillkürlich vor, wie die zierlichen Hände seiner Frau heute Abend auf seiner Tube herumkneten und ihn dafür belohnen, dass er heute morgen extra den Schlenker zum Baumarkt ge-macht hat. Vielleicht wäre es doch die Lösung all ihrer kleinen Probleme und Zankereien, wenn sie ihre Sexpause endlich be-enden würden, Stress hin oder her. Es wundert ihn, dass er aus-gerechnet beim nervigen Kauf des Moltofills und mit der Aus-sicht auf die friemelige Montage der Duschkopfhalterung diese Gedanken hat. Es mag an der Frau liegen, die vor ihm in der Schlange steht und der er auf den Hintern starrt, dessen Poba-cken ihre straffen Jeans so knackig und rund ausfüllen wie zwei perfekt geformte Äpfel. Ihr volles, dunkelblondes Haar fällt ihr bis tief auf den Rücken und zeigt dabei mit den Spitzen genau in die Mitte zwischen den Äpfeln. Er denkt daran, wie er seine Nase zwischen diese Pobacken steckt, die prall und warm sein Gesicht bedecken und dabei ihr Allerheiligstes besucht, während sie diese wundervollen, wortlosen, innigen Geräusche der Lust von sich gibt, die kein Porno jemals nachstellen kann, weil sie leiser und zugleich irrsinnig viel aufregender sind. Er sieht sich mit der Frau in seinem eigenen Ehebett, einen Dreier mit seiner Bianca be-ginnend. Die Fremde verwöhnt seine Frau so, wie er es sich ge-rade bei ihr vorgestellt hat, während sie in der Doggystellung hockt und er sie von hinten … PANG! Thomas' Fantasie wird von einem kleinen Computerschreibtisch aus Fichte unterbrochen, den sein Hintermann ihm ungebremst in die Waden rammt.

»Passen Sie doch auf!«, schimpft Thomas und ihm sausen die Ohren von der Heftigkeit der Fantasie, die ihn da gerade überkommen hat.

»Entschuldigung«, sagt der Fichtenschreibtischmann, und Thomas sieht noch, wie die Frau mit dem herrlichen Hintern bezahlt. Sie hat tiefe, grünblaue Augen wie Bergseen und Lippen wie ein Leben voller Abenteuer. Thomas wünscht sich, das Geldstück zu sein, das sie gerade als Wechsel in Empfang nimmt, um es ganz ohne Portmonee tief in ihrer Hosentasche zu verstauen.

*

»Zwanzig Standorte«, jubelt Thomas' Marketingchef Peter in der Bar des Maritim Hotels zu Hannover. »Zwanzig! Darauf zwanzig Schnäpse, oder?« Er übertreibt natürlich, aber fünf sind es sicher bereits, die Thomas und seine Kollegen bereits gekippt haben, Jazzmusik im Hintergrund und Flaschen in Teakholzregalen vor sich. Er denkt an die Party, die jetzt im Moment bei seinem Onkel Reinhard stattfindet, und stellt sich vor, dass sein Keller so ähnlich aussehen muss wie diese Bar. Ein wenig deutscher freilich, mehr Tatort und weniger James Bond. Er wäre jetzt gerne dort, aber hier ist es auch nicht schlecht. Keiner hätte damit gerechnet, dass sie diesen Auftrag wirklich bekommen, doch es ist geschehen. Die Telekom lässt seine Firma zwanzig ihrer großen Gebäude mit neuen Rollos und Sonnenschutzsystemen ausstatten, darunter auch das Zentralgelände in Darmstadt. »Ich weiß schon die Kampagne«, gackert Peter, das nächste Glas Schnaps in der Hand, »pass auf jetzt: ›Heymann & Hartwig. Wir helfen der Telekom bei der Verdunkelung! Ha ha ha ha ha!!!« Die Kollegen lachen, laut und bauchig, wie ein Chor. Thomas lacht halbherzig mit. Er ist müde. Er hat Rückenschmerzen. Er hat Hunger, ohne Appetit zu haben. Er will zu seiner Familie. Er ist zugleich froh, dass ihn heute Nacht kein Kind und kein Hund mehr wecken kann. Er hätte hier schon nach Torschluss der Messe verschwinden können und wäre bei freier Strecke gegen 21 Uhr auf der Party von Onkel Reinhard gewesen. So was macht man allerdings nicht als Vizechef. Ein Vizechef bleibt, feiert nach dem Erfolg und reist mit allen anderen am nächsten Mittag ab. Aber einmal kurz abseilen, ein paar Minuten Ruhe finden, das wird ja wohl erlaubt sein. »Ich gehe mal eben aufs Zimmer«, sagt Thomas, fängt sich einen doofen Witz von Peter und fährt mit dem Aufzug in den fünften Stock. Er atmet tief aus und öffnet die Tür. Der Fernseher springt von selbst an, als er die Schlüsselkarte in den Schlitz steckt, der die Stromversorgung des ganzen Zimmers einschaltet. »Guten Tag, Herr Heymann«, steht darauf, und Thomas hätte fortan die Auswahl aus normalem Fernsehprogramm, Premiere Hollywood, Premiere Sport sowie zwei Pornos. Ein Bad in der Wanne wäre allerdings auch nicht schlecht. Sein Handy klingelt. Bianca ist dran.

»Hallo, Schatz«, sagt sie.

»Hallo«, sagt er nur, da ihr Tonfall nach etwas Schrecklichem klingt.

»Alles klar bei euch?«

Sein Herz rast. Dieses Leise, Zurückhaltende, Tastende, Brüchige. So spricht sie nie. Nur, wenn die Einschläge näher kommen.

Er spielt das Spiel noch einen Satz lang mit, weil es so für beide leichter ist. Er sagt: »Wir sitzen unten in der Bar und feiern einen sehr guten Abschluss. Zwanzig Telekomgebäude, bundesweit.«

»Das ist schön«, sagt sie und schweigt einen Moment wie er. Der Fernseher bietet immer noch Pornos an, im kleinen Vorabbildschirm bietet sich eine Dunkelhäutige feil, als sei die Sklaverei niemals abgeschafft worden. Thomas schaltet das Gerät aus.

Bianca sagt: »Ich wollte dich nicht zu früh anrufen, weil sonst vielleicht eure ganzen Geschäfte in die Hose gegangen wären, und das hätte er ja auch nicht gewollt.«

Thomas weiß in Sekundenbruchteilen, was sie gleich sagen wird. Dennoch fragt er:

»Wer hätte das nicht gewollt?«

»Onkel Reinhard«, sagt Bianca. »er ist gestern Morgen gestorben. Er konnte seinen Partykeller nicht mehr einweihen.« Ihre Stimme bricht.

Thomas atmet härter als sonst und setzt sich aufs Bett.

Bianca sagt: »Es kam aus heiterem Himmel. Er ist einfach so umgefallen. Wenigstens hat er nichts gemerkt.«

Thomas sagt nichts, nur ein leises »Hmmm« entweicht ihm. Seine Frau weiß, dass er mit solchen Dingen nicht so leicht umgehen kann. Dass es nichts Schlimmes bedeutet, wenn er nicht weint.

»Ich weiß, er war dir sehr wichtig«, sagt Bianca, und Thomas sagt nur: »Danke.«

Sie schweigen lange, für zwei, drei Minuten hören sie nur gegenseitig ihren Atem. Der Fernseher springt wieder an, von alleine. Die schwarze Schlampe streckt sich Thomas entgegen. Er tritt mit dem Fuß vor die Bedienleiste am Gerät.

»Kommst du klar?«, fragt Bianca.

Thomas nickt. Das kann sie zwar nicht sehen, aber Frauen hören so was. Wenn man verheiratet ist, hört man das Nicken des Mannes.

»Die Beerdigung ist kommenden Mittwoch.«

Thomas nickt erneut.

»Wir sehen uns morgen wann?«, fragt Bianca.

»Gegen 13 Uhr«, sagt Thomas.

»Okay. Versuch ein bisschen zu schlafen.«

»Ja, du auch.«

»Ich hab dich lieb.«

»Ich dich auch, Schatz.«

Thomas legt auf.

Er ist allein, aber er weint nicht. Er schaut in seinen Kalender und verschiebt die Termine und Aufgaben, die am Mittwoch stattgefunden hätten, irgendwie in die anderen Tage. Einen Teil wird er morgen, am Sonntag, zu Hause machen müssen. Denn nun ist eine neue Aufgabe dazugekommen. Erledigt er sie nicht jetzt, wird es knapp, und dass *er* sie erledigen muss, ist gar keine Frage. Niemand sonst aus der Familie hat die Fähigkeiten dazu. Er setzt sich an den Schreibtisch des Hotelzimmers, nimmt einen Briefbogen aus der bereitgelegten Mappe für Gäste, knippst den Hotelkuli an und beginnt, die Rede zu schreiben, die er zu Ehren des Mannes halten will, auf dessen Party er heute hätte gehen sollen, wenn es eine gegeben hätte. Er fühlt nichts dabei. Er lässt es nicht zu. Er notiert Onkel Reinhards biografischen Eckpunkte, seine besten Fähigkeiten und ein paar lustige Ereignisse, die er mit ihm erlebt hat, als es noch ein Privatleben gab. Er stellt die Aspekte zusammen wie eine Power-Point-Präsentation für die Verdunkelung von Telekomgebäuden. Eben war er noch ein feiernder Vizechef in der Hotelbar, der seinen Onkel in seiner eigenen Bar beim Plattenauflegen und Zapfen wähnte, und nur fünf Minuten später ist er Schreiber einer Grabrede. Sie ist bloß noch eine weitere, ungeplante Aufgabe für ihn, abzuhaken wie all die tausend anderen. Das ist gut so. Er kann sich nicht leisten, jetzt durchzuhängen. Er sieht es ja auf seinem Kalender. Bis Weihnachten ist zum Durchhängen keine Zeit. Allenfalls vom 29. 12. bis Silvester. Falls keine allzu große Neujahrsparty zu planen ist oder sein Sohn vorher noch die ganze Emaille der Wanne kaputtschlägt und nicht nur die Duschaufhängung. Es sind alles nur Aufgaben. Nur Aufgaben. Er muss sie erledigen, eine nach der anderen, es bleibt keine Zeit, sich darauf einzulassen, *was* er gerade tut. Eine Rede über Onkel Reinhard. Sein Handy klingelt erneut. Es ist Peter aus der Hotelbar. »Hey, wo bist du denn, Chef? Etwa schon in die Heia gegangen mit der afrikanischen Schönheit. Oder was? Komm, sei kein Kind von Traurigkeit!«

Peter hat Recht.

Sei kein Kind von Traurigkeit.

Es geht immer weiter. Der Programmpunkt »Feiern des Geschäftsabschlusses« war noch nicht abgehakt. Eine unvollendete Aufgabe. Kein Feierabend, sondern Beruf.

»Ich bin gleich da«, sagt er.

Unten angekommen hält er die flache Hand auf das Glas, das ihm gefüllt werden soll, und sagt: »Für mich nur noch einen Espresso. Ich muss heute Nacht leider noch was tun.«

*

Es überkommt Thomas auf der Rückfahrt. Ein Stau auf der A2 zwingt ihn, auf Landstraßen auszuweichen, und Fahrten über Landstraßen sind seit jeher Momente, die ihn melancholisch machen. Die verwunschenen Waldränder und verlassenen kleinen Dörfer, die Weiden mit zwei, drei einsamen Kühen und die Wolken, die am Horizont kleben wie Schlieren im Bild eines Malers, der eine Pause machen musste, weil es an der Tür geklingelt hat … all das erzeugt in Thomas irgendein schwer beschreibliches Fernweh, das sich mit jeder weiteren Minute einer Fahrt durch den Panzer frisst, der sich in ihm gebildet hat. Irgendwo bei Lauenau ist es dann soweit. Das Radio spielt aus heiterem Himmel »Angie«, das Lied, mit dem Onkel Reinhard früher in seinem alten Partykeller grundsätzlich jeden Abend abgeschlossen hat. Er spürte, dass alle müde genug waren, hatte selber nur noch kleine, zufriedene Schlitzaugen, holte die Vinyl-Single aus seiner großen Sammlung, zog sie aus der Hülle, fasste die kleine schwarze Scheibe vorsichtig an den Rändern, pustete sie ab, selbst wenn gar kein Staub darauf war, und legte sie auf. Thomas sieht dieses Ritual genau vor sich, er riecht den alten Keller und das damals noch mit Furnier überzogene Spanholz, er fühlt die Lebensfreude, die darin steckte, Onkel Reinhard beim Pusten zuzusehen, und er lässt zu, dass ihm endlich klar wird, was passiert ist. Dass es an ihn rankommt. Dass der verdammte Keller nun restauriert ist, aber auf ewig leer stehen wird, da Edith ihn weder benutzt noch ausräumt. Die Platten werden verstauben und Thomas wird am Mittwoch seine Rede halten für den Onkel, der vorgestern noch lebendig war. Die Tränen kommen in kleinen, heftigen Stößen, und Thomas weiß, dass er an den Straßenrand fahren und anhalten sollte, aber er fährt weiter, während die schlierigen Wolken über der Landstraße noch schlieriger werden, bis ihm alles in den Augen zerschwimmt. Für einen Moment denkt er darüber nach, so weiterzufahren und nicht darauf zu achten, ob eine Kurve kommt oder nicht. Für einen Moment stellt er sich vor, vom Weg abzukommen und sich stark genug zu verletzen, dass er endlich loslassen und sich im Bett verkriechen kann, Beine in Gips, die Decke bis unter die Nase und befreit von allen Anfragen, Aufgaben und Hiobsbotschaften. Fernsehen den ganzen Tag und verständnisvolle Nachsicht von seiner Frau, seinem Sohn, seinem Chef, seinen Angestellten, seiner Mutter und der ganzen, anstrengenden Welt. Einfach nur einmal wieder krank sein dürfen, hilfebedürftig. Einfach nur anhalten und nicht weitermachen müssen, auf unbestimmte Zeit, er hat genug getan die letzten 15 Jahre, genug für ein ganzes Leben. Niemand wird ihm das erlauben, jetzt schlappzumachen, außer er macht sich selbst schlapp. Das denkt er für eine Sekunde, während die Landschaft in seinen feuchten Augen verschwimmt. Dann wischt er sie mit dem Ärmel aus, nimmt die Kurve, die sich tatsächlich vor ihm auftut, schlägt zwei, drei Mal brüllend aufs Lenkrad und schaltet einen anderen Radiosender ein. Eine Wirtschaftssendung berichtet von Engpässen in der Ölförderung und kündigt einen Sprung der Benzinpreise für kommende Woche an. Thomas muss schnell seinen Speditionsleiter anrufen, damit die Flotte wenigstens vorgetankt wird. Er darf es nicht vergessen. Er fährt an den Straßenrand und nimmt sich die Zeit, das Telefonat zu führen. Es muss ja weitergehen.

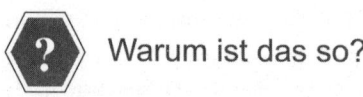 **Warum ist das so?**

»Es läuft.«

Das ist die häufigste Antwort von Männern, wenn sie im Supermarkt einen Bekannten treffen und Small Talk machen müssen.

»Wie geht's?«

»Es läuft.«

Die etwas ehrlichere Variante davon lautet: »Muss ja.«

Für Männer scheint nichts wichtiger, als dass die Dinge ihren Gang gehen und dieser nicht unnötig gefährdet wird. Das kann sich ganz unterschiedlich ausdrücken. Im Falle von Thomas in ungebremster Arbeitssucht und somit in einem Verhältnis zum eigenen Funktionieren, das vielleicht mit dem Verhältnis einer Geisel zu ihrem Entführer verglichen werden kann. Um das Geschehen überhaupt seelisch verarbeiten zu können, beginnt die Geisel irgendwann, mit ihrem Entführer zu sympathisieren und seine Ziele für legitim zu halten, obwohl sie ihn und seine Ziele selbstverständlich tief im Inneren weiterhin hasst. Dieses Phänomen kennt man als Stockholm-Syndrom. Männer wie Thomas haben das Stockholm-Syndrom gegenüber ihrer eigenen Funktion und Arbeit bekommen.

Männer wie Bernd hingegen garantieren das Funktionieren ihres Lebens auf andere Art. Für sie bedeutet Stabilität vor allem, dass ihre Beziehung ohne jeden Konflikt abläuft, und so tun sie alles dafür, die Frau nicht zu verärgern, während sie innerlich kochen.

Thomas' Art, ohne Rücksicht auf die eigenen Bedürfnisse zu funktionieren, entstammt der in dieser Gesellschaft immer noch dominanten Fixierung auf die Arbeit als zentralen Bestandteil des Lebens und die damit verbundene, kontextunabhängige Leistungsfähigkeit. Mit dieser »Arbeit«, die alle zu leisten bereit sein müssen, ist freilich nicht die Arbeit gemeint, die man verrichtet, wenn man den Garten pflegt, einen Roman schreibt oder eine Skulptur haut. Auch das ist Arbeit – häufig sogar sehr mühsame –, aber sie ist nicht eingebunden in die vom Protestantismus geprägte Vorstellung der »Arbeit« als quasi-religiöse Pflicht ewiger, fleißiger Mühen, die angeblich notwendig sind, ohne dass jemals hinterfragt wird, warum eigentlich. Die Ausblendung dieses »Warums« war im Jahre 2008 auch sehr gut angesichts der politischen Reaktionen auf die Finanzkrise zu beobachten. Dieselbe Regierung, die sich die ganzen Monate zuvor den Klimaschutz als erstes Ziel auf die Fahnen geschrieben hatte, verabschiedete plötzlich Steuererleichterungen beim Kauf spritfressender Geländewagen und bürgte für die Hersteller dieser Schlitten mit Milliarden von Regierungs- und somit Steuergeldern. Das Gleiche in den USA, wo Ford, General Motors und Chrysler ins Schwimmen geraten waren. Die Frage, *ob* man solche Wagen überhaupt noch herstellen solle und *ob* die Menschen sie überhaupt noch kaufen, oder sich nicht längst umzuorientieren beginnen, stellten sich die verkappten Planwirtschaftler gar nicht. Die unterschwellige Aussage war: Wir müssen diese Autos produzieren und ihr müsst sie erwerben, damit »es läuft«. Damit ihr sie bezahlen könnt, müsst wiederum ihr härter und länger placken gehen. Das Gleiche übrigens bei den Banken. Hier überschlugen sich die Nachrichtensendungen damit, die Bürger zu bitten, ihr Geld doch bitte auf dem Konto zu lassen und jetzt nicht in Gold umzutauschen oder abzuziehen, damit »es läuft«. Man stelle sich einmal vor, ein Großteil der Bevölkerung würde diese Direktiven nicht befolgen, ihr Geld in eigenem Grund und Boden anlegen und dort mit dem Geld, das sie u. a. dadurch spart, dass sie den teuren Geländewagen nicht kauft, eine ansatzweise autarke Existenz aufbauen! Entstehen würde nach und nach eine Welt ohne Abhängigkeit von klassischer Arbeit und stoischem »Funktionieren« im Räderwerk. Diese Welt ist noch fern, deutet sich aber bereits in zahllosen Beispielen neuer Formen von Selbstständigkeit und Kleinunternehmertum an, die in dem an früherer Stelle bereits erwähntem Buch »Marke Eigenbau« eindrucksvoll aufgezeigt werden. Dort zeichnet sich ein, so der Untertitel, »Aufstand der Massen gegen die Massenproduktion« ab, sei es nun, dass Menschen aus aller Welt in virtuellen Auktionshäusern wie Etsy oder Craftista selbst gemachte Produkte anbieten und dafür überhaupt keinen klassischen Firmenvertrieb mehr brauchen, oder sei es, dass die Beschäftigten der thüringischen Fahrradfabrik Bike Systems auf die Schließung durch den texanischen Finanzinvestor Lone Star so reagierten, dass sie das Gelände zunächst im Rahmen einer »andauernden Betriebsversammlung« legal besetzten, um dann dort auf Anregung der anarchistischen Gewerkschaft FAU einfach in Eigenregie Fahrräder zu bauen und via Internet an solidarische Sympathisanten in aller Welt zu verkaufen. Satte 1837 »Strike Bikes« gingen in kurzer Zeit über den Tisch, und aus der Aktion ging nach der endgültigen Schließung des Werkes eine neue Firma hervor, die jetzt ganz regulär an innovativer Fahrradtechnik arbeitet. Dieses exotische, aber wunderbare Beispiel zeigt auch, warum klassisches Streiken, Demonstrieren und Fordern im Endeffekt zwar häufig Firmen retten oder mehr Lohn aus den Arbeitgebern herauspressen kann, unterm Strich aber nichts daran ändert, dass die Maschinerie so wie immer weiterläuft und »funktioniert«. Um noch einmal auf die Sprache der Transaktionsanalyse zurückzugreifen: Wer von den Besitzenden oder Herrschenden etwas fordert, begibt sich in eine Transaktion von Kindheits- zu Eltern-Ich und ändert somit nichts an der Asymmetrie der Situation. Niklas Luhmann schrieb dazu aus Sicht der Systemtheorie:

> »Die Protestbewegung ist nur ihre eigene Hälfte – und auf der anderen Seite befinden sich jene, die anscheinend ungerührt oder allenfalls leicht irritiert das tun, was sie sowieso wollen. Der Protest negiert, schon strukturell, die Gesamtverantwortung. Er muss andere voraussetzen, die das, was verlangt wird, ausführen.«

Also sollen wir nun alle selbstständig werden? Unseren Traum verfolgen? Ja, sicher, warum denn nicht? Weil das Geld dann nicht reicht? Wofür? Für den großen Geländewagen, der die Wirtschaft retten muss, weil sonst … wir drehen uns im Kreis.

> »Damals, vor der Erfindung der dunklen, satanischen Fabriken, war England eine Nation von Müßiggängern. Doch diese chaotische Haltung störte zeitgenössische Moralisten, die glaubten, die Menschen müssten auf Trab gehalten werden, damit sie keine Dummheiten machten. (…) Die neue protestantische Arbeitsmoral hatte Erfolg. Die Industrielle Revolution war vor allem ein Kampf zwischen harter Arbeit und Faulheit, und die harte Arbeit hat gesiegt.«

So Tom Hodgkinson in seiner »Anleitung zum Müßiggang«, den Männer wieder schrittweise in ihr Leben einführen sollten, wenn die

Kraft zum kompletten Neuaufbau einer eigenen Existenz nicht reicht. Der erste Schritt dazu ist, sich einzugestehen, dass man tatsächlich »nicht mehr kann«. Diese »Kapitulation«, zu der die deutsche Band Tocotronic 2008 ein ganzes Album geschrieben hat, ist für jeden Mann, der seinen Krieg naturgemäß tapfer gewinnen will, schwer. Es hilft, sich mal zu fragen, welchem höheren Ziel dieser Krieg überhaupt dienen soll.

Ein weiterer Grund dafür, warum Männer wie Thomas der Arbeit und Männer wie Bernd der Partnerin wegen sämtliche eigenen Bedürfnisse zurückstellen, liegt darin, dass das klare Ziehen eigener Grenzen in dieser Gesellschaft viel zu oft als »Egoismus« gebrandmarkt wird. Deswegen sind wir immer verfügbar, immer erreichbar und immer bereit, das »auch noch eben« zu machen, bis dieses »eben« mal wieder den ganzen Tag, den ganzen Monat oder das ganze Jahr gefressen hat.

> »Das seltene offene Bekenntnis zum Egoismus lichtet für kurze Momente den Durst der rituellen Beteuerungen des guten Gewissens und wirkt wie das Fanal einer verbotenen Freiheit. Es ist die negative Freiheit, »Nein« zu sagen, ohne sich vorher überlegt zu haben, welche schädlichen sozialen und moralischen Konsequenzen solche Verweigerung haben könnte. (…) Der Egoist sagt die Wahrheit, nämlich, dass der einzelne mit dieser Bürde überfordert ist und in der ständigen, heimlichen Versuchung lebt, sie abzuwerfen.«

Diese Bürde, die der liberale Literaturwissenschaftler und Journalist Richard Herzinger in seinem Buch »Die Tyrannei des Gemeinsinns« vor allem auf die gesellschaftlichen Bevormundungen bezieht, kann eben auch die Einschränkung sein, der Männer in Beziehungen unterliegen, ohne jemals den Mund aufzumachen aus Angst, dann als Egoist und Störenfried dazustehen. Eine enorme innere moralische Umwertung ist nötig, um diese falsche Vorstellung von Egoismus und Miteinander wieder loszuwerden.

 Fehlerbehebung

1. Seien Sie der Fels statt die Brandung.

Sagen Sie sich innerlich: Ich bin der Fels und nicht die Brandung. Was wollen Sie in dem kleinen, wackeligen, durchgeschüttelten Schlauchboot, das Ihr Leben sein wird, wenn Sie auf alle Anfragen und Bitten immer sofort eingehen und darüber hinaus sich selbst vergessen? Seien Sie der Fels, an dem die Brandung abprallt und der selber entscheidet, wer ihn erklimmen darf und wer nicht. Suggerieren Sie sich dieses (oder ein anderes) Bild täglich, um aus der Gewohnheit herauszukommen, die darin besteht, dass Sie ab dem Aufstehen unablässig nur rennen, um mithalten zu können, Erwartungen zu erfüllen, Leistung zu zeigen und die Maschinerie in Gang zu halten.

2. Nehmen Sie sich Auszeiten.

Tür zu, Telefon aus. Spaziergang ohne Abmeldung. Verlängerte Rast. Das Bad in der Hotelwanne, egal, wie dringlich es ist. Erspähen Sie alle Momente, in denen Auszeiten und Abschottungen möglich sind, und nutzen Sie sie. Oft reichen schon wenige Minuten, in denen man ganz bewusst innehält und zu rennen aufhört, um sich selber zu kommunizieren: Ich bin mein eigener Herr. Ich bestimme das Tempo. Indem man auf eine Bitte nicht stante pede reagiert, sondern in fünf Minuten. Indem man Dinge auslagert und andere machen lässt. Indem man sich zugesteht, dass man es heute einfach nicht mehr will oder kann.

3. Üben Sie den Egoismus.

Es ist eine ganz klare Sache, die Sie bestimmt auch schon beobachtet haben. Ist jemand immer nett und hilfsbereit und selbstaufopfernd, zeigt dann aber ein Mal miese Launen, heißt es sofort: »Was ist denn mit dem los?« Ist jemand immer fies und zynisch und egoistisch, zeigt dann aber ein Mal Herz, werden die Leute ihm zu Füßen liegen und sich sagen: »Wussten wir es doch, er ist doch ein Mensch!« Der eine helle Moment im Verhalten des dunklen Bösewichts hat viel mehr Gewicht als die Tausenden heller Momente des Gutmenschen, der irgendwann das erste Mal »Nein!« sagt. Üben Sie sich daher darin, im Rahmen ihrer Möglichkeiten und ihres Status Grenzen zu ziehen. Schlucken Sie nichts runter. Beschweren Sie sich in Hotels, Restaurants oder bei der Post, wenn es Grund dafür gibt. Stellen Sie für sich selbst ein paar innere Bedingungen auf, die in Ihrem Leben erfüllt sein müssen, damit Sie glücklich sind, und bestehen Sie auf diese. Organisieren Sie Ihr Leben um diese Schlüsselhandlungen herum und nicht umgekehrt.

4. Seien Sie konfliktfreudig.

Eine Beziehung wie die zwischen Bernd und Tina kann auf Dauer nicht gutgehen. Handeln Sie mit Ihrem Partner, aber auch mit Mitbewohnern in Wohngemeinschaften, Nachbarn, Belegschaften oder Familienmitgliedern Konditionen des Zusammenlebens aus, die am Ende für alle eine Win/Win-Situation stellen, anstatt per Selbstaufgabe Frieden zu erzwingen. Diese Verhandlungen können schwierig sein und müssen gegebenenfalls alle paar Jahre neu geführt werden, geben Ihnen aber das Gefühl, ein Mann mit Rückgrat und Mund zu sein, der sagt, was er will. Das bewahrt allen Beteiligten ihre Würde und führt letztlich zu besserer Stimmung und mehr Freiheit für alle.

Der Mann und die Selbstbeobachtung

 Fehlerbeschreibung

Der moderne Mann verwechselt Selbsterkenntnis mit fruchtloser Selbstbeobachtung und Selbstmitleid. Er kann vortrefflich über sein eigenes Verhalten theoretisieren, ohne jemals emotional zum Kern des Problems vorzudringen. Er macht sich zum eigenen Beobachtungsobjekt und legt sich ins Reagenzglas des Labors, um seine Konstitution zu prüfen, kommt der Sache aber dennoch nicht näher. Hinterher ist er meist verzweifelter, selten schlauer, aber niemals weiser.

Bernd

»Guten Morgen, meine Damen und Herren«, sagt der Coach, »herzlich willkommen beim Seminar ›Gespräche führen‹.«

Das allein wäre nichts Besonderes, eine ganz normale Begrüßung, ein anständiger Satz. Der Grund dafür, warum Bernd und die zwölf weiteren Teilnehmer der Fortbildung hinter ihren Tischen wie Aquariumsfische auf ihren Dozenten starren, ist, dass dieser sie mit dem Rücken zu ihnen begrüßt. Wortlos betrat er den Raum, legte seine Aktentasche ab, stellte sich mit dem Gesicht ganz nah an die Tafel und begann mit seiner Begrüßung. »Mein Name ist Prof. Dr. Strasser«, fährt er jetzt fort und seine Worte werden dabei zwischen Lippen und Tafel fast zerquetscht, »und wenn ich jetzt 90 Minuten lang so weitermachen würde, würden Sie entweder alle flüchten oder die Männer mit den weißen Jacken holen.« Ein paar Teilnehmer lachen. Dr. Strasser dreht sich um. Er hat eine legere und zugleich kerzengerade Haltung, hält beim Sprechen die

189

Hände auf Hosenbundhöhe und schlägt sie ab und an zusammen, als wolle er sagen: »So, jetzt packen wir's an!« Bernd ist misstrauisch. Er hat dieses Seminar gebucht, weil die Gespräche mit dem sorglosen Manuel ihn nachdenklich gemacht haben. Sein Freund hat ja Recht. Bernd ist neurotisch, was Geld angeht. Bernd könnte erfolgreicher sein. Bernd hat angefangen, über sich nachzudenken und zu analysieren, was da passiert, doch das einzige, was bislang dabei herumkam, ist, dass es nun noch eine weitere Grübel-Ebene gibt, auf der Bernd sich Sorgen machen kann. Manchmal sogar ganze drei! Er rechnet wieder unnötig herum, anstatt Aufträge zu akquirieren (Grübel-Ebene 1), bemerkt das, macht sich darüber Sorgen und beginnt, stundenlang nach Gründen zu suchen (Grübel-Ebene 2), um sich schließlich darüber Sorgen zu machen, dass er zu den Menschen gehört, die einen ganzen Arbeitstag damit verbringen, sich Sorgen zu machen (Grübel-Ebene 3).

Ob Professor Strasser da helfen kann?

»Ich hätte Ihnen eben die komplette Relativitätstheorie erklären können«, sagt Dr. Strasser. »Oder Shakespeare vortragen. Ganz egal: Solange ich mit dem Rücken zu Ihnen stehe, die Nase an der Tafel, kann ich sagen, was ich will, ich werde für Sie nur kommunizieren, dass ich nicht alle Tassen im Schrank habe.« Bernd denkt darüber nach, dass bereits 10 Minuten vergangen sind. Er ertappt sich dabei, die Gesamtzeit des Seminars im Kopf neben die Teilnahmegebühr zu stellen und auszurechnen, dass diese 10 Minuten bereits 8,50 Euro gekostet haben, ohne dass ein handfester Tipp dabei herumgekommen ist. Dann bemerkt er, was er da denkt, und macht sich Sorgen darüber, dass er schon wieder rechnet.

»Was denken Sie, wie viel Prozent der Überzeugungskraft einer Aussage davon abhängen, in welcher *Form* sie vorgebracht wird?« Professor Strasser sieht in die Runde, die Hände ineinandergefaltet vor sich wie ein Keil. »Na? Keiner? Kommen Sie, geben Sie Tipps? Sie, was denken Sie?«

Bernd schreckt auf. Strasser meint ihn. Hosenbund und Handkeil schweben jetzt vor seiner Nase. Bernd wuchtet sich schwer aus seinen Gedanken in die Außenwelt hinein und sagt: »50 Prozent?«

Das ist bestimmt falsch, denkt er sich. Es kommt doch darauf an, was man sagt. Sicher, den Rücken sollte man seinen Zuhörern auch nicht zudrehen, aber wenn er in seinen eigenen Seminaren den Leuten Excel erklärt, dann muss er daraus keine Uri-Geller-Show machen. Am Ende verstehen sie es doch. Die meisten.

Strasser dreht sich zu den anderen. »Wer bietet mehr?«

»70 Prozent«, sagt eine Frau.

Bernd pustet durch die Zähne.

Strasser sagt: »Da pusten Sie?«

Bernd erschrickt. Er wollte niemanden angreifen. Schon gar nicht wollte er die Aufmerksamkeit auf sich lenken.

Strasser löst die Hände aus dem Keil und sagt, ein wenig gestikulierend wie ein Dirigent: »90 Prozent, meine Damen und Herren! 90 Prozent der Kraft einer Aussage werden von der Form bestimmt, von Mimik, Gestik, Stimme und Intonation.«

Die Teilnehmer sind baff. »Die Rhetorik hat besonders in Deutschland keinen guten Stand. Es ist Tradition im Land der Dichter und Denker, sie für vulgär zu halten und sich allein auf die Kraft der Gedanken zu verlassen. Alles andere sei Manipulation. Dabei vergessen wir, dass wir ständig manipulieren, in jedem Moment. Um den guten alten Spruch von Paul Watzlawick abzuwandeln: Man kann nicht nicht manipulieren. Warum also dann nicht wenigstens lernen, wie man es kontrolliert tut?«

Bernd fragt sich, ob er das nötig hat.

Bernd macht nicht viele gute Geschäftsabschlüsse. Häufig gibt er seine EDV-Kurse in Institutionen, deren Chefs graue Bärte und sehr weiche Augen haben und jedes Gespräch mit dem Satz anfangen: »Sie wissen, wir haben leider nur wenige Mittel.« Daraufhin lächelt und nickt Bernd grundsätzlich verständnisvoll, stellt sich innerlich darauf ein, den Kurs fast umsonst zu geben, und freut sich über jeden Euro, den er dann doch bekommt. Als sei es ein Hobby und kein Beruf. Bernd sucht nach Techniken, die ihn aus diesem Selbstbild befreien. Er ist fast bereit, alles dafür zu tun. Manchmal denkt er sich im Stillen: ›Scheiß drauf, und wenn es Drogen wären, die mein Bewusstsein veränderten. Oder eine Sekte. Hauptsache, es geht endlich voran.‹

»Manipulation«, sagt Strasser, »geschieht nicht nur da, wo jemand brüllt oder einschüchtert oder droht. Auch jemand, der sich klein macht, damit wir nachgeben, kann uns manipulieren. ›Herr Strasser‹, heißt es dann, ›wir wollen Ihr Seminar unbedingt anbieten, aber wir haben nur wenige Mittel.‹« Bernd traut seinen Ohren nicht. 20 Minuten sind mittlerweile vergangen. 17 Euro Gebühr, doch jetzt schöpft er Hoffnung, dass sie sich auszahlen werden …

*

»Mal ganz im Ernst, was *ist* das?«

Strasser sieht Bernd über die Tischplatte hinweg an. Sein Kopf liegt flach auf seinen Händen, die Nase über dem Papier, das er soeben gelesen hat, die Augen auf Bernd gerichtet, als wolle er ihm von unten in die Nasenlöcher kriechen. Bernd windet sich. Strasser richtet sich auf. »Das ist Ihr Newsletter für den festen Kundenstamm?« Bernd spürt natürlich, dass daran wieder alles falsch sein muss, ärgert sich aber über das Spiel, das Strasser mit ihm spielt. Seit zwei Stunden prüft der Mann in Einzelgesprächen die Kundenkommunikation seiner Teilnehmer, und es ist nicht so, dass danach bei ihnen Euphorie herrschen würde. Bernds Material scheint allerdings außerordentlich schlimm zu sein. Strasser nimmt die ausgedruckte Mail in die Hand und liest vor:

»Liebe Kundinnen und Kunden von Bernds Bytebude …« Strasser räuspert sich. Manuel hat Bernd gesagt, er soll einen griffigen Namen erfinden. Ist doch lustig, und eine Alliteration. Strasser liest weiter: »In den letzten Wochen hat sich in meinem Leben viel getan und ich habe mich stark weiterentwickelt. Dabei haben mir ein guter Freund, viele Bücher (grins) und einige Fortbildungen geholfen, die sehr intensiv waren und die ich nicht vergessen werde. Das ermöglichte es mir, meine Seminar- und Serviceangebote entscheidend zu verbessern. Mir ist klar geworden, dass meine Workshops bislang ein wenig zu trocken gehalten waren, und ich kann versprechen, dass sie ab sofort unterhaltsamer gestaltet werden. Bei mir werden in Zukunft selbst Access-Kurse zu Feuchtgebieten. *lol*«

Bernd dreht seine Pupillen nach links oben, presst die Lippen aufeinander und zieht die Augenbrauen zusammen. Wenn Strasser das jetzt so vorliest, klingt es tatsächlich nicht gut. Strasser senkt das Blatt, legt seine Hände flach auf den Tisch und schüttelt den Kopf. »›Grins‹?«, fragt er. »Und ›*lol*‹? In einem Newsletter.«

»Ja, gut, ich dachte halt, mache ich es ein bisschen locker ...«

Strasser unterbricht ihn: »›Ich habe mich stark weiterentwickelt? Ich habe meine Angebote verbessert.‹ Ja, *wie* denn, Herrschaftszeiten?«

Bernd schlägt die Augen nieder wie eine Jungnonne beim Lehrgang mit der Äbtissin. Zugleich wird er wütend. Auf Strasser und auf sich selbst. Sein Stil kommt bei seinen Kunden doch an! Viele antworten sehr nett und verwickeln ihn in Mailplaudereien.

»Das geht jetzt noch zwei ganze Seiten so weiter, dass Sie schreiben, wie sehr Sie vorwärtsgekommen seien und wie gereift die neuen Angebote seien. Zwei Seiten, und ich weiß immer noch nicht, worin diese Angebote bestehen! Ich weiß nur: Oh, mein EDV-Mensch hat sich weiterentwickelt. Mein EDV-Mensch hatte intensive Erlebnisse. Das ist gut zu wissen, das beruhigt mich sehr, das rettet meinen Tag!« Einige der Seminarteilnehmer drehen sich bereits zu ihm und seiner Predigt gegen Bernd um. Strasser kann ganz schön leidenschaftlich werden. Seine Wangen sind rot. Er redet sich in Rage. »Das ist Kundenkommunikation und kein Tagebuch! Ich meine, was ist das? Was?« Er nimmt das Blatt wieder in die Hand, hält es am ausgestreckten Arm einen Meter vor sich, als könne er die Schrift sonst nicht lesen, und schüttelt wieder heftig den Kopf: »Ist das der Sonntagsbrief der Pfarrgemeinde? Oder ein Schnulzenroman, oder was? ›Ich hab dich im Gefühl?‹ Meine Güte.«

»Ja, ich weiß, ich bin ein Vollidiot!«, platzt es plötzlich aus Bernd heraus und Strasser sieht ihn ernst an. »Nein, sind Sie nicht. Aber Sie glauben anscheinend, dass Kunden keine nützlichen Fakten brauchen, sondern Süßholzgeraspel und Rechtfertigungen. Sie stehen mit diesem Newsletter vor Ihren eigenen Abonnenten, die sich freiwillig eingetragen haben, wie ein Schüler mit dem Zeugnis vor dem Vater. Und anstatt ihm direkt und ohne Umschweife von der einen Fünf in Mathe zu erzählen und transparent zu sagen, dass ihr eben auch drei Zweien in Deutsch, Erdkunde und Religion gegenüberstehen, faseln Sie solange herum, bis ihm schwindelig geworden ist. Ihre Kunden sind aber nicht Ihr Vater. Und so, wie ich Sie einschätze, haben Sie heute auch in keinem Fach mehr eine Fünf. Ihre Kurse sind mit Sicherheit lehrreich. Aber Sie präsentieren sie so, als müssten Sie sich dafür entschuldigen. Als hätten Sie gar kein Recht darauf, für Ihre Arbeit überhaupt Geld und Aufmerksamkeit zu bekommen.«

Das saß.

Bernd muss schlucken.

Strasser gibt ihm das Blatt wieder. Er sagt: »Sie haben ja ganz Recht, wenn Sie denken, ein Newsletter muss mehr als Fakten transportieren. Er muss zeigen: ›Dieser Bernd ist ein cooler, kompetenter Könner, so lässig wie präzise. Der schreibt kein Wort zuviel oder zuwenig, der kumpelt mich nicht mit Schulterklopfhumor an, der ist einfach präsent und sagt, was Sache ist.‹ Schreiben Sie einen Newsletter, der das zeigt, ohne es sagen zu müssen.«

Bernd sieht Strasser noch einen Augenblick an. Seine braunen Augen, das lange, kantige Gesicht, das notwendig in einem scharfen Spitzbart endet, das dünn gestreifte Jacket. Strasser klopft auf den Tisch, steht auf und geht zum nächsten Teilnehmer.

In der Mittagspause hockt Bernd alleine in einer Ecke des Foyers des Seminarhauses und denkt nach. Das Foyer beinhaltet eine kleine Cafeteria mit warmen und kalten Speisen. Gegenüber der Kasse führt eine Glastür zum Innenhof, in dem die meisten anderen Teilnehmer gemeinsam zusammenstehen und rauchen. Bernd stochert in einem Teller Nudeln mit Pilzsauce herum und denkt an sich und seinen Vater. Auf den Trichter, den Strasser vorhin ausgepackt hat, war er in den letzten Wochen bereits selber gekommen. Das war einer der Punkte, den er gemeint hatte, als er im Newsletter über seine persönliche Weiterentwicklung schrieb. Strasser hat Recht. Was hat das mit seinem Job als EDV-Dienstleister zu tun? Und selbst wenn man meint, seinen Kunden sein Privatleben auftischen zu müssen, was haben sie davon, wenn es derart im Vagen bleibt? Bernd denkt darüber nach, wie er die letzten Wochen über dieses Thema nachgedacht hat. Wie er sich daran erinnerte, dass sein Vater ihn niemals ernst nahm und lieber einen »erwachsenen« PC-Experten ins Haus holte, obwohl Bernd schon früher kompetenter war als all diese Wald- und Wiesenschrauber. Wie sein Vater ebenfalls immer rechnete und plante und am Ende dann doch das tat, was sein Finanzberater am Küchentisch durch den Bart nuschelte. Bernd fällt ein, dass er draußen noch sein Auto umparken wollte, stellt Teller und Tablett in den Rückgabewagen, verlässt das Seminarhaus und geht zu seinem Wagen, der mit angezogener Handbremse an der Straße davor geparkt ist. Die andere Straßenseite wird von einem Wäldchen begrenzt. Gottlob, kein Knöllchen. Bernd weiß gar nicht, ob das Parken hier wirklich verboten ist, er hat zumindest kein Schild gesehen und besitzt auch nicht die Kraft, nach einem zu suchen. Er denkt darüber nach, dass er mit 35 immer noch ein Seminar besuchen muss, in dem er darüber nachdenkt, inwiefern er mit seiner Kundenpost eigentlich seinem Vater schreibt, und findet das alles fürchterlich würdelos. Er schließt seinen Wagen auf, setzt sich hinein, löst die Handbremse, wirft das Auto an, startet und fährt ein paar Meter weiter auf den von einem mit Büschen bewachsenen Wall begrenzten Parkplatz des

Hauses. Den zu verwenden hätte heute Morgen nur eine Minute mehr Zeit gekostet, als direkt vor der Tür zu halten und dann während vier Stunden Fortbildung die ganze Zeit die Knöllchenangst im Nacken sitzen zu haben. Bernd denkt darüber nach, warum er grundsätzlich nie nach der besten und legalsten Parkmöglichkeit sucht, sondern voreilig handelt und dann halbe Tage in der Angst vor der Polizei verbringen kann. Will er das? Steht die Polizei für seinen Vater, der ihn erwischt und vor dem er sich dann wieder rechtfertigen muss? Ist er rechtfertigungssüchtig? Während er so darüber nachdenkt, steigt er aus dem Wagen, wirft beiläufig die Tür zu und sieht Strasser, der an der Heckklappe seines Kombis steht, gerade ein Telefonat mit einem kleinen Ohrcliphandy beendet und sich aus einer teuren Stahlthermoskanne eigens mitgebrachten Kaffee eingießt. Strasser nickt ihm zu und sagt: »Blue Mountain aus Jamaika. Beste Kaffeesorte der Welt. Kostet nicht mehr als 7,50 Euro das Pfund, also das doppelte vom Discounter-Kaffee. Wenn Sie einen Wein haben wollen, der in seinem Gebiet diesem Kaffee entspricht, kriegen Sie den nicht fürs Doppelte der billigen Sorten, sondern erst fürs Hundertfache.« Strasser lächelt, nickt und trinkt. Bernd sagt: »Herr Strasser, was kann ich tun, dass dieses ständige innere Nachdenken aufhört?«

Strasser antwortet, den Kaffee wie ein Somelier schlürfend: »Achtsam sein. Handeln statt Denken.« Er zeigt, seinen Becher in der Hand, mit dem kleinen Finger auf das Auto von Bernd. »Jetzt zum Beispiel könnten Sie schnell in Ihren Wagen springen, da er gerade wegrollt.«

Bernd reißt den Kopf herum. Sein Kleinwagen rollt auf die Böschung zu. Der Parkplatz hier ist ebenfalls leicht abschüssig, und er hat vor lauter Grübeln die Handbremse nicht angezogen. Er will losspringen, gibt jedoch diesen Impuls schon im nächsten Moment auf, lässt die Arme hängen und beobachtet gemeinsam mit dem spitzbärtigen Strasser, wie der Opel Corsa langsam und knisterraschelnd über Zweige und Blätter rollt, um dann mit einem dumpfen »bruuump« im Hang hängenzubleiben, die

Schnauze im Buschwerk wie ein Hund, der eine Stelle fürs große Geschäft sucht. Er hätte handeln können. Stattdessen steht er neben dem Mann, der seinen Kaffee importiert aus Jamaika mitbringt, und bewegt sich nicht, da er darüber nachdenkt, dass er ein Mann ist, der nicht mal achtsam genug ist, sein Auto richtig zu sichern oder ihm wenigstens im Ernstfall hinterherzuspringen. Dann denkt er darüber nach, dass sein Nachdenken übers Nachdenken jedes Handeln verhindert. Strasser klopft ihm auf die Schulter und es wirkt, als wäre es sein Vater, der damit nur sagt: »Ach ja …«

Bernd denkt nach.

Ole

›Es ist falsch, dafür extra in einen Baumarkt zu gehen‹, denkt sich Ole, der einen Ersatz für die hitzebeständige Glasschüssel sucht, die ihm neulich beim Versuch, einen Fischauflauf zu machen, durch das Eingießen kochenden Wassers um die Ohren geflogen ist. ›Eigentlich müsste ich sie entweder gebraucht kaufen oder aber einen kleinen Einzelhändler für Haushaltsbedarf aufsuchen. Ich müsste recherchieren, welcher Händler sein Ladenlokal an einer besonders vernachlässigten Stelle der Stadt hat und meine paar Euro für eine gute Glaskochschüssel wirklich benötigt, statt aus Bequemlichkeit in den Baumarkt zu gehen wie alle anderen auch‹. Das denkt Ole. Ole denkt aber auch: ›Ich sollte jetzt nicht dieser Frau vor mir auf den Hintern starren, deren Pobacken ihre straffen Jeans so knackig und rund ausfüllen wie zwei perfekt geformte Äpfel. Ich sollte wenigstens meinen Blick heben, um ihr langes, braunes Haar zu betrachten, das ihr bis tief auf den Rücken reicht und dabei mit den Spitzen genau in die Mitte zwischen den Äpfeln zeigt. Mist, jetzt bin ich dem Lauf des Haares gefolgt und doch wieder bei den Pobacken gelandet. Ich bin kein Macho, ich schaue fremden Frauen nicht einfach so auf den Hintern. Was sollen denn die Leute denken?‹

Ole kann den Blick nicht abwenden und stellt sich vor, wie diese Frau sich plötzlich umdreht, weil sie etwas vergessen hat und er ihr anbietet, so lange die Stellung zu halten. Sie läuft los, um das Vergessene zu holen, kommt zurück, bedankt sich und lädt ihn beim Bäcker, der vorne in den Baumarkt eingebaut ist, auf einen Kaffee ein. Während sie da so nebeneinander stehen und plaudern, spürt Ole auf einmal, wie ihre Hand auf seiner landet und sie streichelt, als wäre dieses Date geplant gewesen und wie er sie, kaum dass er sich versieht, unter den Augen der Kunden, die ihre Einkaufswagen nach draußen in den Herbst schieben, lange und tief küsst. Sie lässt kurz von ihm ab, zahlt, kommt zum Tisch zurück, küsst ihn erneut und nimmt ihn mit zu sich nach Hause, wo sie ihn reitet, bis er um drei Uhr nachts erschöpft und glücklich in dem fremden Bett liegen bleibt. Aus dieser Fantasie weckt ihn ein riesiges Waschbecken vom Typus »Ideal Standard«, das ein Monteur hinter ihm auf seinen Wagen geladen hat und ihm damit in den Rücken stößt.

»Entschuldigung«, sagt der Monteur, und Ole sieht noch, wie die Frau mit dem herrlichen Hintern bezahlt. Sie hat tiefbraune Augen wie Bergseen und Lippen wie ein Leben voller Abenteuer. Ole wünscht sich, das Geldstück zu sein, das sie gerade als Wechsel in Empfang nimmt, um es ganz ohne Portmonee tief in ihrer Hosentasche zu verstauen.

*

Gegen Mittag ist Ole auf dem Weg zur Vorlesung über Schillers Idealismus sowie seinen Begriff des Pathetischen. Schiller war alles andere als der Sonntagsoptimist, den Kalender und Festtagsredner gerne aus ihm machen. Für ihn war das Leben ein einziges, mühsames Ringen um das Erreichen und Praktizieren der höchsten, zeitlosen Werte. Diese liegen in einer Sphäre des Himmlischen, des Geistes. Wir aber leben nun mal am Boden und fußen im Irdischen, in Trieben und Begierden und Ablenkungen. Eine Zerrissenheit, die Ole gut verstehen kann, denn heute ist wieder einer dieser Tage, die er »Spiegeltage« nennt. An solchen Tagen kann er nicht anders, als alles, was er tut, auf seine Verwerflichkeit hin zu prüfen. Wie selbstgerecht wäre es schließlich, wenn ein Politaktivist wie er sich selbst als Täter in dieser Welt ausklammern würde? Also prüft und hinterfragt er alles, und das Irdische, was er tut, muss sich vor den himmlischen Idealen verantworten, die in seinem Kopf den Überbau seines Lebens bilden. Heute Morgen hat er sich zum Beispiel dabei ertappt, beim Frühstück das Radio einzuschalten. Einfach so, wie es Tausende jeden Tag tun, ohne darüber nachzudenken. Würde man diese Tausende fragen, ob sie jetzt gerade im Moment Lust haben, 60 Minuten lang oberflächliche Popmusik gemischt mit schlechten Nachrichten zu hören, würden sie – so gefragt – sicher nein sagen. Diese Entscheidung ließe sich noch erleichtern, indem man zusätzlich fragte: »Möchten Sie sechs von 60 Minuten damit verbringen, der deutschen Stimme von Bruce Willis zuzuhören, wie sie verkündet, dass auch diese Woche wieder 20% auf alles außer Tiernahrung angesagt ist? Wollen Sie wirklich dem klebrigen, nicht mehr aus dem Kopf zu löschenden Singsang lauschen, der da verkündet: »Carglass repariert, Carglass baut aus?« Nein, das *will* sicher keiner. So gefragt würden alle beschließen, doch lieber zum Frühstück eine Platte aufzulegen oder einfach nur den Vögeln vor dem Fenster zu lauschen. Dennoch machen alle das Radio an, weil es ein »Kulturwasserhahn« ist, wie der Philosoph Günter Anders schrieb, und Wasserhähne müssen nun mal laufen. Ole denkt an Günter Anders, als er so über die Brücke zur Universität läuft und an die angemessene Strenge, mit welcher dieser Philosoph die Medien und die Technik betrachtet hat. Es ginge nicht darum, *was* gesendet würde und ob das Radio selbst nur Mittel für verschiedene Zwecke sei, schrieb er damals, es gehe darum, dass sich seine Anwesenheit in unserem Leben als scheinbar alternativlos eingeprägt hat, ein Leben, »wo der Gang zum Brunnen ebenso gut ist wie der Trunk.« Ole denkt darüber nach, dass er diesem Gang genauso verfallen ist wie alle anderen, und schämt sich dafür. An seinen »Spiegeltagen« schämt er sich für fast alles, was er tut, weil er sich unablässig selbst beobachtet und jeder Handgriff ihm beweist, dass es kein richtiges Leben im Falschen gibt.

Vor der Vorlesung kauft Ole sich einen Kaffee und ein Brötchen in der Cafeteria des gelben Gebäudes. Der Kaffee an der Universität ist fair gehandelt, aber Ole hat seine eigene Tasse vergessen und muss daher einen Einwegbecher erwerben. Der Käse erinnert ihn an das Leid, das die Herstellung jedes tierischen Lebensmittels verursacht, und das Brötchen an die Tatsache, dass vom Weizen, der dafür verwendet wird, gerade mal 0,02 Cent beim Landwirt selbst ankommen. Ole setzt sich an einen Tisch und denkt darüber nach, dass er auch nicht besser ist als alle anderen, die eben kaufen, was sie kaufen, und sich nichts dabei denken. Der einzige Unterschied liegt darin, dass er sich was dabei denkt, unterm Strich aber auch sein Geld an die Brötchentheke der Uni trägt, statt sich daheim Brote aus der lokal angesiedelten Biobäckerei Hutzel zu schmieren. Er denkt an Annika und ihren gemeinsamen Spaziergang neulich über den Campus. Hätte er sie mal anrufen sollen? Er weiß es nicht. Lässt der Mann die Frau anrufen, ist es unhöflich und kommuniziert eine arrogante Machohaltung nach dem Motto: Es wäre nett mit uns beiden, aber ich *brauche* dich nicht, ich kann viele haben. Ruft der Mann die Frau an, ist das aufdringlich und schmierig. So empfindet es Ole. Nicht anrufen ist Beleidigung, Anrufen ist Belästigung. Ole kann nicht handeln, weil er denken muss.

»Hallo«, sagt ein junger Mann schüchtern und legt zwei Flyer auf den Tisch. Ein Neuling unter den Verteilern, das erkennt Ole sofort. Er glaubt, sich noch halbherzig entschuldigen zu müssen. Das ist sympathisch. Ole sieht sich das Werbezettelchen an. Es preist eine Rockdisco am Wochenende und steckt voller Klischees. Flammen, Billardkugeln mit der 8 darauf, Tätowierungen und feingerippte Unterhemden, die in der Slangsprache der Szene sogar ernsthaft Wifebeater genannt werden. Das ist zwar ironisch gebrochen, zeigt aber das ganze Elend des Rock-'n'-Roll: Er ist keine Rebellion, sondern die Fortschreibung und Zementierung einer männlichen, triebgesteuerten, alles mit Kraft und Überschuss penetrierenden Gesellschaftsordnung. Darüber denkt Ole nach, während sein Kaffee kalt wird, und überlegt sich, ob er die Flyer einfach wegwerfen soll, wie er es sonst häufig mit propagandistischem Druckwerk tut. Er muss sich eingestehen, selber ein paar Platten von Bands zu besitzen, die nichts gegen Billardkugel-Ästhetik haben, und schämt sich dafür. Er ist definitiv immer noch häufiger ein Teil des Problems, als dass er ein Teil der Lösung ist. Draußen vor dem Fenster erstrahlt das Lottental grün und saftig unter einem klaren, blauen Himmel. Zwei Studentinnen stehen vor der Cafeteria, trinken ihren noch heißen Kaffee und sehen es sich in aller Ruhe an. Ole würde es ihnen gerne gleichtun, doch dann denkt er darüber nach, dass Versinken in naiver Naturromantik ein reaktionäres, irrationales Muster ist, das zu Ende gedacht nur darin endet, die »Heimat« zu verherrlichen und mit dem eigenen Boden auch das eigene Blut zu verbinden. Die meisten Menschen begreifen diese Zusammenhänge nicht. Ole schon. Ole kann nicht leben, weil er denken muss.

Die Vorlesung regt Ole auf, weil er sie versteht. Das geht den meisten seiner Kommilitonen nicht so, aber die meisten seiner Kommilitonen sind ja auch 20 Jahre jünger als er. Der Professor vertritt eine These, die Ole für zutiefst konservativ hält. Schiller, erklärt er, habe damals erkannt, dass die moderne Gesellschaft die Menschen entfremde und das früher durch Bindemittel wie die Religion dicht verklebte Leben in viele einzelne Funktionsbereiche aufspalte. Politik, Wirtschaft, Wissenschaft, Glaube … das habe nun alles keine Verbindung mehr zueinander und verfolge jeweils seine eigenen Zwecke. Ein ausuferndes Staatswesen nehme sich vor, den Charakter zu veredeln, sei aber selber barbarisch. Der Mensch würde verdorben. Rettung verspräche allein die Kunst, weil sie anders als alle anderen Systeme nicht länger einen »Zweck« verfolgt. Hier habe sich die Trennung der Zuständigkeiten ausgezahlt, denn wo Dichter früher verpflichtet waren, zur religiösen Erbauung beizutragen, sei die Kunst fortan autonom. Dadurch kann sie den Menschen retten, bilden, veredeln. Ein guter Gedanke, wie Ole findet, ein exzellenter Ansatz. Der Professor macht dort aber nicht halt, sondern setzt den jungen Leuten nun den Floh ins Ohr, dass Schiller hier einem Selbstbetrug aufsitze. Wenn Kunst angeblich so autonom sei, so der Professor, wie könne sie dann wieder die »Aufgabe« zugeteilt bekommen, den Menschen und die Welt zu verbessern? Wenn sie diese Aufgabe hat, könne sie so autonom ja nun auch wieder nicht sein. Diese Schlussfolgerung regt Ole auf. Sie regt ihn so sehr auf, dass es ihn hinten am Nacken kitzelt. Er juckt sich. Er überlegt sich, ob er sich melden soll, wenn das auch in einer Vorlesung unüblich ist. Er meldet sich häufiger. Man kennt ihn auf dem Campus. Ole, das Ur-Fossil, Student seit ca. 50 Jahren, so lästert man über ihn, aber das bekommt er nicht mit. Wenn dieser Professor da die Kunst wieder in die reine Autonomie zurückschubsen will, dann zementiert er damit bloß die kapitalistische Funktion der Kunst als Ware. Dann ist sie nur Entertainment ohne weitere Bedeutung oder Verantwortung. Das kann Ole nicht zulassen. Es kitzelt ihm wieder im Nacken. Er juckt sich. Er zeigt auf.

»Ja, bitte?«

»Schillers Modell war plausibel«, sagt Ole. »Der Mensch leidet an der Moderne und wird durch das Spielerische der Kunst wieder entzerrt und zu sich selbst zurückgeführt. Kunst stellt die harmonische Ganzheit des Geistes wieder her, indem sie der Disharmonie und den Ungerechtigkeiten des Gesellschaftlichen entgegenwirkt. Sie hat diese Funktion. Hätte sie diese nicht, säßen wir jetzt nicht hier in der Germanistik, sondern würden Drehbuchschreiben für Hollywoodfilme lernen.«

Der Professor lächelt, wobei Ole nicht genau weiß, ob er sich freut, dass endlich Leben in die Bude kommt, oder ob er seinen Seniorstudenten einfach nicht ernst nimmt.

»Der Kunst eine ästhetische Sozialversöhnung aufzuzwingen bedeutet, eine philosophische Leistungserwartung in das System

Literatur zu importieren … das kann dieses System nur überfordern.«

Der Mann ist schlagfertig. Ole muss kurz nachdenken, um das zu kontern, aber es kitzelt wieder im Nacken. Ärgerlich dreht er sich um und will schimpfen, als ihn die großen Augen Annikas von der Sitzreihe hinter ihm anlächeln. Sie hält ein Plastikstöckchen in der Hand, das in ein paar Büscheln mit Federn endet, ein Katzenspielzeug. Er muss augenblicklich strahlen, obschon er gerade noch gegen den ideologischen Backlash des Professors ankämpfen wollte. Er klappt lautlos den Mund auf und zu. Der Professor zuckt mit den Schultern und fährt einfach mit seiner Vorlesung fort.

Nach dem Vortrag verlässt Ole gemeinsam mit Annika den Hörsaal und nimmt ihre Einladung zum Essen in der Mensa an. Kaum haben sie den halben Weg dahin zurückgelegt, springen seine Gedanken wieder an. Was macht er hier? Sie will ihn, so viel ist ja nun sicher. Das ist nicht mehr die Frage. Die Frage ist nun: Sollte er darauf eingehen? Er ist sicher 20 Jahre älter als sie, mindestens. Er könnte ihr Vater sein. Er denkt an diese Fernsehserie mit David Duchovny als aus der Bahn geratenem Schriftsteller, der unwissentlich die minderjährige Stieftochter seiner Ex-Frau vögelt, und schämt sich, dass er diese Serie geschaut hat, wo sie doch gleich in mehrfacher Hinsicht Ideologie war. Einerseits inszenierte sie chauvinistisches Verhalten und profane Selbstaufgabe als cooles Lebensmodell; andererseits hob sie dieses dann wieder auf, indem der Protagonist sich im Grunde nur in ein Familienmodell mit Vater-Mutter-Kind zurücksehnte, das er niemals mit einer offiziellen Hochzeit besiegelt hatte. Über den Umweg des Glamours des Kaputten wurde das bürgerliche Familienmodell also mit neuer Glaubwürdigkeit ausgestattet. ›Seht her‹, wurde vermittelt, ›wir *kennen* das wilde Leben doch, wir haben es gelebt und daher können wir euch sagen – vergesst es! Heiratet, räumt die Spülmaschine ein und vermehret euch. Dann darf die Tochter dazu auch gerne in einer Punkband spielen.‹

»Hey, Träumer! Ein wunderbarer Tag, oder?«, sagt Annika wohl schon zum zweiten Mal, denn er spürt, wie sie ihn anstupst und für den Bruchteil eines Augenblicks wieder mit seinen Fingern spielt. Er zieht schnell die Hand weg, weil er auf so etwas immer noch nicht vorbereitet ist und weil so viele Menschen um sie herum sind. Er könnte doch ihr Vater sein. Was sollen die bloß alle denken?

»Äh, ja, wunderbar«, stammelt er und sie lacht, als sei er ein ganz kongenialer Kauz.

Beim Essen spricht Annika irgendwas, erzählt ihm von ihrem Tag und ihrer Meinung zur Vorlesung, doch es klingt abgedämpft wie durch ein Kissen. Ole hat große Schwierigkeiten, zuzuhören, da er in seinen Gedanken steckt und einfach nicht herauskommt. Heute Morgen beobachtete er sich beim Radiohören und schämte sich dafür. Er schämte sich für den Pappbecher und für das Käsebrötchen. Er kämpfte gar nicht gegen den Wifebeater-Flugblattverteiler und nur halbherzig gegen den konservativen Professor. Er spaziert mit einer 24-Jährigen über den Campus, die augenscheinlich mit ihm flirtet. Er dreht seine Gedanken auf den Kopf und fragt sich: ›Ist es nicht eigentlich respektlos Annika gegenüber, dass ich mir solche Sorgen um unseren Altersunterschied mache? Sie ist 24 Jahre alt und ich fühle mich hier, als würde ich eine Teenagerin verführen. Das ist Unsinn. Sie ist erwachsen und weiß, was sie tut, und übe ich bei ihr falsche Zurückhaltung, behandele ich eine Frau wie ein Kind, und das beweist noch viel mehr, welch chauvinistische Muster ich immer noch in mir trage.‹ So denkt er, während sie spricht, lacht und unten im Tal irgendwelche schönen Ecken durchs Fenster mit den Fingern markiert. Sie ruht in sich, sie ist erwachsen. Ole mag zwanzig Jahre älter sein, aber er fühlt sich wie ein Teenager. Der letzte Gedanke, dass er sie wie eine Frau behandeln darf, weil alles andere *noch* unkorrekter und mieser wäre, beflügelt sein Herz, weil er ihm eine Erlaubnis erteilt. Zugleich denkt er darüber nach, wie es zu werten ist, mit 45 immer noch dieselbe Aufregung zu verspüren wie mit 14. Ist das würdelos? Oder ist das gerade gut, weil es beweist, dass er jenseits der wohltemperierten Anpassung lebt, die diese Gesellschaft ihren Mitgliedern ab spätestens 30 verordnet? Sind Oles Herzklopfen und Bindungslosigkeit mit 45 nicht im Grunde das Einzige, was er tatsächlich anders als alle anderen macht? Das Einzige, womit er ihre Ordnung zerschlägt? Sich lebenslang die Leidenschaft bewahren, die automatisch eine Renitenz gegen das Konforme in sich trägt? Oder ist er einfach nur notgeil und deswegen nicht besser als jeder Pornokabinenbesucher? Er weiß es nicht. Er hat so viel gelesen, aber er weiß es nicht.

»Was ist jetzt? Machen wir das? Hast du noch Zeit?«

Er sieht Annika an, als sei er gerade erst aufgewacht, denn er hat ja erneut nicht zugehört.

»Bitte? Entschuldige, ich war gerade in Gedanken.«

»Gehen wir noch spazieren? Im Botanischen Garten?«

Sein Herz tanzt, sein Verstand malmt Gedanken.

»Ja, gern!«, sagt er, und sie ahnt nicht, welche Kraft ihn das gegen die Mühle seiner inneren Diskussionen gerade gekostet hat.

Im Botanischen Garten fühlt Ole sich wohler als auf dem Campus. Hier unten sind weniger Menschen, die ihn beobachten könnten, und der Duft der verschiedenartigen Bepflanzungen löst irgendwo tief in ihm Erinnerungen an die Tage aus, als er noch als kleiner Junge mit den Eltern im Mittenwald oder an der Nordsee unterwegs war und den Kopf nicht mit Theorien und Schlussfolgerungen gefüllt hatte, die ihn immer begleiten und niemals schweigen. Die Landschaftsgestalter haben eine komplette Düne nachgestellt; es gibt nachgestellte kanadische Kiefernwälder, Teiche und Bienenstöcke. Für ein paar Minuten kann er den Spaziergang genießen. Dann denkt er wieder an den Irrweg, den es bedeutet, sich in einer Welt wie dieser in die Scheinharmonie von Naturschönheit zu flüchten. Immerhin ist dieser Garten hier noch nicht einmal echt. Er wurde künstlich angelegt, zu Füßen eines Gebäudes, in dem jeden Tag Hunderte von Nachwuchskräften für eine Karriere in der Industrie studieren, um später großen Kartellen dabei zu helfen, die reale Natur noch effizienter auszuquetschen. Er will sich mit der Hand gegen die Stirn schlagen, um diese Gedanken zu vertreiben, aber er kann nicht, weil Annika mittlerweile seine Hand hält. Nun kämpft wieder sein Herz gegen die Kruste aus Gedanken. Annika lächelt. Sie führt ihn in einen nachgebildeten deutschen Urwald, durch dichtes Gewächs über Holzbrücken, die beim Laufen angenehm dumpf und hohl knarren und hin zu einem riesigen Froschteich, in dem weit über 1000 Frösche so laut im Kanon quaken, dass man es schon draußen vorm Einstieg in den Dschungel hören kann. Da stehen sie nun, zu zweit, ohne Publikum, im Urwald. Unter ihnen die Frösche, seine Hand in ihrer, ihre andere nun unter sein Hemd wandernd und seinen Rücken streichelnd. »Es gibt in dieser Welt hier nur Jungs«, sagt sie. »Jungs, die nicht interessanter sind als die Frösche da unten. Sie quaken alle im selben Ton, die Backen weit aufgeblasen, aber wenig dahinter. Bei dir ist das anders. Du sagst nicht viel, aber deine Wasser sind tief.« Sie nimmt die Hand aus seinem Hemd und legt sie ihm nun auf die Wange. Er will jauchzen, er will sich fallenlassen, er will seinem Schöpfer für diesen Augenblick danken, obwohl er gar nicht an ihn glaubt, aber stattdessen wird er starr. Sein ganzer Körper verkrampft sich, eine dünne, aber schnell aushärtende Metalllegierung legt sich über seine Organe und als spräche jemand anderes in ihm, kann er nur daran denken, wie lächerlich diese Situation ist. Urwald, Frösche, Zweisamkeit am Holzgeländer und jetzt kommt folgerichtig der Kuss. Fehlt nur noch der Soundtrack von Hans Zimmer oder noch besser: von Celine Dion. Es ist ein Klischee, es wurde schon tausend Mal aufgeführt, eine Inszenierung. ›Selbst in der Liebe unterliegen wir vorgefertigten Mustern‹, denkt er im Stillen, ›so wie wir alles Schöne zur Ware gemacht haben, machen wir alles Intime zur Farce‹. All das denkt er, steht längst außerhalb seines Körpers und sieht sich die Situation an. Sieht, wie er neben Annika an diesem Geländer steht und nichts tut. Sie nicht küsst, sie nicht offen wegstößt. Wie er einfach nur starr dasteht und wartet, bis die Gedanken aufhören, wie er es im Grunde schon sein ganzes Leben lang tut. Das sieht er sich an, außerhalb seiner selbst, den Kopf voller Thesen, bis Annika mit feuchten Augen, den Kopf sanft schüttelnd, langsam, aber entschlossen, über die Bohlen davongeht.

 ## Warum ist das so?

Das »innere Programm«, das in einem früheren Kapitel beschrieben wurde, dient dazu, den Mann in sichere Gefilde zu führen und die Festung nicht zu gefährden, indem man sie für den Ansturm allzu vieler neuer Eindrücke öffnet. Der Mann verhindert damit, ernsthaft über sich selbst und sein Befinden nachdenken zu müssen, so wie er es ebenfalls mit dem unablässigen Arbeiten, Reagieren und Funktionieren tut. Was ist aber nun mit der Selbstanalyse, wie Bernd und Ole sie hier vorführen? Ist die nicht etwas anderes als eine reine Ablenkung? Nein, ist sie nicht, denn sie dient nicht zur echten Erkenntnis, sondern nur dazu, das eigene Verhalten in irgendein analytisches oder theoretisches Gerüst zu packen und somit zwar nicht sich selber, aber doch seine Defekte rein intellektuell in den Griff zu kriegen. Bevor die Probleme gelöst werden, werden sie lieber bis zur Perfektion virtuos analysiert. Björn Süfke beschreibt etwas ganz Ähnliches in »Männerseelen«, wenn er aus seiner alltäglichen psychologischen Praxis die Mittel berichtet, die Männer nutzen, um nicht elementar über sich selbst und ihre Gefühle sprechen zu müssen. All diese Ausweichmanöver lassen sich unter dem Begriff »Rationalisierungen« zusammenfassen. Darunter fallen etwa:

> »1. Permanenter Gebrauch des Wörtchens ›man‹: ›Man hat ja schon so seine Vorstellungen von einer Partnerschaft und man wollte ja auch nicht, dass …«

(...)

3. Begriffs-Okkupation: Es werden emotionale oder psychologische Begrifflichkeiten verwendet wie zum Beispiel ›Nähe-Distanz-Probleme‹, ›Angst, mich einzulassen‹ oder ›Unsicherheit‹. Letztlich sagen solche sehr allgemeinen Begriffe, obwohl sie weit verbreitet sind, überhaupt nichts aus. Wegen ihres ›psychologischen Anscheins‹ lösen sie aber beim Gegenüber ein verstehendes Kopfnicken und den Verzicht auf vertiefende Nachfragen aus.«

Um dies auf unsere Beispiele anzuwenden: Es hilft überhaupt nichts, dass Bernd seine Erfolglosigkeit als Freiberufler nun psychoanalytisch auf ein Vater-Sohn-Problem beziehen kann, solange er aus diesem Wissen nichts macht. Tritt er seinem inneren Vater mutig entgegen oder führt er ein klärendes Gespräch mit dem realen, würde das helfen. So aber nutzt Bernd das Wissen und Theoretisieren in der Selbstbeobachtung nur, um noch besser in Begriffe fassen zu können, dass er ein armer Kerl ist. Mehr noch: Er kann diese Erklärungen als Rechtfertigung benutzen, um sein Verhalten nicht praktisch ändern zu müssen.

Dieses Phänomen ist auch in neuen Modebegriffen und Modekrankheiten zu beobachten. Für die Patienten etwa, die am Aufmerksamkeitsdefizitsyndrom (ADS) leiden, ist dieses kein Zuckerschlecken und muss tatsächlich mit Medikamenten wie Ritalin bekämpft werden, damit sie überhaupt lebensfähig sind. Zahllose harmlose Genossen allerdings, die sich lediglich häufig verzetteln und wenig Geduld haben, an einer Aufgabe kleben zu bleiben, pappen sich ADS mittlerweile sehr gerne als Etikett an, um nicht einfach sagen zu müssen, sie seien halt etwas chaotisch. Kathrin Passig und Sascha Lobo haben im letzten Jahr mit dem Buch »Dinge geregelt kriegen, ohne einen Funken Selbstdisziplin« die Prokrastination (das ewige Verschieben von Aufgaben) durch den neuen Begriff LOBO (Lifestyle Of Bad Organization) in rhetorisch meisterhafter Weise zum neuen Label für alle gemacht, die schon immer unfähig waren, ihre Rechnungen zu öffnen und zu bezahlen, den Keller aufzuräumen oder Zusagen einzuhalten. Das Buch leistet Großes darin, die Menschen zu entlasten, indem es dem »inneren Schweinehund«, an dem alles immer liegen soll, den »äußeren Schweinehund« aus Bürokratien, Behörden und Anforderungen einer überkomplexen Welt entgegenstellt, in der man nicht Schritt halten muss, weil man gar nicht Schritt halten kann. Das ist richtig. Wenn ich aber ernsthaft so weit sinke, dass ich meinem Nachbarn, bei dem ich mir ein Buch oder einen Rasenmäher leihe, bereits vorher sage, dass er es wahrscheinlich nie mehr wiedersehen wird, weil ich als LOBO sozusagen klinisch unfähig bin, Geliehenes eine Tür weiter wieder zurückzugeben, dann offenbart sich auch hier das ganze Elend, das hinter solchen Selbstbeobachtungen und Begriffen steckt. Man sucht nach einer Rechtfertigung dafür, nicht mehr verantwortlich gemacht werden zu können, so wie Thomas auf der Landstraße nach einer Möglichkeit suchte, sich durch einen Unfall die Beine zu brechen, weil er glaubte, nur als Kranker endlich einmal loslassen zu dürfen.

Der Grund dafür ist sehr häufig in dem bereits erwähnten »Bis-Skript« aus der Transaktionsanalyse zu finden, das von der Arbeitsmoral der modernen Gesellschaft ebenso wie vom Puritanismus und jeder konventionellen Erziehung der Marke »Erst die Arbeit, dann das Vergnügen!« gefördert wird. Autosuggestionen dieses Skripts sind Sätze wie:

»Erst wenn ich meine Angelegenheiten geregelt habe, darf ich spielen.«
»Erst wenn ich etwas geleistet habe, darf ich mir Muße gönnen.«

Oder, und da entpuppen sich die monotheistischen Religionen als strukturell dem »Bis-Skript« nahe:

»Erst im Jenseits werde ich den Lohn für mein Verhalten im Diesseits bekommen.«

Diese Zukunft, in der alles erledigt ist, kommt aber nie, da im Erwachsenenleben die Aufgaben niemals aufhören. So sind die ganzen übertriebenen Selbstbeobachtungen, Selbsteinordnungen und Theorie-Grübeleien der Männer letztlich der verzweifelte Versuch, über die Neudefinition seiner selbst als »Kranker« oder vorübergehende, selbst erzeugte Schicksalsschläge den Zustand zurückzugewinnen, in dem man bereits *sofort* spielen, frei sein und der Mensch sein darf, der man »irgendwann mal« sein will.

Die andere Art von Selbstbeobachtung, wie sie Ole in obiger Geschichte praktiziert, dreht diese Logik scheinbar auf den Kopf. Ole will keine Verantwortung von sich weisen und sich entlasten, sondern im Gegenteil die gesamte Verantwortung für die Rettung der Welt und die Wahrung der politischen Korrektheit auf sich nehmen und kann daher nicht mehr emotional gesund und intuitiv leben, da er sich unablässig selbst auf »unkorrektes« Verhalten prüft. Eine zugegebenermaßen etwas überspitzte Darstellung, die in Zeiten des Gender Mainstreaming aber durchaus nicht von der Hand zu weisen ist. So wird mittlerweile nicht nur in der bereits kurz erwähnten neuen »Männerbewegung« um Autoren wie Arne Hoffmann, sondern auch bereits in den Mainstream-Medien darüber diskutiert, ob die Dominanz von (politisch korrekten, feministisch geprägten) Lehrerinnen vor allem in Grundschule und Unterstufe sowie der Drang, nach der Sprache selbst noch die »patriarchalische Prägung von Verkehrszeichen in Form der Berliner Ampelmännchen« (es gab diesen Fall) zu glätten, nicht doch problematische Auswirkungen haben. »Eine Umfrage für eine Studie im Auftrag der Bundeszentrale für politische Bildung«, so schreibt Andreas Gößling in seinem Buch »Die Männlichkeitslücke«, »erbrachte erschreckende Resultate: Von den befragten Experten und Praktikern aus den Bereichen Kindergarten und Schule, Beratung und Jugendarbeit sowie Medizin einschließlich der Psychiater hatte kaum jemand eine Vorstellung von ›gelingendem Jungesein‹.« Es ist vielen in Fleisch und Blut übergegangen, den westlichen, weißen, heterosexuellen Mann als grundsätzlich verdächtig zu betrachten, belastet mit einer Art Erbsünde. Dies wirkt bis in moderne Firmen hinein, wo trotz glasklarer hierarchischer Unterschiede jeder jeden duzt und der Chef sich so aufführt, als sei er der Freund und Partner seiner Angestellten, während alle wissen, dass er die Macht und manchmal auch aus wirtschaftlicher Not heraus die Pflicht hat, seinen Freund zu entlassen. Hier werden Beziehungen symmetrisiert, die asymmetrisch bleiben dürften und manchmal sogar müssten. Am fatalsten ist diese künstliche Verflachung der Hierarchien zwischen Eltern und Kindern, wenn Jungen, die meist ohnehin schon ohne Vater aufwachsen, von ihren Müttern dann auch noch mit besten Absichten als Partner statt als Kind behandelt werden. Michael Winterhoff beschreibt diese und andere Beziehungsstörungen zwischen Eltern und Kindern in seinem Buch »Warum unsere Kinder Tyrannen werden« als Massenphänomene im Zuge der Abkehr von alten Formen der Autorität, des Unterrichts und des Verständnisses von Erwachsensein und Kindsein. Er konstatiert sowohl in der Übervorsorge wie auch in der viel zu frühen Eliteförderung eine »Abschaffung der Kindheit«, die fatale Folgen habe und Wesen erzeuge, die sich alles herausnehmen, weil niemals jemand den Schrank abgeschlossen hat. Ausgangspunkt all dieser oftmals schwer nach hinten losgehenden Bemühungen zur Aufweichung der Grenzen zwischen den einstmals klar konturierten Codierungen Frau/Mann und Erwachsener/Kind war natürlich erneut die anti-autoritäre und emanzipatorische Schubkraft der 68er-Kulturrevolte, die mit dem faschistoiden und chauvinistischen Bade leider auch das ganze Kind ausgeschüttet hat, so dass es nun in einer seifigen, weiten Fläche herumschliddert und nirgendwo mehr Halt findet. Dieser Nährboden erzeugt Männer wie Ole, die zudem tief im Inneren weiterhin Machos geblieben sind und Zuneigung von Frauen selbst dort sehen, wo sie nicht ist, aber auch (freilich viel häufiger) eine neue Form des Mackers, der dadurch entsteht, dass sich Jungs nach der Abschaffung handfester männlicher Vorbilder in Umfeld und Familie an den einzig überdeutlich konturierten Männerprofilen orientieren, die ihnen die Pop- oder Subkultur heute bietet: Sexistische Gangster-Rapper, zynische Action-Helden oder eifernde, aber wenigstens entschlossene Fundamentalisten aller Art.

 Fehlerbehebung

1. Raus aus der Opferrolle.

Selbst, wenn es Ihnen vorübergehend gelingt, sich durch gezielte Selbstzerstörung oder geschickte Inszenierung Ihrer selbst als Kranker mehr Freiheit zu erkämpfen, stellt sich doch die Frage, was das dann für eine Freiheit ist. Ist diese Art von Nicht-Funktionieren, die sich »klinisch« rechtfertigt, etwa wirklich würdevoller, als rechtzeitig die Bremse zu ziehen und im gesunden Zustand zu sagen: ›Ich kann nicht mehr, es muss anders laufen.‹? Natürlich nicht. Die Opferrolle nimmt Ihnen alle Würde und Selbstachtung und drängt Sie auf ewig in ein neues Bis-Skript hinein. Sie entlastet Sie vielleicht von der Verantwortung für einen Teil Ihres Handelns, aber was ist diese Entlastung schließlich? Ein Schritt zurück in die Unmündigkeit der Kindheit! Hören Sie auf, ein Opfer zu sein, und seien Sie stattdessen lieber »Täter« im wörtlichen Sinne: ein Mann der Tat.

2. Ergebnisse statt Intentionen. Handlungen statt Wirkungen.

Hören Sie auf, darüber nachzudenken, wie Ihr Verhalten auf andere wirkt. Die viel beschworene »Authentizität«, die im Prinzip in jedem Beruf und jeder Privatsituation von Vorteil ist, ist so niemals zu erreichen. Verabschieden Sie sich von der weitverbreiteten Fixierung darauf, wie jemand etwas »gemeint« haben könnte oder ob er »gute Absichten« hatte. Nicht umsonst sagt ein russisches

Sprichwort: ›Alles Schreckliche dieser Welt ist aus guter Absicht entstanden.‹ Die Russen müssen das wissen. »Eine gute Gesinnung«, schreiben Maxeiner und Miersch in ihrem Buch »Das Mephisto-Prinzip« mit Recht, »schafft noch lange keine bessere Realität. Sie verhindert keinen Krieg, sie besiegt keinen Hunger, sie schafft keinen Arbeitsplatz, und sie rettet keine Tierart.« Tatsächliche Fortschritte in der Geschichte der Menschheit wurden häufig aus Zufall oder als Nebenprodukt »kalter« Profitinteressen geschaffen. In jedem Fall gelangen sie immer zu den Menschen, die tief in ihrer Aufgabe und Passion versinken und keine Sekunde lang darüber nachdenken, wie sie dabei »rüberkommen« könnten oder warum sie sich über ihr Verhalten heute nun wieder Sorgen machen sollten.

3. Pochen Sie auf persönliche Verantwortung.

Unsere Gesellschaft ist durchpsychologisiert, lehnt die Todesstrafe ab und orientiert sich im Umgang mit Straftätern prinzipiell am Ziel der Resozialisierung. Das ist gut. Schlecht ist, dass sie in ihrem Wahn, die Tätermotivation zu verstehen und alle beeinflussenden Faktoren für sein Verhalten zu berücksichtigen, die persönliche Verantwortung eines jeden Menschen mehr oder weniger über Bord wirft, sobald in seinem Leben ausreichend viele »benachteiligende« Faktoren zusammenkommen. Dies findet seinen perversen Höhepunkt darin, dass ein Journalist wie Jens Jessen in der ZEIT den brutalen Angriff zweier junger Männer auf einen Rentner in der Münchener U-Bahn im Jahre 2008 so interpretiert, dass man sich auch mal über die Blockwartmentalität deutscher Rentner Gedanken machen müsse. Dem alten Mann, der die adoleszenten Gewalttäter lediglich auf das ohnehin selbstverständliche Rauchverbot in der U-Bahn aufmerksam machte, wird hier unterschwellig die eigentliche Schuld in die Schuhe geschoben. Der Rentner wird im wirren Kopf des Ex-68ers Jessen zum ohnehin schuldigen Altnazi, während die jungen Männer »mit Migrations-

213

hintergrund« in positiver Diskriminierung einen Legitimationsvorschuss bekommen. Die einfache und der Menschenwürde einzig angemessene Vorstellung, dass jeder Mensch für sein Handeln verantwortlich ist, löst sich auf in einem Geflecht ungeschriebener Gesetze, das im Endeffekt zu so skurrilen Effekten wie dem führt, dass – und das baut mittlerweile sogar ein Kabarettist wie Volker Pispers in sein Programm ein – deutsche Feministinnen plötzlich türkische Faschisten verteidigen. Lassen Sie sich auf all diese Spielchen nicht ein, sondern pochen Sie bei sich selbst und bei allen anderen darauf, dass jeder Mensch deswegen seine unveräußerlichen Rechte besitzt, weil er ebenso unrelativierbare zivilisatorische Pflichten hat. Das ist übrigens auch der einzige Weg, die Menschen als erwachsene Individuen und nicht als »Opfer der Verhältnisse« oder Objekte pädagogischer Dauerbetreuung zu behandeln, was als Grundlage für alle Beteiligten eine würdevollere Option darstellt.

Der Mann und die
gnadenlose Selbstüberschätzung

 Fehlermeldung

Der moderne Mann überschätzt sich in manchen Dingen auf nahezu groteske Weise selbst. So, wie der Mensch sich einst im Mittelpunkt des Universums wähnte, bezieht er alles Dasein auf sich, seine Bedürfnisse und seine vermeintlichen Wirkungen. Diese schätzt er so falsch ein, dass Außenstehende ihn dafür bemitleiden, doch selbst mit deutlichsten Worten nicht zu ihm durchdringen. Er ist ein Meister darin, seine Fehler als Charakter zu verklären und sein Versagen im Zweifelsfall einfach Überzeugung zu nennen.

Ole, Bernd und Manuel

Bernd hockt in der S-Bahn auf der Bank gegenüber Ole und Manuel und hört zu, wie sie sich gegenseitig mit glanzvollen Visionen überbieten. Beide haben ihre ganz eigene Vorstellung von diesem Abend. Ole glaubt, heute einen weiteren Samen der Weltrevolution zu setzen. Manuel glaubt, seinen Samen heute Nacht wieder einmal in aufregender Weise verteilen zu dürfen. Bernd glaubt gar nichts mehr. Er ist immer noch mit Tina zusammen und weigert sich weiterhin, ihrer Sekte aktiv beizutreten, steht aber unverändert um 4:30 Uhr mit ihr auf. Der heutige Ausflug mit seinen zwei Freunden, die sie »supressive Personen« nennt, wurde von ihr nicht genehmigt. Sie weiß nichts davon. Sie ist selber mit »der Kirche« unterwegs und Bernd nutzt die Chance, wieder unter normalen Menschen zu weilen. Wobei »normal« bei Ole und Manuel auch so eine Sache ist …

»Das ist immer wieder so großartig, zu diesen Treffen zu fahren«, schwärmt Ole. »Man diskutiert, man streitet sich, man setzt sich zusammen, um sich auseinanderzusetzen. Letztlich sind alle eine Gemeinschaft. Wenn sich dorthin an diesem Wochenende auch nur ein Neonazi verirren würde, boah ...« Ole spricht dieses »boah!« so aus, wie ein Angler es aussprechen würde, wenn er davon berichtet, dass der Angelweltmeister einen 2,75 Meter langen Thunfisch mit bloßer Muskelkraft aus dem Wasser gerupft hat.

Manuel sagt: »Wenn da Neonazis auftauchen, kriegen sie von mir was auf den Deckel, auch ganz ohne Theorien im Hinterkopf.« Er lacht. Er trinkt Radler aus einer 8-Cent-Glaspfandflasche. Manuel hat im Sportunterricht der Schule damals den Leistungskurs Judo belegt. Seither besucht er lediglich das Fitnessstudio, stemmt Gewichte und macht merkwürdige Kickboxbewegungen in Aerobic-Kursen, bei denen zur rhythmischen Untermalung immer noch Captain Hollywood und Snap gespielt werden. »Zack, Zack, Zack!«, sagt Manuel und demonstriert gestikulierend, was er mit den bösen Nazis tun würde, würden sie das revolutionäre Wochenend-Treffen von Oles Politnetzwerk sprengen. Manuel simuliert Jackie-Chan-Schläge, Chuck-Norris-Tritte sowie die doppelte Ohrfrikadelle von Bud Spencer. Es sieht lustig aus, wüsste man nicht, dass Manuel tatsächlich glaubt, dass ihm niemand etwas anhaben kann.

Ole sieht derweil wieder aus dem Fenster in die vorbeiziehende Landschaft aus meterhohen Disteln im Bahnschotter und heruntergekommenen Häuserfassaden. Auf einer steht: »Downtown Boyz fuck you all.« Daneben ist ein Penis gemalt. Ole sagt: »Dieses Jahr nehmen schon 212 Leute teil. Das wird jedes Jahr mehr. Man spürt das richtig, dass sich was tut im Land. Das ist unsere Zeit, unsere Chance.«

Das Treffen, von dem Ole spricht, heißt »Augusttreffen«, weil es im August stattfindet. Ein ›Netzwerk gegen den Raubtierkapitalismus‹ hat dazu aufgerufen und direkt vom Land NRW eine Fachhochschule zur Verfügung gestellt bekommen, in deren

Räumen die Teilnehmer von Freitag Nachmittag bis Sonntag Nacht tagen, feiern und übernachten dürfen. Nach den »Arbeitskreisen«, den »Plena« und den »Arbeitsgruppen« gäbe es abends grundsätzlich eine große Feier, hat Ole gesagt und Manuel so vom Mitkommen überzeugt. Zwei Bands träten auf und das Öko-Pils fließe in Strömen. Wo Bands, Bier und Mädchen sind, geht Manuel mit. Außerdem, so sagte er, habe er es noch nie mit einer Aktivistin getrieben. Die Vorstellung scheint den Arztsohn anzumachen. Eine Frau, die schon die Gummiknüppel der Polizei ausgehalten hat, das erregt ihn. Er sagt: »Braucht ihr denn heute Abend noch einen Türsteher, bis alle Gäste da sind, Ole? Ich kann das gerne machen. Gar kein Problem. Ich weiß doch, dass ihr da Probleme mit Gewalt habt. Ich bin dann wie die Söldner aus den alten ›Wildgänse‹-Filmen, die den Pfarrer und seine afrikanische Gemeinde beschützen.« Ole antwortet gar nichts, liest draußen an einer Lärmschutzwand den Slogan »Südstadt Mutterficker, wir kriegen euch!« und murmelt: »Alles wird sich ändern.« Manuel tut so, als sei dies eine Antwort gewesen, klopft Ole auf die Schulter uns sagt gönnerhaft: »Ist doch kein Problem, Junge. Manuel beschützt euch. Gar kein Problem.«

Im Foyer der Fachhochschule wurde ein Tisch aufgestellt, der als »Anmeldung« dient. Dahinter sitzen ein junger Mann mit bloßen Füßen, abgewetzter ¾-Hose und einem uralten T-Shirt der Anarcho-Band Crass sowie ein sehr viel älterer Mann, der die Arme vor der Brust verschränkt hat und immerfort leicht wippt, als schüttele ihn ein lautloses, kaum sichtbares, aber niemals enden wollendes Lachen. Der junge Mann trägt einen Bart, der so unregelmäßig aussieht, als habe er sich das Gestrüpp von den Bahngleisen mit Uhu auf die Haut gepappt.

»Hallo, Ole«, sagt er.

»Hallo, Tobi. Drei Personen, wie angekündigt.«

Bernd sieht sich um. Im Foyer hocken drei junge Frauen auf dem Boden um ein paar Schreibblöcke herum und debattieren.

An einem Süßigkeitenautomaten zieht ein Punk in schwerer Lederjacke ein Mars. Sonst ist niemand zu sehen. Auf einer Tafel neben dem Anmeldepult sind wie auf einem Stundenplan Arbeitsgruppen mit ihren jeweiligen Räumen und Zeiten verzeichnet. Mehr als die Hälfte davon ist durchgestrichen.

Der anarchistische Tobi verlangt, die Namen der Teilnehmer zu hören, und Bernd murmelt: »Jetzt muss man sich schon bei Revoluzzern anmelden.« Ole überhört es. Manuel schaut zu den drei Mädchen. Er stupst Bernd an, schnalzt mit der Zunge und sagt: »Die Kleine da, mit den Glöckchen am Schuh. Oder?« Er macht unanständige Gesten. Ole hat derweil alle korrekt angemeldet und bekommt Wertgutscheine für den Konzertabend und die Biertheke. »Wir brauchen noch jemand, der zwischen zehn und elf Thekendienst macht«, sagt Tobi. Ole sieht Bernd und Manuel fragend an. »Machen wir«, sagt er, »ist doch Ehrensache. Solidarität!« Er ballt die Faust, es soll witzig sein. Manuel geht derweil zu den diskutierenden Mädchen herüber. Bernd folgt ihm.

»Hallo, ich bin Manuel«, sagt er und die Mädchen sehen ihn sehr misstrauisch an. Es ist allerdings kein tiefes Misstrauen. Es ist ein politisches. Den dreien liegt ein feministischer Film über den Augen, der vorfiltert, was sie wie wahrnehmen sollten, doch darunter glänzt das Charisma von Individuen, die Manuel als Mann taxieren und dabei anscheinend zu erfreulichen Ergebnissen kommen.

Bevor das Gespräch groß in Gang kommen kann, nähert sich Ole und hebt ganz langsam die rechte Hand zur Beckerfaust. Seine Augen formen sich dabei rundlich und strahlen von innen wie bei einem Mann, der einen Lottogewinn oder den Sturz der Regierung zu verkünden hat. In Zeitlupe schwingt er die Siegesfaust, so dass alle Augen auf ihn gerichtet sind und Galaktisches erwarten. Er sagt: »37 Leute.«

Bernd und Manuel sehen ihn an wie einen Laubfrosch, der zwar die Augen weit aufblähen, ihnen aber trotzdem nicht mitteilen kann, was er uns eigentlich sagen will. Langsam steigt in

Bernd die Erkenntnis auf, was Ole meint. Es haben sich 37 Leute zu diesem Wochenende angemeldet. 37 kümmerliche Leute. 212 sollten es sein. Trotzdem feiert Ole diese 37 Leute als einen Erfolg, als habe er vorhin in der S-Bahn nicht von 175 Teilnehmern mehr gesprochen. Von Menschen, die die Speerspitze eines neuen Zeitgeistes sein sollen. Die sich stellvertretend für die 25 Millionen Bundesbürger treffen, die genauso denken und es nur noch nicht zu sagen wagen.

Ole strahlt, als erwarte er einen Preis. Er sagt: »Wir haben August. Hochsommer, 31 Grad im Schatten. An diesem Wochenende finden überall im Land große Rockfestivals statt. Die Badeseen sind voll. Es ist eigentlich viel zu heiß für den Widerstand. Und trotzdem kommen 37 Leute hierher, um zu beraten, wie es nach den Erfolgen der letzten Jahre weitergehen soll. Das ist doch fabelhaft! 37 angemeldete Leute, ohne die reinen Zuhörer!«

Manuel und Bernd trauen sich nicht, zu widersprechen. Die drei Mädchen finden Oles Enthusiasmus anscheinend ebenso merkwürdig. Oder Ole selbst. Eine sieht ihn an, als sehe sie hinter seiner revolutionären Hülle einen aufdringlichen Macho versteckt, während sie hinter Manuels Machohülle mindestens ein paar reizvolle und gekonnte Nächte versteckt sieht. Ole klatscht in die Hände und reibt sie aneinander. »So«, sagt er, »ich halte hier heute auch eine Arbeitsgruppe ab, die praktischste von allen. ›Brückenschlag‹. Wir wollen den Widerstand in die Betriebe tragen. Es sind ja sonst fast nur Studierende hier. Oder Akademiker. Die müssen wieder mit den ArbeiterInnen zusammenarbeiten. Das stoßen wir heute hier an. Ist gleich, um 14 Uhr, Raum 1.08. Wenn ihr mitmachen wollt.«

Ole ist in seinem Element. Er spricht das »I« in Arbeiterinnen tatsächlich mit einem gekonnten Sprung in der Betonung aus, so dass das Wort nicht wie »Arbeiterinnen«, sondern wie »Arbeiter Innen« klingt, also wie Monteure, die drinnen arbeiten. Bernd und Manuel nicken den Mädchen zu und folgen Ole zu seinem Raum, damit er bei seiner Veranstaltung Unterstützung hat. Im langen Flur, der zum Zimmer 1.08 führt, verändert sich Oles Politlächeln langsam in ein verschmitztes Grinsen.

»Was ist?«, fragt Bernd.

»Die Kleine da eben«, sagt Ole, »die mit den Glöckchen am Schuh, Julia heißt sie.«

»Was ist mit der?«, fragt Manuel.

»Ja, habt ihr denn nicht gemerkt, wie die mich angesehen hat?«, antwortet Ole und sein Grinsen zieht sich lang und länger. »Die ist an mir interessiert.«

Manuel sieht Bernd an und verständigt sich mit ihm, Ole auch diese Illusion zu lassen.

Zu Beginn des Arbeitskreises sitzen nur zwei Zuhörer an den Tischen, die im Alltag den Studenten der Fachhochschule gehören. Der alte Mann aus dem Foyer, dessen Körper als Wirt für das unsterbliche leise Lachen dient und ein zweiter graumelierter Herr im Jeanshemd, der ungefragt ein Pappschild vor sich aufgebaut hat, auf dem »Dr. Mey« steht.

»Gut«, sagt Ole, »ich fang dann mal an.«

Dann erzählt er zehn Minuten von der Notwendigkeit eines Schulterschlusses zwischen allen, die an den Universitäten nicht Professoren sind, und allen, die in Betrieben nicht zur Chefetage gehören. Hier liege die Keimzelle der Veränderung, die große Chance. Er glaubt wirklich daran, auch wenn seine Rede nicht gerade mitreißend klingt, sondern eher wie ein Referat an der Schule, dessen Hälfte man abliest. Dennoch, er glaubt daran. Er steht an einem Samstag Mittag im August in einem vom Staat gemieteten Unterrichtsraum der Fachhochschule vor einem einzigen echten Teilnehmer und fühlt sich dabei so, als rede er zu einer Versammlung von 10.000 Menschen. Als er fertig ist, sagt Dr. Mey: »Ich wüsste nicht, was das bringen sollte.«

Manuel ist baff, obwohl er bei Oles Rede nur mit halbem Ohr hingehört hat. Er war abgelenkt durch das Glöckchenmädchen, das im Flur vor der geöffneten Tür des Raumes herumscharwenzelt und Blätter mit Pfeilen aufklebt, die den Partygästen heute Abend den Weg zur Toilette weisen sollen.

»Wir können das nicht stellvertretend übernehmen«, sagt Dr. Mey. »Das erreichen nur die Kämpfe der Menschen selbst.«

»Aber solche Kämpfe müssen organisiert werden«, sagt Ole.

»Und das erreichen wir, indem wir uns vor das Werkstor stellen und Flugblätter verteilen? Das haben die Arbeiterparteien früher auch geglaubt.«

»Aber …«, will Ole ansetzen, doch Dr. Mey spricht weiter, während der alte Mann wippt und von seinem lautlosen Lachen geschüttelt wird.

»Was haben wir den Arbeiterinnen und Arbeitern denn zu bieten? Wissen? Theorie? Geht es ihnen auch nur einen Deut besser, wenn sie besser begründen können, warum sie sich revolutionär organisieren sollten?«

»Der Gedanke entfacht den Aufstand«, sagt Ole.

»Wir haben die Welt lange genug interpretiert«, entgegnet Dr. Mey, »jetzt kommt es darauf an, sie zu verändern.«

»Also …«, mischt sich Manuel ein, »das glaub ich ja jetzt nicht. Hier trifft sich der gesammelte deutsche Widerstand zur Besprechung der Revolution und alles, was ihr beiden macht, ist euch darüber zu zanken, warum es keinen Zweck hat?«

Dr. Mey und Ole sehen Manuel an, als sei er halt noch jung und neu und verstehe nicht, dass vor dem Kochen eine Menge Dinge erst mal vorbereitet werden müssen. Bernd denkt an Tina und ihre »Kirche« und daran, dass bei denen zumindest alles glasklar organisiert ist und mit jedem Schritt in Einigkeit vorangeht. Er schüttelt den Gedanken ab. Ole wirft einen kurzen Blick auf den Flur, bevor er mit Dr. Mey weiterdiskutiert.

Gegen 16:30 Uhr verlassen Ole, Bernd und Manuel den Raum nach 180-minütiger Debatte ohne Ergebnis, an der sich das lautlose Lachen im Körper des alten Mannes überhaupt nicht beteiligt hat. Ole grüßt Tobi, der mit seiner Arbeitsgruppe nun das Zimmer übernimmt. Diese trägt den Titel »Triple Oppression oder Hauptwiderspruch?« und besteht aus ihm, dem Punker, der vorhin Mars-Riegel gezogen hat, und Julia.

»Seht ihr?«, sagt Ole, als sie den Flur hinunterschlendern, »die Sache kommt ins Rollen. Man muss einfach nur die Saat setzen und warten, bis sie aufgeht.« Er lächelt. Er klatscht sein aufgerolltes Manuskript in die flache Hand wie einen Streitkolben, der fähig sein könnte, die Kuppel des Reichstags einzureißen. »Und die Julia, die hat die ganze Zeit vom Flur aus mit mir weitergeflirtet.«

Am Abend werden aus den 37 TeilnehmerInnen samt Dr. Mey mit einem Mal knappe 300 Gäste. Party und Konzert erscheinen doch reizvoller als Arbeitskreise und Brückenschläge. Ole, Bernd und Manuel stehen hinter der Theke gegenüber der Flügeltür, die in den Saal führt, der heute Konzertraum ist. Auf der Bühne steht ein Trio von Mittvierzigern, die gekonnt alte Punklieder covern und die man anscheinend für revolutionäre Veranstaltungen buchen kann. Der Schlagzeuger ist so korpulent wie der Bassist schlaksig und der Sänger wirkt, als arbeite er tagsüber in der Chefetage, lebe aber eigentlich für Abende wie diesen, an denen er sich endlich wieder laut austoben kann.

In der Tür kuschelt ein niedliches Paar aus einer tätowierten und gepiercten Frau, die sicher im Alter der Musiker ist, und einem weitaus jüngeren, schlaksigen Typen, der sich an sie anlehnt, als sei sie seine Lebensrettung und als würde er alles für sie tun, wenn er nicht gerade dadurch abgelenkt ist, darüber nachzudenken, von welchem Album genau der Song stammt, der gerade von den Dead Kennedys angestimmt wird.

Ausgeschenkt wird auf dieser Veranstaltung tatsächlich nur Pils aus biologischem Anbau sowie Fair-Trade-Wein, Bionaden und eine Malzbiersorte mit Bienenhonig. Da die meisten Gäste dem Konzert beiwohnen, ist an der Theke nicht allzu viel los, so dass Manuel Zeit hat, Ole und dem Glöckchenmädchen Julia einige gekonnte Judo- sowie mehrere frei erfundene Kung-Fu-

Bewegungen zu demonstrieren, mit denen er jeden beseitigen könne, der sich ihm in den Weg stelle. Ole versucht, derweil mit Julia zu flirten, indem er wieder in regelmäßigen Abständen mechanisch und ruckartig beide Augen zusammenkneift und dabei gönnerhaft nickt. Ein junger Mann mit Rastazöpfen, Armeehose und einem T-Shirt der militanten Band Earth Crisis kommt an die Theke und schaut über das in Kästen hinter Bernd gestapelte Angebot. Er sagt: »Heute Nachmittag haben die aus der Kochgruppe bei den Sojafrikadellen Eier verarbeitet. Eine Frechheit war das. Nicht mal hier kann sich ein Veganer sicher fühlen.«

»Ein Bier?«, fragt Bernd.

»Nein, danke. Ich trinke auch keinen Alkohol«, sagt der junge Mann.

»Dann empfehle ich dir ein Malz!«

»Da ist Honig drin. Bienenhaltung ist genauso Ausbeutung wie Hühnerhaltung. Gib mir einfach einen O-Saft.«

Bernd nimmt das Fläschchen aus einem Kasten, öffnet es, beugt sich zu dem jungen Mann und sagt verschwörerisch: »Aber Vorsicht, mein Freund. Da ist Frucht*fleisch* drin!« Der junge Mann starrt Bernd an, als überlege er sich, wie viel Gewalt in diesem Umfeld erlaubt ist, als Tobi aus dem Foyer herbeigestürmt kommt und die Angst in den Augen stehen hat.

»Scheiße, Scheiße!«, ruft er in die Menge. »Sie kommen!«

»Die Bullen?«, fragt Julia.

»Nein, ein paar Nazis. Die randalieren da draußen rum. Die sind gleich hier drin. Was machen wir denn jetzt?«

Manuel schaut auf Julia, schnieft kraftvoll die Nase hoch, zieht das Hemd aus, das er über seinem T-Shirt trägt, und sagt: »Ich erledige das.« Bernd, Ole, Julia, Tobi, der Rastamann und einige Gäste folgen ihm. Als Manuel im Foyer angekommen ist und die Störenfriede vor sich sieht, entweicht mit einem Mal die Haltung aus seinem gut gebauten Oberkörper. Die fünf Randalierer sind betrunken und haben die gedrungene, zerrupfte Statue von Männern, die sich im Gegensatz zu Manuel *tatsächlich* häufig schlagen.

»Bist du Papa Schlumpf?«, fragt ihr Anführer und geht mit vorgestreckter Brust auf Manuel zu. Der weicht zurück. Der Schläger stößt ihn mit zwei flachen Händen feste vor die Brust. »Ich rede mir dir, du Spasti!«

»Hey!«, sagt der Rastamann, und wüsste Bernd es nicht besser, sähe er jetzt Tränen in Manuels Augen.

»Was willst denn du, Zecke?«, schimpft ein anderer Schläger.

»Verschwindet hier!«, sagt Julia, klein und tapfer. Das weckt Manuel auf. Ohne ein weiteres Wort geht er auf den Anführer der Gruppe los, versucht, einen Judogriff anzusetzen und findet einen Moment später nicht seinen Gegner, sondern sich selber auf dem Boden wieder. Der Schläger hat keine erkennbare Technik angewendet außer roher, vulgärer Kraft. Seine Begleiter gehen auf Manuel los, der sich gerade wieder aufrichten will. Der Rastamann und Julia sind die ersten, die sich chancenlos ins Getümmel stürzen, als wenige Sekunden später die laute Stimme eines Polizisten die Kampfhandlungen unterbindet. Der Mann ist noch kleiner als die gedrungenen Schlägerkugeln, aber er hat eine Haltung, die keinerlei Widerspruch duldet. Er ist so, wie Manuel gerne als Kämpfer und Ole gerne als Revolutionär wäre.

»Feierabend!«, sagt er zu den Schlägern, die in die Hochschule eingedrungen sind. Die beschweren sich: »Ja, sicher. Diese Scheiß-Kommunisten dürfen hier von unseren Steuergeldern tagen und wir werden von unseren Steuergeldern durch die Bullen rausgeworfen.«

»Ganz vorsichtig, mein Freund, aber gaaaanz vorsichtig!«, weist der Polizist den Schläger in seine Schranken und bittet in einer flüssigen rhetorischen Bewegung um den Verantwortlichen des Abends und einen Beleg für die rechtmäßige Anmietung der Fachhochschule. Der Bärtige, der das lautlose Lachen in seinem Brustkorb wohnen lässt, zeigt sie ihm. Er hat auch die Polizei gerufen. Die Beamten werfen die Nazis aus dem Gebäude, sagen, dass die Band hinten im Saal um 23 Uhr das Konzert zu beenden hat und gehen mit freundlichem Gruß.

Manuel schüttelt den Kopf und sagt: »Mussten die mich unterbrechen? Ich war doch eben erst warm geworden!«

*

Gegen 3:24 Uhr sitzen Manuel, Bernd und Ole in Bernds Büro in Tinas Wohnung und trinken Espresso aus der 1500 Euro teuren Maschine der Scientologin.

»Ein großer Tag«, sagt Ole und meint es ernst. Er lächelt selbstsicher.

»Fünf Leute sind zu schaffen«, sagt Manuel. »Man muss sich nur erst mal auf den Kampfstil einstellen.« Er spielt auf der Tastatur seines Telefons herum. Julia hat ihm gesimst und er simst ihr zurück. Bernd weiß das, weil Manuel es ihm verriet, als Ole in der Küche war, um den Espresso zu machen.

Ole sagt: »Ich meine, man konnte das schon selbst bei den Beamten sehen, dass sie eigentlich auf unserer Seite sind. Ich merke das, wohin ich gehe. Wenn ich mit der Kassiererin spreche, hier unten, vom Kaiser's. Ich merke das. Es braut sich was zusammen.«

»Ach ja …«, sagt Bernd und nippt an dem Espresso, obwohl das nichts an seiner Müdigkeit ändert.

Ole lehnt sich zurück, verschränkt die Arme hinter dem Kopf und sagt: »Diese tätowierte Lady da, die mit ihrem Freund in der Tür stand beim Konzert. Die hat mir auch ganz schön viele Avancen gemacht.«

Bernd verschluckt sich fast an seinem Espresso. Er ist einfach zu müde, um zu widersprechen, aber er spürt, wie ihm sein Kumpel Ole in gesteigertem Maße auf die Nerven geht. Das war früher nicht so. Früher fand er es amüsant, dass ausgerechnet Ole, dessen Eroberungen man seit 45 Jahren an einer Hand abzählen kann, stetig davon überzeugt ist, dass alle Frauen in seiner Nähe nur durch seine Präsenz ein feuchtes Höschen bekommen. Heute findet Bernd das nicht mehr lustig. Er ertappt sich dabei, sich zu fragen, welche Engramme Ole wohl haben muss. Er schüttelt den Kopf.

»Alles klar?«, fragt Manuel.

»Ja, ja.«

Ole schaltet auf Bernds Rechner, der gerade mittels eines Musikprogramms für Beschallung sorgt, den Internetbrowser ein und sagt: »Ich muss euch was zeigen. Meine neue Seite.« Er tippt die URL www.raubtierzaehmer.de ein.

»Raubtierzähmer?«, fragt Manuel.

»Ja. Wegen Raubtierkapitalismus!«, sagt Ole.

Manuel sagt nichts. Er zieht nur die Augenbrauen hoch.

Es öffnet sich eine Seite, die nur aus einem einzigen Bildschirm besteht. Dort sieht man ein Foto von Ole und liest einen kleinen Aufsatz, in dem von der Bekämpfung des ungerechten Systems, Spekulationssteuern und Herrschaftsanalyse die Rede ist. Genaueres, so steht da, erfahre man in Oles persönlicher Einführung, die er in 17 Teilen auf YouTube gestellt habe. Er grinst.

»Du hast eine 17-teilige Einführung aufgenommen?«, fragt Bernd.

»Ja, ich weiß«, sagt Ole, »ich weiß. Das wird der Komplexität des Themas nicht gerecht. Aber so kann man einen schnellen, knappen Überblick gewinnen. Und es ist persönlicher!«

Er klickt auf den ersten Teil seiner Einführung. Die Überschrift des Videos lautet »Einführung«, nichts weiter. Sein Benutzername lautet nicht »Ole«, sondern »ErnestoChe«. Das Video beginnt.

Man sieht Ole alleine in einem kargen Zimmer, aufgezeichnet von der schlecht auflösenden Minikamera, die in seinen 400-Euro-Laptop von ALDI eingebaut ist. Der Laptop surrt wie ein Traktor und erzeugt zusätzlich von innen heraus ein permanentes, wellenartiges Störgeräusch, ähnlich eines nur halb eingedrehten Kurzwellensenders. Im fahlen Licht des Raumes und der körnigen Auflösung der Kamera sieht Ole aus wie ein bleicher Psychopath mit Akneproblemen. Er trägt ohne ersichtlichen Grund einen Kopfhörer, wie ihn junge Menschen in den 80ern an ihren Walkman stöpselten, wenn sie in der U-Bahn angeben wollten. Die Ohrpolster sind groß wie Sofakissen. Ferner biegt sich ein an den Kopfhörer montiertes Headset-Mikrofon wie ein schwarzer Knüppel direkt vor Oles Mund, so dass man seine Sprechbewegungen überhaupt nicht sehen kann. Er beginnt seinen Vortrag, indem er sich zu seinem Rechner vorbeugt, etwas einstellt, sich zurückbeugt und dann »So!« sagt. Er neigt den Kopf. Er lächelt wie jemand, der sich entschuldigen will. Dann sagt er: »Mein Name ist Ole Heinsmann und ich bin Betreiber der Internetseite www.raubtierzaehmer.de«. Er unterbricht sich, schaut rechts aus dem Bild, als stünde da jemand, schaut wieder in die Kamera und sagt: »Boah, ist das komisch, hier so vor der ganzen Welt zu sprechen!« Er lacht. Er starrt. Er sagt: »Der internationale Casinokapitalismus hält uns in seinen Klauen.« Ole lacht wieder, aber nicht befreiend. Das Mikro klebt wie ein Klumpen vor seinen Lippen. Der Klang eiert. Als wäre sein Zimmer kein Zimmer, sondern die Abstellkammer eines Irrenhauses, in welcher die Lüftung brummt. Die Kammer, in die Ole sich nach dem Ausbruch aus seiner Zelle verkrochen hat und dort nun seine letzten Worte aufnimmt, bevor sie ihn holen. Letzte Worte in siebzehn langen, sehr langen Teilen. Ole sagt: »Die durch nichts legitimierten globalen Deregulierungsinstitutionen treiben die Unterminierung sozialer und ökologischer Standards zugunsten einer selbstreferenziellen, von jedem realen durch die Produktion zu befriedigenden Bedürfnis abgekoppelten, Profitmaximierung historischen Ausmaßes weiter voran.« Nach diesem Satz macht Ole wieder eine Pause, seine wagenradgroßen Kopfhörer auf dem Schädel, und starrt irre in die kleine Laptopkamera. Bernd hält es nicht mehr aus. Er springt vom Stuhl auf, schiebt Ole zur Seite und nimmt ihm die Computermaus weg. Er schaltet das Video ab und klickt auf Oles Benutzernamen, so dass man die Screenshots sämtlicher eingestellter Filme Oles sehen kann. Sie sehen alle exakt gleich aus. Ole mit seinen Wagenrädern auf den Ohren in der Abstellkammer. Bernd schüttelt den Kopf. Er pustet Luft aus den Mundwinkeln. »Das kann doch alles nicht wahr sein«, sagt er. »Diese Filme heißen ›Einführung‹ und dann ›Teil 1‹, ›Teil 2‹, ›Teil 3‹ … Ole, was glaubst du, wie das läuft, wenn jemand sich sagt: ›Ach, ich würde mich heute so gerne mal per Video darüber informieren, warum die Globalisierung und der Kapitalismus doof sind. Tippe ich als Suchbegriff doch einfach mal ›Teil 1‹ und ›Einführung‹ ein, da finde ich sofort das Richtige!‹«

Ole schiebt sich in Bernds Schreibtischstuhl rückwärts langsam von seinem Freund weg, indem er sich mit trippelnden Zehenspitzen anschiebt. So aufbrausend hat er Bernd schon lange nicht mehr erlebt. Bernd schimpft weiter. Er zeigt auf den Bildschirm: »Und was war das überhaupt für ein Satz eben? Ist das ein Video über Politik oder ein Wettbewerb im Finden des schrägsten Schachtelsatzes? Was soll das überhaupt???« Bernd geht halb in die Hocke, fuchtelt mit den Händen, seine Wangen sind knallrot. »Diese eingebaute Laptopkamera! Dieses miese Bild! Diese Kopfhörer, diese riesigen Kopfhörer! Du siehst da aus wie der Säugling auf dem Plattencover von Papa Roach. Der kleine Matz, der die großen Sennheiser aufhat. Das Headsetmikro vor dem Mund, so dass die Leute dich nicht lächeln sehen können. Soll das eine Metapher sein? Spielst du einen Piloten, der das Ding schon landen wird? Ole, was ist das???«

Ole hat sich mittels seiner Zehen bereits bis an die Zimmertür zurückgeschoben. Er sagt: »Das soll meine Einführung sein. Nur eben zum Gucken statt zum Lesen. So erreicht man Leute …«

Bernd reißt die Arme nach oben. »Ole! So erreicht man doch keine Leute. Hier, du hast …«, Bernd prüft es auf dem Bildschirm nach, 47 Klicks auf diesem Video. Seit acht Wochen! Immerhin, das sind 10 Leute mehr, als zu eurem Jahrhunderttreffen kommen. Was denkst du dir eigentlich, wo ihr steht? Guck jetzt mal, hier«, sagt Bernd und schaltet in YouTube zu einem anderen Video um, »das ist professionelle Ansprache.« Ole, Manuel und Bernd sehen ein flott geschnittenes Video mit angenehmer Musik und glasklaren Bildern, in dem erklärt wird, warum jede kleine Verletzung, jeder größere Schreck und jeder ernste Konflikt im Leben eines Menschen eine Spur in ihm hinterlässt, die ihn für immer behindert und einschränkt. Doch es gibt Hoffnung. Hoffnung auf ein

Leben, in dem man nicht länger Sklave seiner Ängste ist. So zeigt es der Film. Ein Leben mit aufgeräumtem, wahrhaft freiem Geist. Ein Leben als ›Clear‹. Das Video ist ein Propagandafilm der Scientology. Gegen ihn sieht Oles 17-teilige Einführung in die Kapitalismuskritik ungefähr so aus wie das Projektvideo einer Landesgrundschule gegen die neueste Episode von »Star Wars«. Dennoch ist Ole davon überzeugt, mit seiner Arbeit die Welt zu verändern. Sicher glaubt er, unter den bislang 47 Zuschauern, die seine Clips angeklickt haben, befänden sich Kommissare der Europäischen Union, die jetzt zusammensitzen und beraten, welche Stelle als Redner sie diesem engagierten Mann anbieten könnten.

Bernd schaut fassungslos auf Ole.

Ole schaut fassungslos auf Bernd, der ihm ernsthaft einen Sektenfilm als Lehrbeispiel vorgeführt hat.

Manuel schaut auf sein Handy, das bereits wieder eine SMS aus der Luft gesogen hat. »Ist Julia«, sagt er und lächelt. Ole dreht langsam seinem Kopf zu ihm, moduliert seinen Blick von ›entsetzt‹ auf ›genüsslich‹ und sagt: »Schön, endlich. Sag ihr, ich rufe sie gleich zurück.«

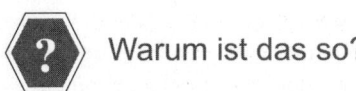

Warum ist das so?

Ole, Bernd und Manuel sind für ihr Alter allesamt augenscheinlich zu »unreif«. Wie es zu dieser Diskrepanz zwischen körperlichem und seelischem Alter kommt, erklärt der bereits zitierte Psychiater Michael Winterhoff, wenn er über falsche Erziehung spricht. Hört man ihn über Kinder reden, glaubt man im ersten Moment, er spräche über Bananen. Schließlich gehört das »Nachreifen« zu seinen Lieblingsvokabeln. Er beschäftigt sich zum Beispiel mit Vierjährigen, die zwar schon laufen, sprechen und die Einrichtung mittelgroßer Mietwohnungen komplett zerstören können, aber psychisch auf dem

Stand des Säuglings stehengeblieben sind, der sich selber als Mittelpunkt der Welt begreift und sofortige Bedürfnisbefriedigung erwartet. Solch ein Vierjähriger muss folglich um dreieinhalb Jahre »nachreifen«.

Es bietet sich an, dieses Vokabular auch auf Männer zu übertragen. Viele von ihnen befinden sich schließlich selbst im besten Mannesalter von 30–55 Jahren immer noch im mentalen Zustand des Teenagers oder schlimmstenfalls des besagten Säuglings, der bis heute nicht begriffen hat, dass er nicht der Nabel ist, zu dem die Welt all ihre Schnüre hinführt. Männer überschätzen ihren Einfluss und ihre Wirkung, halten ihre Welterklärung für die einzig Denkbare und entwickeln sich zu wahren Virtuosen darin, alles Geschehen so zu deuten, dass es ihr Selbstbild bestätigt. Sie vermeiden jeden Realitätsabgleich, so lange es geht.

Der Grundstein dafür wird meistens in der Erziehung gelegt. Zwei der von Winterhoff vorgestellten Erziehungsfehler mauern das Fundament für des späteren Mannes Selbstüberschätzung besonders stabil: Die »Partnerschaftlichkeit« und die »Projektion«. Beim »partnerschaftlichen Umgang« wird das Kind nicht mehr als Kind betrachtet, sondern als »kleiner Erwachsener« im Sinne einer völligen Angleichung der Hierarchien. Mit den besten Absichten wird es, so Winterhoff, »aus seiner untergeordneten Rolle zwangsbefreit«, was zu fatalen Ergebnissen führt. Wer einem Kind keine Grenzen mehr setzt, es so früh wie möglich in alle Erwachsenenbelange miteinbezieht und ihm eine vollständige »eigene Persönlichkeit« zuspricht, »holt das Kind damit auf seine Ebene und gesteht ihm ausdrücklich zu, eine psychisch und emotional ausgereifte Person zu sein, die größten Anforderungen gewachsen ist«. Zu dieser allerdings muss sich ein Kind erst entwickeln und kann das gerade nicht, wenn ihm eine »Kindheit« durch überambitionierte Emanzipationsansprüche in guter Absicht warmherzig kaltblütig gestohlen wurde.

In der »Projektion« wiederum werden die Kinder insofern gnadenlos erhöht, als dass man die eigene Glückseligkeit als Elternteil davon abhängig macht, ob das Kind einem die Liebe entzieht oder nicht.

Richtige Entscheidungen, die kurzzeitig für großen Missmut bei den Kleinen sorgen würden, werden vermieden, weil man vom Kind so wie vom Lebenspartner immer und ohne Unterbrechung geliebt werden will. Ein Schelm, wer dieses Verhalten besonders bei alleinerziehenden Müttern mit einem Sohn als Einzelkind vermutet, der eine Doppelrolle als Ersatzpartner und Liebeslieferant einnehmen muss. Eine Konstellation, die zunimmt und dazu führt, dass der junge Mann kein väterliches Gegenüber mehr hat, das ihn hart, aber fair kritisieren und auf seinem Weg begleiten könnte. Selbst da, wo Väter vorhanden sind, taugen sie nicht mehr als Respektsperson und tendieren dazu, im Zweifel lieber alle Leistungen des Sprösslings ausnahmslos zu loben sowie *jede* sportliche, künstlerische, wissenschaftliche oder utopische Ambition des Sohnes zu »unterstützen«. Wobei sie »Unterstützung« völlig falsch verstehen. Wer wohlwollend jede Betätigung des Sohnes einfach abnickt, sich dabei aber für keines der Gebiete wirklich interessiert, mag sich selbst für seine allumfassende Toleranz auf die Schulter klopfen, bringt den Nachwuchs aber keinen Schritt weiter. Wer stattdessen irgendwann das wahre Talent des Jungen erkennt und mit Einsatz und Leidenschaft fördert und zugleich den Mut hat, ihn darauf hinzuweisen, wenn er in eine Sackgasse rennt, mag zwar »strenger« (Gott bewahre!) wirken, hilft aber bei besagtem »Realitätsabgleich«.

Nun haben wir in diesem Kapitel verschiedene Arten der Selbstüberschätzung kennen gelernt. Manuel glaubt, ein unüberwindbarer Kämpfer zu sein, während Ole sowohl die Bedeutung der eigenen politischen Subkultur sowie seine Wirkung auf Frauen überschätzt. Werfen wir zunächst einen Blick auf den Sex. Hier hat sich in den vergangenen 40 Jahren durch Filme, Magazine, Ratgeber, Popkultur und »sexuelle Befreiung« der Gedanke durchgesetzt, dass ich einen anziehenden und attraktiven Mitmenschen mit ein wenig Geschick im Prinzip jederzeit zu einem Schäferstündchen animieren kann. Zahlreiche sexuelle Erlebnisse mit verschiedenen Menschen in verschiedenen Positionen, Räumen und Ländern zu haben ist stillschweigender Mindeststandard für jeden westlichen Mann. Ärgerlich ist nur, dass dieser von fast niemandem erreicht werden kann. Das liegt zum einen am eigenen individuellen Marktwert, dessen Bedeutung für die eher triebgesteuerte Spontanpaarung nicht dadurch unwahrer wird, dass vor allem Zyniker mit ihm ihre Witzchen treiben. Liebe ist etwas zutiefst Persönliches und Individuelles, das jeden Marktwert, jeden Unterschied und jedes Ressentiment überwinden kann. Sex jedoch orientiert sich an Duftnoten, Attraktivitätsklassen und den so oft gescholtenen Oberflächlichkeiten. Mangelnde A-Noten in diesem Bereich können bis heute trotz der »Fortschrittlichkeit« und »Political Correctness« unserer Gesellschaft nur durch beeindruckende B-Noten in Sachen Berufskompetenz, Genialität oder Finanzkraft ausgeglichen werden. Ist auch hier keine erotische Ausstrahlung zu gewinnen, muss sich ein Großteil der Männer bereits damit abfinden, für das schnelle Vergnügen niemals beiläufig eine Gespielin finden zu können. Doch selbst die Männer der höheren Preisklassen stellen häufig fest, dass ihr Sexleben weitaus nicht die Frequenz, Exotik und Verwegenheit beinhaltet, die sie von sich selbst erwarten. Im wirklichen Leben spielen Zuneigung, Liebe und Vertrauen trotz aller gegenteiligen Propaganda immer noch eine unerschütterlich wichtige Rolle bei der Frage, ob es zu einer zärtlichen Übereinkunft kommt oder nicht. Die Realität *ist* schlichtweg nicht der willige und dionysische Selbstbedienungsladen dauergeiler Mitmenschen, wie die Begehrenspflicht der 68er, der Pornobranche und der Traumfabrik uns weismachen wollte und will. Diese Tatsache verhindert, dass es im Leben eines Mannes zu so vielen sexuellen Abenteuern kommt, wie er sie selbst als »echter Kerl« von sich erwartet hätte. Nahezu *alle* Männer bleiben notwendig hinter diesen unrealistischen Erwartungen zurück und fühlen sich nur deshalb als Versager, weil sie bei dieser Messlatte niemals Gewinner hätten werden können. Da »Versagen« nun aber trotz aller lässigen Lippenbekenntnisse gegen den bösen Druck der Leistungsgesellschaft in einem so elementaren Sinne keinem Mann erlaubt ist, flüchtet er sich in die narzisstische Einbildung, dass er eine unwiderstehliche Wirkung habe und dass nach einem seiner Vorträge die von Weibchen besetzten Stühle im Seminarraum hinterher gefönt werden müssten. Dass diese Theorie von seinem realen Leben nicht bestätigt wird, lässt er als Gegenbeweis nicht gelten. Schließlich ist auch der FC Bayern nicht plötzlich ein schlechtes Team, weil er mal eine ganze Saison lang verliert. Der Mann könnte, wenn er nur wollte …

Ähnlich verhält es sich mit der Nabelschau von nischenhaften ideologischen, religiösen oder fachlichen Glaubensgemeinschaften, deren Mitglieder irgendwann jedes Weltgeschehen nur noch auf das Tun oder Lassen der eigenen Gemeinde zurückführen. Sie *müssen* das tun, weil jeder realistische Blick auf die Bedeutung der eigenen Nische für die Gesamtbevölkerung zu frustrierend wäre und eine Menge anstrengender Überwindung erforderte: Die Überwindung – anders als der mentale Säugling –, die Weltanschauungen, Argumente und Bedürfnisse der »anderen« tatsächlich anzuhören und nachzuvollziehen, statt einfach nur als Belege dafür zu missbrauchen, dass ihnen vom Feind das falsche Bewusstsein antrainiert wurde. Sich selber voller detaillierter, fachidiotischer Tiefenschärfe und gleichzeitiger Blindheit fürs große Ganze als Repräsentant einer auserwählten Gemeinde zu sehen, welche die »Lügen« durchschaut und die Wahrheit nur noch an alle verkaufen muss, ist ein angenehmer Kokon für Männer. Er entlastet von der schweren Bürde der Multiperspektivität und er wird unterstützt – nicht begründet – durch das Internet und die generelle Ausdifferenzierung der Medien. Zu jedem Thema, und sei es noch so speziell, finden sich mittlerweile derartige Mengen an Büchern, Filmen, täglich aktualisierten Internetangeboten, Mailinglisten und Webforen, dass man sich ein ganzes Leben lang nur mit einer Sicht der Dinge befassen kann, ohne dass es einem auch nur eine Minute langweilig wird.

Die klassische Selbstüberschätzung Manuels wiederum, mit seinen vagen Judoerinnerungen aus der Schule, anständig trainierter Muskulatur und ein paar aus dem DSF-»Fight Club« abgeschauten Tritten jeden Gegner jederzeit erledigen zu können, möchte ich auf den vielleicht größten Trugschluss zurückführen, der seit mindestens zwei Generationen die Runde macht: Dem Glauben daran, dass allein der Glaube es richtet.

Ob Gesang, Tanz, Kampfsport, Schauspielerei, Fußball oder Comedy – nahezu alle Berufe, die medienpräsent sind und sich gut anschauen lassen, werden von jungen Leuten als Tätigkeiten betrachtet, die scheinbar nichts mit Arbeitsaufwand zu tun haben. Ein bisschen Talent und ein quasi-religiös aufgeladener »Wille« reichen in ihrer gedanklichen Scheinwelt zur großen Karriere aus. So strömen über 50.000 Teens und Twens Jahr für Jahr zu den Castings der verschiedenen Talentshows und nennen dabei auf Anfrage nicht etwa das Ziel, ein guter Sänger zu werden oder eine Laufbahn als Musiker zu machen, sondern: »Berühmt sein«. Im Kleinen beobachte ich das gleiche Phänomen als Dozent in meinen Seminaren zur Schreibpraxis und zum Einstieg in den Literaturbetrieb oder den Journalismus. Dort sollen die meist 21- bis 29-jährigen Teilnehmer in der ersten Sitzung in Form einer Kurzgeschichte ihren optimalen Berufsalltag in 10 Jahren aufschreiben. Traumberufe der Teilnehmer sind freilich immer Schriftsteller, Journalist oder IidM (Irgendwas in den Medien). Das Ergebnis ist jedes Mal ebenso erheiternd wie erschütternd: 15 von 20 Kurzgeschichten handeln davon, wie die zukünftigen Autoren und Journalisten den Tag erst um 10 Uhr beginnen, mit einem Campari auf dem Klapptisch des Airbus durch die Welt jetten, an der Hotelbar Autogramme geben und sich nach der Lesung die Frauen frei aussuchen können. Die restlichen fünf Storys deuten wenigstens an, dass ihre Verfasser sich darüber im Klaren sind, dass man auch einen in Teilen glamourösen Beruf erst mal gekonnt und mühsam erlernen muss, bevor man seine Privilegien überhaupt auskosten darf.

In diesem Zusammenhang lobt BILD-Chef Kai Diekmann in seinem polemischen Buch »Der große Selbstbetrug« die harte und unnachgiebige Art Dieter Bohlens, der unfähige Kandidaten mit beleidigenden, aber wahren Worten aus ihrem Selbstbetrug zerre. Bohlen als der Ersatzvater aller vaterlos verwöhnten Selbstüberschätzer, als härtestmöglicher Realitätsabgleich aus Fleisch und Blut. Diekmann zitiert dazu Harald Martenstein, der im Tagesspiegel über die

Beliebtheit des Bohlen unter jungen Leuten schrieb: »Mein halb-wüchsiger Sohn mag Bohlen, weil Bohlen sagt, was er denkt, weil er klare (…) Botschaften sendet, und weil er nicht rumschleimt.« Das Rumschleimen sei weniger beliebt, als die Pädagogen glaubten, die nach amerikanischer Tradition »die Selbstwertgefühle junger Menschen um nahezu jeden Preis« stärkten, vor allem um den teuren Preis der Ehrlichkeit. »Viel Lob und der Verzicht auf harte Kritik machen uns weder zu besseren noch zu leistungsfähigeren Menschen, sondern zu eitlen Egoisten.«

Da ist viel dran, jedoch übersieht Martenstein, dass der »Bohlenweg« bei aller Ehrlichkeit immer noch darin besteht, das Modell Blitzkarriere gegen das weitaus bessere Modell der langsamen, arbeitsamen und stetigen Laufbahn zu stellen, die als einzige auf Dauer eine wahrhaft etablierte Stellung in irgendeinem Geschäft erlaubt. Und die, ganz nebenbei gesagt, auch noch die Chancen im echten Liebesleben erhöht. So lehrt uns der Psychologe und Bestsellerautor Paul Lauster, dass gute und erfüllte Sexualität weiterhin aus dem Gefühl der Liebe erwächst und dass dieses nicht »nur« von einer Frau hervorgerufen werden kann. »Wenn du mit Liebe eine Landschaft fotografiert hast«, schreibt er in seinem Buch »Die sieben Irrtümer der Männer«, »kehrst du in die Gemeinschaft der Menschen zurück, und du wirkst erotisierend, weil du etwas mit Liebe getan hast. Das ist die Kraft der Liebe: Liebe öffnet, weil du dich geöffnet hast. Nichtliebe hingegen verschließt, weil du dich verschlossen hast.«

Fehlerbehebung

1. Machen Sie einen Realitätsabgleich.

Interessieren Sie sich für ihre Außenwirkung und nehmen Sie konstruktive Kritik von Beobachtern an. Lernen Sie von den Erfolgreichen und Legendären und passen Sie Ihre Methoden an, wenn Sie sich als untauglich erweisen. Ordnen Sie sich und Ihre Fähigkeiten ehrlich und mutig ein und kappen Sie alte Zöpfe, an denen Sie nur noch festhalten, weil Sie sich Ihr Scheitern in gewissen Bereichen nicht eingestehen wollen. Denken Sie daran, wie viel Kraft und Zeit frei werden, wenn Sie an diesen Stellen loslassen.

2. Seien Sie multiperspektivisch.

Interessieren Sie sich für die Sichtweisen, Empfindungen und Welterklärungen anderer Individuen, Gruppen, Bewegungen oder Religionen. Deuten Sie eine Auseinandersetzung damit nicht in Begriffen von Freund und Feind, sondern sehen Sie sie als Erhellung der Landkarte, die andernfalls weiß bleibt. Wenn Sie unbedingt in Freund und Feind denken wollen, sagen Sie sich, dass Sie umso besser Krieg führen können, desto mehr Sie wissen, wie der Feind von innen tickt. Spätestens, wenn Sie das sehr genau wissen, wird er sich aufgrund der Horizonterweiterung ohnehin nicht mehr als reiner Feind darstellen.

3. Ignorieren Sie falsche Ansprüche.

Sie müssen nicht 500 Frauen gehabt und eine vor Wasserperlen auf der Haut glitzernde Schönheit in einer lauen Sommernacht am

Strand von Mali beglückt haben, um ein Mann zu sein. Sie müssen nicht kämpfen wie Jackie Chan und keine Revolution anführen wie Ernesto Che. Sie dürfen auch einfach ein Kerl sein, der voller Glücksgefühle am Wochenende mit seiner Freundin auf der Couch zu selbst gebackener Pizza zwei Staffeln von »Lost« guckt und dann neben den Kartons und den Weingläsern mit ihr zur Kopulation auf den Flokati gleitet, auch wenn sie beide das schon 100 Mal ohne wechselnden Partner gemacht haben. Sie dürfen im Sportverein Boxen gehen und trotzdem einen unnötigen Kampf vermeiden, indem Sie die Polizei rufen, und Sie dürfen auch einfach nur ein schlichtes Büro mit einer mittelmäßig bezahlten Stelle bei der Gewerkschaft haben, in dem die Pflanzen zu wenig Wasser kriegen und Poster von Dilbert über der Ablage hängen. Es ist in Ordnung.

4. Reifen Sie nach.

Wenn Sie wegen dieses Buches und anderer Bücher, des guten Rats echter Freunde oder der wahren Worte des Partners zu dem Schluss gekommen sind, dass Sie mental tatsächlich 40 Jahre jünger sind als gedacht: Reifen Sie nach!

Der Mann und die Angst vor den Ärzten

 Fehlermeldung

Der moderne Mann lebt in Panik vor potenziellen Krankheiten sowie allem, was hinter der Tür eines Arztes passieren könnte. Er schürt seine Angst, indem er seine eigenen Kenntnisse über die Medizin und den menschlichen Körper auf dem Niveau gefährlichen Halbwissens belässt. Zugleich schreibt er dem Mediziner eine ersatzreligiöse Rolle zu. Wie einst der Priester hinter der Holzwand im Beichtstuhl kann der Arzt erkennen, vergeben und das allumfassende Heil wiederherstellen, da nur er allein den Einblick ins Göttliche hat.

Alle

Christoph überfliegt die Artikel in Deutschlands bestverkauftem Wochenmagazin. Es ist merkwürdig, dieses Lesen in Arztpraxen. Einerseits nimmt er nicht ein einziges Wort wahr und andererseits taucht er so tief es geht in den Bildern und Interviewschnipseln ab, als könne er sich darin verstecken. Mit vier Jahren hat er sich vorgestellt, die anderen könnten ihn nicht mehr sehen, wenn er sich beide Hände vors Gesicht hält. Mit 40 Jahren sitzt er nun im Wartezimmer eines Urologen und stellt sich vor, er könne in den Fotos des Magazins verschwinden, wenn er sich nur genug darauf konzentriere. Er hat sogar als Lesezeichen einen Finger zwischen die Seiten gesteckt, auf denen sein Fluchtort abgebildet ist: Ein Foto von Bayern-Manager Uli Hoeneß vor der Ersatzbank im Stadion, im Hintergrund ein paar Meter weiter der dunkle Abgang in die Katakomben. Dorthinein würde er verschwinden, sobald aus dem Schatten der Sprechstundenhilfe vor der Milchglastür tatsächlich ein Mensch wird, der ins Zimmer kommt. »Wusch!«, wäre er verschwunden, nur noch die Zeitschrift läge da, einsam auf dem Sitz. Die anderen Männer im Wartezimmer würden Augen machen.

Sie haben auch Angst.

Christoph spürt das, denn er beobachtet sie immerfort, auch wenn seine Augen in der Zeitschrift sind. Er teilt sich den Raum mit drei weiteren Wartenden. Einem Adretten um die fünfzig, der nicht einmal eine Zeitschrift liest, sondern lediglich die Beine übereinandergeschlagen dasitzt, atmet, hin und wieder formell lächelt, seufzt und dann aus dem Fenster sieht. Ein jüngerer Mann mit dem Blick eines Gequälten und ein vom Alter her schwer einzuordnender Typ in modefreier Jeansjacke, der ein 1000 Seiten dickes Buch mitgebracht hat, jedoch nicht zum Lesen kommt, da sein junger Sitznachbar ohne Unterlass auf ihn einredet, was wohl dessen Art ist, mit der Nervosität umzugehen. Die beiden scheinen sich gut zu kennen. Der jüngere Mann sagt: »Ole, und wenn ich es dir sage. Die Markise bei meinen Eltern ist einfach ausgefahren. Niemand war draußen, niemand hat die Taste gedrückt.«

»Das kann nicht sein«, sagt der Mann mit dem dicken Buch, der also Ole heißt. »Jedes Ereignis hat einen Grund. Alles andere ist Esoterik.«

»Ich weiß, wann meine Eltern lügen. Wann Vater sich herausredet oder Mutter theatralisch übertreibt. Diesmal war es wirklich so. Die Markise ist grundlos ausgefahren, an einem Herbsttag, mitten im Sturm. Ehe mein Vater draußen war, hat der Wind so stark unter die Plane gegriffen, dass es den rechten Gelenkarm aus der Fassung gerissen hat. Der ist blau wie er war durch die geschlossene Terrassenglastür geflogen!«

»Dein Vater war blau, Bernd?«

Der Mann, der Bernd heißt, presst die Lippen aufeinander und stiert für eine Sekunde auf den Teppich. Dann sagt er: »Der Gelenkarm, Ole. Er war blau lackiert. Die Markise war blau, verstehst du das? Blaue Arme, blau-weißer Stoff.«

»Eine Antonella?«, fragt aus heiterem Himmel der adrette Mann am Fenster und Christoph sieht ihn genauso erstaunt an wie die beiden anderen. Es war damit zu rechnen, dass er sprechen kann, doch in Wartezimmern ist es immer wieder erstaunlich, wenn die vormals Schweigenden es tatsächlich tun.

»War es eine Antonella-Markise?«, fragt der Adrette erneut, damit Bernd versteht, dass er angesprochen wird.

»Ja, in der Tat«, antwortet er nach einer Weile. »Woher wissen Sie das?«

»Die Antonella-Gelenkarmmarkise geht in einem von 10.000 Fällen los, wenn irgendwo in der Nachbarschaft ein starkes Funksignal auftritt. Manche Funker senden auf derselben Frequenz wie die Fernbedienungen der Markise.«

Bernd ist baff. Christoph betrachtet den Dialog mit Interesse. Er lenkt ihn von seiner Angst ab. Der Angst des Mannes vor dem Urologen. Der Scheu vor dem tastenden Latexhandschuh. Er sollte nicht so ein großes Problem damit haben. Er ist immer noch ein tätowierter Rockjournalist. Er besucht immer noch Konzerte, deren Tanzstil im Publikum Außenstehende für eine Schlägerei halten. Er hat Angst vor dem Onkel Doktor.

»Thomas Heymann, Junior. Ich verkaufe diese Dinger«, erklärt der adrette Mann. »Die Gelenkarmmarkise ist sozusagen mein Leben. Markisen, Rollos, Verdunkelungssysteme.«

Bernd überlegt. »Dann haben Sie meinen Eltern die Markise verkauft?«

»Wenn Ihre Eltern hier in der Stadt wohnen und das gute Stück in den letzten zehn Jahren montiert wurde, ist das sehr wahrscheinlich. Ist es älter, war es wohl mein Vater.«

»Ein Funkgerät also?«, fragt Bernd.

»Eine Funkantenne. Muss recht groß sein. Oder rund, ein rundes Gestell. Gehen Sie mal bei Ihren Eltern durch die Nachbarschaft und inspizieren Sie die Dächer. Lassen Sie die Post kommen, die kann prüfen, ob's bei Ihren Eltern noch funkt.«

Thomas hält inne und merkt, was er gesagt hat. Dann lachen alle vier Männer gemeinsam und verbrüdern sich somit wortlos zu einem großen Kreis, zu dem nun auch Christoph gehört. Er legt die Zeitschrift beiseite. Ole runzelt die Stirn und sagt zu Thomas: »Sagen Sie mal, kenne ich Sie nicht irgendwoher?«

Thomas zuckt mit den Schultern: »Falls Sie nicht unbedingt im Markisengeschäft sind …«

»Doch, ich kenne Sie irgendwoher …«

»Ich auch …«, stimmt Christoph zu, dessen Kopf sich langsam von der betäubenden Wirkung des Zeitschriftenkonsums samt Kinderfantasien erholt.

»Was machen Sie sonst noch so?«, fragt Ole.

»Ich bin Firmenchef, Gatte und Vater. Das einzige, was ich sonst noch mache, ist Duschen.«

Ole kichert.

Bernd knetet mit der rechten Hand im Stoff seiner Hose herum.

Sie sind alle ganz furchtbar nervös, denkt sich Christoph. Sie versuchen, es zu verbergen, aber ihnen steht die Pipi in der Hose.

»Okay, okay, ich habe noch eine Band«, sagt Thomas.

»Eine Band?« Christoph horcht auf.

»Eine Feierabend-Combo. Tagsüber Firmenchef, abends Punkrocker. Viel Bier, wenig Akkorde. Deswegen habe ich jetzt wohl auch einen Nierenstein.« Thomas schielt ängstlich zur Tür des Wartezimmers. Er saß als erster hier.

»Einen Nierenstein?«, fragt Bernd. »Von Bier? Ich denke, das spült gerade gut durch?«

»Altbier spült gut durch«, sagt Thomas. »Altbier und Schwarzbier. Ich bin allerdings Pilstrinker.«

»Nierenstein ist fies«, sagt Christoph und schüttelt den Kopf, während er sinnig auf den Boden schaut. Die vier Männer schweigen einen Augenblick, bis Ole sagt: »Ich habe gehört, die holen das Ding mit so einer langen Schlaufe heraus.«

»Nein«, sagt Christoph, »die zertrümmern den, mit Laser.«

»So oder so müssen sie vorne rein«, sagt Thomas.

»Oh Gott, hören Sie bitte auf!«, sagt Bernd und hält sich die Hände vor die Augen. Christoph hält sich instinktiv die Hände vor den Schritt, wie es Fußballer in der Mauer tun, wenn ein Freistoß geschossen wird. Er denkt an den Behandlungsraum und das Einwegpapier auf der Lederliege. Er riecht Desinfektionsmittel und diesen Hauch von schaler Zitrone, der in jeder Praxis irgendwo aus den Ritzen dringt. Er denkt an die langen Endoskope aus Metall, die vorne in den Penis eingeführt werden. Es ist alles so schrecklich, man will es nicht einmal denken.

»Angenommen, man hat was Ernstes an der Prostata«, fragt Ole den Geschäftsmann Thomas nun, »müssen die dann auch ...«, er zögert und wird leiser, »vorne rein?«

»Natürlich«, sagt Thomas. »Sie nutzen lange Endoskope mit eingebauter Kamera. Vorne sind winzige Schlaufen, die per Strom erhitzt werden und den Tumor – Gott behüte, ich wünsche Ihnen keinen – einfach wegbrennen.«

Ole hält sich die Hand vor den Mund und zuckt, als müsse er würgen. Er stellt sich wahrscheinlich den Gestank verbrannten Gewebes vor. Bernd schaut weg. Christoph greift nach der Zeitschrift, die auf den Boden fällt. In der Milchglastür erscheint der Schatten der Sprechstundenhilfe. Alle vier Männer erstarren. Dann verkleinert sich der Schatten wieder.

»Oooooahhhh«, stöhnt Bernd und hält sich die Seite, als habe er schwere Stiche. Thomas wechselt das übergeschlagene Bein und kneift dabei kurz die Augen zusammen. Christoph hebt die Zeitschrift auf und zischt, als steche ihm jemand eine lange Nadel in den Bauch, sobald er sich nach vorne beugt.

»Scheiße«, flüstert Bernd leise.

Die Männer räuspern sich. Das Auftauchen des Sprechstundenschattens hat ihre Seelen verdunkelt. Ins Räuspern und Rücken hinein sagt Bernd: »Ich habe gehört, dass man bei einer Narkose jederzeit aufwachen kann. Sie benutzen nicht mehr so starke Dosen, das verbietet irgendeine Verordnung.«

»In der Urologie betäuben sie sowieso nur halb, das ist gar keine richtige Narkose«, sagt Thomas. »Man hat angeblich keine Schmerzen, aber man hört alles, was gesagt wird.«

»Deswegen soll man bei so traumatischen Erlebnissen ja auch nicht sprechen«, sagt Bernd.

Ole dreht sich ruckartig zu ihm, als habe er ihm schon lange verboten, so etwas zu sagen. Es ist Überzeugung der Scientology, bei allen Formen der »Bewusstlosigkeit« in Gegenwart der Hilflosen nicht zu sprechen, da jede Bemerkung zu einem »Engramm« werden kann. Bernd verinnerlicht diese Dinge bereits, ob er will oder nicht. Ole sieht ihn streng an. Thomas und Christoph wissen nicht, was das bedeutet und halten daher kurzfristig den Mund.

Nach einer Minute sagt Thomas: »Ich steh' ja nachts nur noch auf …«

»Ach, hören Sie auf!«, bestätigt Christoph und alle fallen mit ein.

»Ja, ich auch.«

»3:24 Uhr. Immer 3:24 Uhr. Und 5:50 Uhr. Jede Nacht.«

»Das war früher nicht so.«

»Muss aber nichts heißen.«

»Muss nicht, kann aber!«

»Bei meinem Glück bedeutet es Schlimmes«, sagt Bernd.

»Ach komm«, sagt Ole, »deswegen bist du doch nicht hier. Du hast noch viel klassischere Probleme.«

»Hörst du wohl auf!«, sagt Bernd, doch Thomas und Christoph haben bereits verstanden, welche Probleme gemeint sind.

»Trösten Sie sich«, sagt Christoph, »der umgekehrte Fall ist viel schlimmer. Sie wissen, was ich meine. Wenn er nicht mehr schlaff wird! Dann stechen sie mit Spritzen hinein und saugen das Blut aus den Schwellkörpern.« Bernd und Ole fragen sich, woher Christoph das weiß. Thomas sagt: »In Nürnberg ist 2004 aus Versehen ein Penis amputiert worden!«

»Wie bitte?« Alle Köpfe schwingen zu ihm herum.

»Kein Witz! Sie haben die Akten verwechselt. Urologen schauen den Patienten nicht ins Gesicht, wenn sie einmal auf dem Tisch liegen. Immer nur in den Schritt.«

Der Puls aller schnellt in die Höhe. Es ist unglaublich, was alles passieren kann. Bernd wird erneut schlecht. Christoph macht wieder den Fußballergriff.

»Du kannst bei falscher Behandlung ein Ei verlieren«, sagt Ole.

Jetzt schwingen die Köpfe zu ihm. Er sagt: »Hormonbehandlung. Falsche Hormone. Das Ei stirbt ab. Oder bei einer Torsion. Da fehlt ein Bändchen im Hodensack, das den Hoden ordentlich fixiert.«

»Ja, aber du kannst ihn doch nicht im wörtlichen Sinne verlieren«, sagt Christoph. »Der ist doch trotzdem am Körper festgemacht. Das schwimmt doch nicht ohne Verbindung da im Sack herum.«

»Nicht?«, fragt Bernd und wird schon während dieser Frage leiser, da er merkt, dass er sich blamiert. Er fragt sich, wie er so was fragen konnte. Er fragt sich, ob er überhaupt spontan angeben könnte, wo in seinem Körper sich Leber, Milz und Blinddarm genau befinden.

Vor der Milchglastür taucht wieder der Schatten auf. Christoph krallt sich im Stuhl fest. Bernd springt fast auf Oles Schoß. Der Schatten wird wieder kleiner. Die Sprechstundenhilfe öffnet nicht die Tür. Alle atmen aus.

»Ich bin froh, dass es in dieser Praxis wenigstens keine Frauen gibt«, sagt Thomas und Ole sieht ihn ein wenig skeptisch an. Er hält diese Bemerkung für politisch problematisch, fühlt sich aber im Grunde ebenso wohl damit, dass hier sogar die Sprechstundenhilfe männlich ist. Dann legt er den Kopf schief, schnippt mit dem Finger und sagt: »Jetzt weiß ich's wieder!«. Er klopft Bernd mit kolibrischneller Flatterhand gegen den Hemdärmel. »Das Augusttreffen damals, wo Manuel versucht hat, die Nazis zu verjagen!«

Bernd schaut in sich hinein und sucht die Erinnerung auf seiner Zeitspur. Er hat sie. »Ja, klar, die Punkband! Das waren Sie!

Sie waren der Gitarrist und Sänger. Wann war das noch, vor drei Jahren?«

»Viereinhalb«, sagt Thomas völlig sicher und alle sehen ihn erstaunt an. Er hebt die Hände. »Entschuldigung, wir haben nicht viele Auftritte, da merkt man sich jeden Einzelnen. Vor allem diesen einen habe ich im Gedächtnis. Wir hatten viel Spaß, die Leute auch. Nur so'n Kritiker anscheinend nicht. Der hat am nächsten Tag auf der Webseite seines Magazins gebloggt, dass es das beschissenste Konzert gewesen sei, das er seit langem gesehen hätte. Warte mal, wie hat er geschrieben?« Thomas schlägt nun sein linkes Bein über sein rechtes, rückt es mit beiden Händen am Schienenbein wie den Bügel eines Fahrgeschäftes gerade, schaut kurz an die Decke und zitiert aus dem Kopf: »An diesem Abend vermied es die Altherrencombo gewissenhaft, ihrer Performance auch nur einen Hauch von Ironie und Humor hinzuzufügen oder die alten Gassenhauer wenigstens ein bisschen zu verfremden. Beides wäre allerdings unabdingbar, wenn Punkrock vor dem Hintergrund der Geschichte heute noch eine Rechtfertigung haben soll.« Thomas lacht bitter. Christoph bekommt heiße Wangen. Er weiß ganz genau, wer diesen Artikel vor viereinhalb Jahren geschrieben hat. Er weiß sogar, wie er weitergeht. Er vergisst keines seiner Worte. Thomas sagt: »Als ich das las, habe ich mir gedacht: Mein lieber Scholli, jetzt hat schon Punkrock eine TÜV-Richtlinie.«

Christoph wird rot.

»Ist Ihnen nicht gut?«, fragt Ole.

»Ach, ich hab nur … ich weiß auch nicht. Man wird mit der Zeit malaad.«

»Malaad?«, fragt Bernd.

»Das heißt kränklich«, erklärt ihm Ole, der viele Polittreffen auch in Köln abgehalten hat.

Bernd klopft mit den flachen Händen auf die Oberschenkel: »Ich bin bloß froh, dass Mediziner wissen, was sie tun. Die haben niemals so ein chaotisches Lotterleben geführt wie wir.« Bernd schaut zu Thomas und Christoph. »Verzeihung.«

»Ist schon gut«, sagen beide.

»Glaubt mir, ich weiß, wovon ich rede. Ich habe Literatur studiert und Philosophie. Da habe ich Leute getroffen, die drehen eher die Glühbirne raus, als dass sie den Schalter betätigen. Wer allerdings Medizin zu Ende studiert – also wirklich zu Ende und nicht nur bis zum vierten Semester – der hat Disziplin. Übersicht. Ein Gedächtnis wie ein Haus. Er schneidet Menschen auf, ohne zu zögern. Er übernimmt Verantwortung. Das muss man sich immer sagen, wenn man vor Ärzten Angst bekommt. Die wissen, was sie tun.«

»Sie hören auch irgendwann auf, durch fremde Betten zu springen«, sagt Thomas.

»Oder auf wilde Konzerte zu gehen«, sagt Christoph.

»Oder sich von den Eltern wie ein Kind behandeln zu lassen«, sagt Bernd.

Da taucht der Schatten vor dem Milchglas wieder auf.

Dieses Mal bleibt er.

Die Tür öffnet sich und die männliche Sprechstundenhilfe steht im Rahmen.

»Herr Heymann, Dr. Schwendt ist nun bereit, Sie zu empfangen.« Thomas steht auf. Bernd, Ole und Christoph sehen ihm dabei zu wie drei Zellengenossen einem Delinquenten, der nun zu seiner Hinrichtung marschieren muss. Bernd will ihm die Hand drücken, doch er hält sich im letzten Moment zurück.

 ## Warum ist das so?

Was haben Thomas, Bernd, Ole und Christoph eigentlich außer der Tatsache, dass sich im Wartezimmer ihre Lebensläufe kreuzen, gemeinsam?

Sie sind allesamt nicht gläubig.

Thomas spielt Punkrock und betreibt ein Unternehmen. Er geht an Weihnachten mit Frau und Nachwuchs in die Kirche, lebt aber vollkommen säkular. Sein Christentum ist inaktiv und für sein Leben unbedeutend.

Ole ist Neomarxist, ein politischer Aktivist und Verfechter des Rationalen, der Dialektik, des philosophischen Materialismus. Für ihn ist Religion bloß Opium fürs Volk.

Christoph lebt ein Leben in der Musikindustrie, getrieben zwischen vollgesprühten Backstageräumen, brüllenden Boxen und der Flucht vor dem Alleinsein und der Kontemplation. Sein Glaube flattert allenfalls wie ein alter Kinostreifen auf der Negativfolie agnostischen Gebrülls herum: In einer Szene, in der ein Meisterwerk des Heavy Metal beispielsweise »God Hates Us All« heißt, muss man einen Gott schließlich voraussetzen, um derart enttäuscht von ihm zu sein.

Und Bernd? Nun ja, der wird schleichend zum Scientologen, auch wenn er sich vorgenommen hat, Tinas Lebensweise nicht zu seiner zu machen. An seiner Biografie lässt sich allerdings auch eine These belegen, die Manfred Lütz, Autor des Bestsellers »Gott. Eine kleine Geschichte des Größten«, in seinem Gesamtwerk in den Raum stellt. Wie viele bürgerlich-liberale Theoretiker behauptet er, der moderne Mensch (in unserem Fall: der moderne Mann) hätte sein Bedürfnis nach einem Glauben niemals abgelegt. Nietzsche, Darwin und Freud kamen über uns und entzauberten die Funktionsweise unserer Körper, unseres Geistes und der gesamten Natur. Die Naturwissenschaften erheben den Menschen zum Welterkenner und Schöpfer und unser Alltagsleben scheint keiner Religion mehr zu bedürfen, so »aufgeklärt« wie wir sind. Warum aber, fragt Lütz und frage hiermit auch ich, gehen wir mit weltlichen Themen heute so um, wie es die Menschen früher mit religiösen Themen getan haben? Ideologien sind zum Beispiel solche Ersatzreligionen. Geschlossene Systeme, die Argumente der Gegenseite nicht zulassen, sondern als Propaganda oder »falsches Bewusstsein« abtun, das eben nur belege, wie Recht man selber hat. Der dekadente Materialismus des Jetset sowie die Parallelwelt der Spekulanten und Firmenschlucker bilden einen selbst ernannten Götterhimmel, der so weit über der wuselnden

Menge der real existierenden Bürgerinsekten auf dem Boden schwebt, dass er keine Verbindung mehr zwischen sich und der Erde erkennen kann. Vor allem aber unser Umgang mit der »Gesundheit« offenbart die Suche nach einem neuen »Glauben«, nachdem wir uns den alten nicht mehr zu pflegen erlauben. Zentraler Glaubensinhalt dieser neuen Religion ist, dass absolute Gesundheit sowie vollständiges Glück dauerhaft herstellbar seien und jede Abweichung davon einen Fehler darstelle, der bei mehr Willensstärke, besserer Behandlung und günstigeren Umständen in jedem Fall zu beheben sein müsse. Dies erzeugt einen wahrhaft »unmenschlichen« Druck bei allen Beteiligten. Selbst diejenigen, die für sich genommen ganz zufrieden mit ihrem Dasein waren, fallen jetzt natürlich gegenüber dem Götzenbild vollendeter Gesundheit, Fitness und Glückseligkeit steil ab. Ein Ende hat dieser Blick nach »oben« nie, ebenso wie sich in Sachen Reichtum immer noch ein Nachbar findet, der einen teureren Wagen hat. »Gesundheit« in ihrer neureligiösen Form ist ein Abstraktum, zugunsten dessen jeder einzelne Mensch als Individuum aufgelöst wird. »Die Gesundheitsreligion«, schreibt Manfred Lütz in »LebensLust«, strebt »ihrem absoluten Triumph zu, nämlich der Abschaffung des Menschen zugunsten der Gesundheit«. Als Spitze dieser Entwicklung nennt Lütz die Forschung in Sachen »Hirntransplantation«, die theoretisch einen kranken Menschen »heilen« könnte, dabei aber die Frage offenlässt: »Wer ist das nach der Operation eigentlich?« Die Reste unseres christlichen Gefühls geben uns bei derlei Visionen ein, dass hier eine Hybris im Gange ist, ein Schritt hinter den Spiegel, den wir als Menschheit nicht gehen sollten. Diesen Restbewuchs christlich vermoster Ethik in unseren Seelen wird die Gesundheitsreligion allerdings schnell wegkratzen, so Lütz, denn:

»Grund dafür ist, dass die Gesundheitsreligion eine Religion der heiligen Bilder ist. Die Ikonen des Gesundheitskults sind Filme mit einem Bildvergleich vorher/nachher. Sollte eines Tages durch Transplantation von Hirngewebe die parkinsonsche Erkrankung erheblich gebessert werden und ein Film die frappanten Besserungen zeigen –

vor der Operation erstarrte Patienten, danach lockere Menschen, die sich anschicken, ihr Leben zu genießen -, wird jede kritische Nachfrage bezüglich der Identität dieser lockeren Menschen nur noch abwegig bis zynisch wirken.«

Identität ist allerdings entscheidend. Was einen Thomas, einen Ole, einen Bernd oder einen Christoph glücklich macht, ist deren ureigene Sache. Vor dem Hintergrund der neureligiösen Bilder davon, wie Glück, Liebe, Lebenslauf und Gesundheit auszusehen haben, vergessen sie sich bereits selbst, noch bevor irgendein Frankenstein-Doktor in ihrem Kopf herumgefummelt hat. Im Angesicht der Bilder können wir alle nur scheitern. »Der Hohepriester des Gesundheitskults« ist nun laut Lütz selbstverständlich der Arzt. Der kann allerdings als einzelnes Individuum auch wieder nichts dafür.

»Es wäre eine geradezu rührende gesundheitsfromme Überschätzung der Ärzteschaft, wollte man annehmen, sie steckte hinter alledem. Als wenn die Priester die Religion machen würden! Das ist ein atheistisches respektive klerikalistisches Ammenmärchen. Die Ärzte sind, wie wir schon sahen, die Projektionsgestalten einer gewaltigen, gesundheitsreligiösen Heilssehnsucht und diese Rolle ist gefährlich. Denn was immer sie tun, sie können diese Erwartungen letztlich nur enttäuschen.«

Daher die skurrile Mischung aus Vertrauen und Misstrauen, die Männer wie unsere vier im Wartezimmer in die Ärzteschaft setzen. Einerseits erzählen sie sich Horrorgeschichten über Operationsfehler und andererseits geben sie sich dem Arzt vollständig in die Hände. Kaum ein Mann, der nicht selber Medizin oder Biologie studiert hat, bringt die Kraft und den Mut auf, zu seinen medizinischen Problemen eigenständige Recherchen einzuholen, um gegebenenfalls mit dem Doktor über die Anamnese und die Behandlungsmethoden auf erwachsener Ebene sprechen zu können. Bei Ärzten werden Männer wie schon in den Kapiteln zuvor bei Vätern, Parkettschleifern oder Computerexperten wieder zu kleinen Kindern, die brav schweigen, wenn »die Großen« sprechen. Die gar nicht erst versuchen, auch nur das Rudimentärste an ihrem eigenen Körper und seiner zugegeben komplexen Funktionsweise zu verstehen.

Der zweite Grund neben der ersatzreligiösen, vollständigen Übertragung der Denkaufgaben an die Mediziner ist freilich die naturgegebene Faulheit, die Männer abseits ihres Berufes und/oder ihrer Berufung an den Tag legen.

 Fehlerbehebung

1. Wenn Sie religiös sein wollen, bleiben Sie beim Original.

Seien Sie ehrlich, horchen Sie in sich hinein. Wollen Sie immer noch glauben? Wollen Sie endlich wieder glauben? Falls ja, schütteln Sie die ganzen stumpfen Ressentiments gegen unsere ureigenen abendländischen Traditionen ab, die sich als »Kritische Geisteshaltung« verkleidet haben. Eine wahrhaft kritische Haltung können Sie zur Original-Religion schließlich immer noch einnehmen, sobald Sie sich damit einmal wenigstens so eingehend beschäftigt haben wie mit der Mythologie von J.R.R. Tolkien, dem Glaubensmodell der »Macht« bei »Star Wars« oder den nahezu metaphysischen Einflussebenen, die sich in Ihrem Windows-Betriebssystem verbergen, wenn man sich nur eingehend genug mit dessen tiefen Geheimnissen beschäftigt. Haben Sie schon getan? Dann habe ich nichts gesagt.

2. Informieren Sie sich.

Dieser Rat wiederholt im Grunde den Appell aus dem Kapitel über die Eigenverantwortung. Bei Ärzten gilt wie bei Handwerkern, PC-

*Experten oder Versicherungsvertretern: Machen Sie sich vorher
schlau. Die moderne Informationsgesellschaft bietet dazu alle Möglichkeiten. Es kann einen Tag dauern. Zwei. Eine Woche. Aber es
lohnt sich. Garantiert.*

Epilog

Kurz bevor Thomas das Wartezimmer verlässt, überwindet sich Bernd, folgt seinem Herzen, steht nun doch auf und drückt dem Mann, den er erst seit 20 Minuten kennt, die Hand. Er sieht ihm tief in die Augen.

»Viel Glück.«

Thomas erwidert den Händedruck: »Danke.«

Bernd sagt: »Vertrauen Sie. Vertrauen Sie einfach. Der Mann ist Arzt. Er weiß, was er tut.«

Aus dem Flur ertönt eine Stimme, die sich nähert und ihre männliche Sprechstundenhilfe zurückpfeift. »Warten Sie, Peer. Ich sehe gerade diese neuen Patientenakten hier und denke mir, die kommen mir bekannt vor!«

Der Doktor lacht.

Bernd kennt seine Stimme. Ole auch.

Er erscheint in der Tür. Er ist zwei Köpfe größer als seine Sprechstundenhilfe, sieht gut aus, ist wohltrainiert und trägt einen Ehering.

Es ist Manuel.

Die Männer sehen ihn an wie Johannes, den Täufer.

»Du???«, sagt Bernd. »Ich dachte, du bist auf den Antillen, deine Tauchschule eröffnen.«

»Na ja«, sagt Manuel, »Antillen war gelogen.« Er wedelt mit seiner beringten Hand. »Und hier. Ich habe seit 678 Tagen immer mit derselben Frau geschlafen.«

Ole schüttelt mit einem milden Lächeln den Kopf, das alles bedeuten kann. Es kann heißen: ›Jetzt ist er tatsächlich Arzt und Gatte und ich sitze hier immer noch solo mit meiner Marx-Ausgabe.‹ Es kann aber auch heißen: ›Jetzt ist er tatsächlich Arzt und Gatte. Sogar er, der Rebell vom Baggersee. Sie kriegen uns alle. Irgendwann kriegen sie uns alle.‹

Thomas steht unschlüssig in der Mitte des Wartezimmers. Christoph zittert leise, weil dieser Arzt ihm nicht mehr geheuer ist.

Manuel sagt: »Vertraut ihr mir?«

Thomas sieht Bernd und Ole an, lässt Bernds Hand los, nickt dem Doktor zu und geht langsam und sicheren Schrittes an ihm vorbei zum Behandlungszimmer. Manuel schwingt ihm aus dem Türrahmen nach, dreht sich noch einmal ins Wartezimmer zurück und sagt: »Schön sitzen bleiben, meine Lieben!«

Christoph nimmt wieder das Heft zur Hand und stellt sich vor, er könnte hinter Uli Hoeneß in den Katakomben verschwinden.

Bernd und Ole schauen sich an und atmen beide lange aus. Ihre Augenbrauen bilden einen Halbkreis. Ein Nasenhaar versucht, seinem Wirt zu entkommen.

Sie bleiben sitzen.

Literaturempfehlungen

Berne, Eric: *Spiele der Erwachsenen.* Reinbek: Rowohlt 1967.

Berne, Eric: *Was sagen Sie, nachdem Sie ›guten Tag‹ gesagt haben? Psychologie des menschlichen Verhaltens.* Frankfurt a. M.: Fischer Tb. 15. Aufl. 2000.

Füller, Christian: *Schlaue Kinder, schlechte Schulen.* München: Droemer 2008.

Friebe, Holm/Ramge, Thomas: *Marke Eigenbau. Der Aufstand der Massen gegen die Massenproduktion.* Berlin: Campus 2008.

Friedrichs, Julia: *Gestatten: Elite.* Hamburg: Hoffman & Campe 2008.

Gößling, Andreas: *Die Männlichkeitslücke.* München: Zabert-Sandmann Verlag 2008.

Goffman, Erving: Wir alle spielen Theater. Die Selbstdarstellung im Alltag. München: Piper Verlag. 11. Aufl. 2003.

Hanh, Thich Nhat: *Im Hier und Jetzt zuhause sein.* Gelesen von Hans-Peter Bögel. Berlin: Theseus 2006.

Harris, Thomas A.: *Ich bin ok – Du bist ok.* Reinbek: Rowohlt 1975.

Herzinger, Richard: Die Tyrannei des Gemeinsinns. Reinbek: Rowohlt 1997.

Hoffmann, Arne: *Männerbeben.* Grevenbroich: Lichtschlag 2007.

Hodgkinson, Tom: *Anleitung zum Müßiggang.* München: Heyne 2007.

Horx, Matthias: *Anleitung zum Zukunfts-Optimismus.* Berlin: Campus 2007.

Lauster, Paul: *Die sieben Irrtümer der Männer.* Reinbek: Rowohlt 1989.

Lehnartz, Sascha: *Global Players. Warum wir nicht mehr erwachsen werden.* Frankfurt a. M.: Fischer Tb. 2008.

Luhmann, Niklas: *Protest. Systemtheorie und soziale Bewegungen.* Hrsg. u. eingeleitet v. Kai-Uwe Hellmann. Frankfurt a. M.: Suhrkamp 1996.

Lütz, Manfred: *LebensLust.* München: Knaur 2005.

Maxeiner, Dirk/Miersch, Michael: *Das Mephisto-Prinzip. Warum es besser ist, nicht gut zu sein.* Frankfurt a. M.: Eichborn 2001.

Maxeiner, Dirk/Miersch, Michael: *Frohe Botschaften.* Berlin: wjs 2008.

Passig, Kathrin/Lobo, Sascha: *Dinge geregelt kriegen, ohne einen Funken Selbstdisziplin.* Reinbek: Rowohlt 2008.

Reichert, Martin: *Wenn ich mal groß bin.* Frankfurt a. M.: Fischer Tb. 2008.

Reiners, Holger: *Das heimatlose Ich.* München: Kösel 2005.

Süfke, Björn: *Männerseelen. Ein psychologischer Reiseführer.* Düsseldorf: Patmos. 3. Aufl. 2008.

Wilson, Edward O.: *Die Einheit des Wissens.* München: Goldmann 2000.

Winterhoff, Michael: *Warum unsere Kinder Tyrannen werden.* Gütersloh: Gütersloher Verlagshaus 2008.

P. S.:

Und während des Schmökerns hören Sie ganz gelassen das Album:
Mike & The Mechanics. *Beggar On A Beach Of Gold.* Virgin Records 1995.